ÉTUDES SUR L'ISLAM

ET LES

TRIBUS DU SOUDAN

COLLECTION DE LA *REVUE DU MONDE MUSULMAN*

PAUL MARTY

ÉTUDES SUR L'ISLAM

ET LES

TRIBUS DU SOUDAN

TOME IV

LA RÉGION DE KAYES

LE PAYS BAMBARA — LE SAHEL DE NIORO

PARIS

ÉDITIONS ERNEST LEROUX

28, RUE BONAPARTE (VIᵉ)

1920

LA RÉGION DE KAYES

GÉNÉRALITÉS

Le cercle de Kayes comprend actuellement 75.000 habitants environ, se répartissant en 10 provinces. Cinq de ces provinces : le Logo, le Tambaoura, le Kamana, le Niatiaga et le Niagala sont peuplés à peu près uniquement de Malinké et Khassonké fétichistes ; deux : le Sero et le Khasso, ne comprennent que de faibles éléments islamisés. Dans les trois autres : Kaméra, Diombokho et Guidimaka, la proportion est plus forte, mais est loin d'atteindre la majorité.

En résumé, il y a 25.000 fétichistes, 25.000 indigènes qui passent pour islamisés depuis le prosélytisme toucouleur, mais qui, la contrainte disparue, sont revenus à leurs croyances coutumières et chez qui ne subsistent que de faibles traces d'Islam ; ce sont surtout des Soninké et des Bambara ex-captifs : 25.000 islamisés enfin. Il faut d'ailleurs prendre ce dernier terme au sens où on l'entend en Afrique Occidentale, c'est-à-dire teintés d'Islam et surtout désireux de passer pour tels. La grande majorité de ces islamisés est formée par les populations des agglomérations de Kayes et de Médine, donc par des éléments étrangers au cercle. Les plus pieux et les pratiquants d'entre eux sont des Toucouleurs. Toucouleurs aussi sont beaucoup de gens de l'élément islamisé de la province. Les uns et les autres sont surtout groupés sur les rives du Sénégal, et particulièrement dans la région qui borde la rive droite, traversée à maintes reprises par les bandes foutanké.

Ici comme ailleurs, le gros effort de propagande est fait beaucoup plus par des marabouts étrangers, qui circulent en prêchant, quêtant et colportant des bruits insidieux, que par les cheikh locaux, dont la situation est généralement assise et qui, cultivateurs autant que marabouts, vivent tranquilles au milieu d'un petit groupe de talibés.

L'Islam paraît stationnaire : des causes, telle que la liberté religieuse, rendue à tous depuis notre occupation, puis la libération des captifs ont amené une régression sensible dans le niveau musulman. D'autres causes : le besoin religieux, le désir de l'étude, la facilité des communications, la petite prédication locale amènent, chaque jour, un certain relèvement de ce milieu. Ici, comme partout en Afrique Occidentale, l'Islam et le fétichisme luttent à armes inégales : l'Islam attaque, prêche, fait du prosélytisme, et il a de bonnes armes en main et des missionnaires dévoués ; la société fétichiste se défend simplement ; notre stricte neutralité — même quand elle est réelle, et elle ne l'est pas toujours, car on verra que tantôt nous avons favorisé l'Islam et tantôt travaillé à la désorganisation de l'armature animiste — ne suffit pas, pour permettre à la coutume de se maintenir sur ses bases et dans sa forme passée. C'est pourquoi on peut citer des conversions aussi marquantes que celles de Diala Diakité, chef de la province complètement fétichiste de Niatiaga, et chef du village de Mansona. Né vers 1857, il a succédé à son grand-père Diguidian Diakité, lorsque celui-ci fut envoyé en résidence obligatoire à Nioro, en 1896. Diala, qui, à la tête de ses bandes Khassonké, a tenu ferme le drapeau de la coutume fétichiste, aussi bien avant notre arrivée qu'après 1885, contre Mamadou Lamin et contre les Toucouleurs de Nioro et de Bafoulabé, se pose maintenant en néophyte islamique.

De même dans le Niagala, le chef du village de Sabou-

ciré, Madi Benko, ayant séjourné une trentaine d'années
comme captif chez les Toucouleurs de Kaédi, en a rapporté
un embryon de foi islamique qu'il essaie de faire partager,
sans succès d'ailleurs, à ses administrés malinké. Il a édifié
une mosquée du premier degré, sous la forme d'une rangée
circulaire de cailloux, et il y fait parfois des salam ostenta-
toires.

Ici comme ailleurs enfin, les islamisés se réclament tous
d'une bannière mystique. Ils se partagent en Qadrïa, qui
sont surtout les fils spirituels de Cheikh Sidïa Al-Kabir, et
en Tidianïa, beaucoup plus nombreux et plus fanatiques,
qui sont les talibés d'Al-Hadj Omar et de ses lieutenants. La
proximité de ce foyer de Tidianisme foutanké qu'est Nioro
a contribué à maintenir l'ouird tidiani en honneur dans la
région de Kayes. Le prosélytisme de marabouts étrangers,
tels que les Cheikhs marocain, Sidi Mohammed Guennoun, et algérien, Ahmed Çaih, d'Aïn Mahdi, n'y sont pas
étrangers non plus. « Saad Bouh », boutiquier de tous
ouerd, a aussi quelques disciples tidianïa. A signaler enfin
la prédication ardente d'un marabout professeur des Ida Ou
Ali, qui réussit, il y a quelques années, à recruter des
adeptes sur le fleuve et la voie ferrée.

L'Islam, qui a fait son apparition dans la région de Kayes
de très bonne heure avec les Peul Diallo du Khasso, a
connu des fortunes diverses. Cette histoire de l'islamisation
des contrées africaines est toujours pleine d'intérêt : en ce
qui concerne le Khasso, pris lato sensu, et avec lui indirectement toute la région de Kayes, cette histoire a été
faite de main de maître, avec une abondante documentation
et un sens critique très averti, par Charles Monteil. Il n'y a
donc pas lieu d'y revenir ici.

On remarquera simplement qu'au début du quatorzième
siècle, l'Islam s'est déjà implanté sur les rives du Haut
Sénégal, et que c'est surtout le désir du lucre et particu-

lièrement le commerce de l'or du Bambouk et du Gadiaga
(Galam) qui attirent à pied d'œuvre les marchands magh-
rébins, premiers missionnaires de la région du Prophète.
C'est sur ces colonies de marabouts, plus ouverts, plus
commerçants, qu'à partir d'André Brüe le commerce sénégalais s'appuiera, pour pénétrer pacifiquement dans les
territoires qu'arrosent le haut Sénégal et la Falémé. Le Père
Labat pourra être consulté avec intérêt sur cette première
et lointaine phase de notre politique musulmane à forme
commerciale.

I. — KAYES.

La grosse agglomération de Kayes est, avec ses six quartiers ou villages distincts, le centre islamisé noir le plus
important entre Saint-Louis et le Niger. Le zèle religieux
des Foutanké Toucouleurs et Sarakollé s'est donné ici
libre carrière et ce sont toujours les marabouts de ces
peuples et particulièrement des Toucouleurs, qui donnent
le bon ton et occupent les fonctions de cléricature; les principaux almamy, le président du Tribunal et les assesseurs
musulmans sont toucouleurs. Il n'est donc pas étonnant
que le Tidianisme omari règne ici en maître. Le voisinage
des Maures, et leurs fréquentes visites à la ville ont contribué aussi, depuis un siècle, au développement de la foi et
de la science islamiques dans la capitale du Haut Sénégal.

A Kayes-ville : un seul marabout, mais d'importance :
Ahmadou Ndiaye Hane, Toucouleur, né vers 1858, ancien
secrétaire du tribunal de Podor, ancien cadi de Toul, de
Diourbel et de Kayes. Il fut révoqué de ces dernières fonctions en 1913, ainsi qu'on le verra dans l'étude sur les juridictions musulmans de Kayes. Son père, Tafsir Amat
Ndiaye Hane, de Saint-Louis, fut un des marabouts les
plus instruits et les plus notoires de son temps.

A Kayes-Khasso : trois marabouts, dont un seul mérite une mention : Mokhtar Diabi, né vers 1885, qui, avec ses 15 élèves, a l'école la plus florissante du quartier.

A Kayes-Liberté : huit marabouts, dont les plus notoires sont : *a*) Oumarou Silla, né vers 1860 dans le Lao (Podor), qui a étudié dans le Fouta-Diallon et est aujourd'hui almamy du quartier et assesseur au tribunal de cercle. Son école a une vingtaine d'élèves. Il se relie au Tidianisme du Chérif Sidi Mohammed, de Nioro, dont on verra ailleurs l'obédience et le rôle. Oumar Silla, qui a séjourné lui-même une dizaine d'années à Nioro (1882-1891), n'a quitté cette ville qu'après l'occupation française ; il est depuis ce temps à Kayes. C'est la personnalité la plus importante de Kayes-Liberté ; *b*) Mountaqa Tal, né vers 1880, petit-fils d'Al-Hadj Omar. Il se déplace souvent pour son commerce et paraît devoir s'installer à Tamba Kounda, sur la voie du Thiès-Kayes ; *c*) Aïmirou Cissé, Ouolof, né vers 1880, commerçant assez lettré, tidiani de l'obédience d'Ahmed Caïh, d'Aïn Mahdi (Alger), assesseur au tribunal de subdivision.

A Kayes-Anciens tirailleurs : une demi-douzaine de petits maîtres d'école, dont le plus notoire est Tierno Seïdou Diako, almamy du village.

A Kayes-Plateau : six marabouts. plus ou moins maîtres d'école, dont les plus en vue sont Abd El-Aziz Li, dont on verra ci-après la notice, et Alfa Sinou Diallo, ancien assesseur du tribunal de province.

A Kayes-Hindé ou Petit-Kayes, sur la rive droite du fleuve : une demi-douzaine de maraboutaillons, dont l'almamy Yélimane Sow et le maître d'école Ahmadou Sy.

La banlieue de Kayes comprend, sur 75 villages, une dizaine seulement qui aient leur marabout, almamy-maître d'école. Le plus important de ces centres est Gabou, où l'on trouve quatre marabouts, dont Fodé Daramou Dikiné, né vers 1870, almamy, et Fodé Al-Hadj Kébé. né vers 1860, maître d'école notoire. La plus grande partie de cette province, dite « banlieue de Kayes », est peuplée de Malinké, Bambara, Senoufo, Ouassoulounké, Bobo et même Mossi, tous — sauf quelques chrétiens — foncièrement attachés à leurs coutumes, et rebelles à l'Islam. Dans ce chaos de races immigrées, le lien de la langue était nécessaire, et c'est le bambara, langue par excellence du fétichisme, qui s'est imposé à tous.

Dans l'ensemble, les quelques personnalités qui méritent une mention particulière sont les suivantes :

Abd El-Açiz né vers 1860, fils d'Abou Bakar, Toucouleur de la famille Li, est originaire de Diaba, dans le Bossea. C'est un élève du fameux Modi Mamadou Alimou, de Boki-diavé. Il en a reçu l'ouird tidiani et par lui, se rattache à Al-Hadj Omar. Il était à Saint-Louis, vers 1900, quand il apprit la venue prochaine de Saad Bouh ; il se rendit immédiatement à la rencontre du Cheikh jusqu'à Ndiago, l'accompagna à Saint-Louis, resta deux mois auprès de lui et se fit renouveler son ouird et conférer les pouvoirs de moqaddem.

Il est aujourd'hui imam de la grande mosquée de Kayes pour les vendredis, et assesseur au tribunal de cercle. Son école coranique, sise à Kayes-Plateau, comprend une vingtaine d'élèves.

C'est un marabout lettré et qui possède quelques ouvrages de droit et de théologie arabe. Il a trois fils : Mahmadou, Abou Bakar et Oumar.

Mamadou Soh, d'origine ouolofe, né à Saint-Louis, vers 1850, assesseur au tribunal de subdivision, est un disciple d'Amat Sew et par lui se rattache à Saad Bouh.

Ngourori Samba Soh, Toucouleur, imam de la mosquée Kayes-Hindé et maître d'école. C'est un tidiani omari.

Tidiani Wane, torodo, originaire de Lao, né vers 1855, chef de Kayes-Anciens tirailleurs. Ancien guerrier au ser-

vice d'Ahmadou Chékou. il reçut de ce dernier, à Yaréra.
près de Nioro, vers 1885. l'affiliation à la Voie tidianïa.

Tierno Hamzatou, torodo, de la famille Si, du Doundou,
est né vers 1842. C'est un marabout très considéré, sinon
très instruit, et qui remplit les fonctions d'imam à la
grande mosquée de Kayes, les jours de semaine. Il était un
des suivants d'Ahmadou Chékou et reçut de lui à Ségou
l'affiliation tidianïa. Il professe quelques petits cours de
langue arabe et de droit, suivis par des personnages déjà
âgés, qui veulent parfaire leur éducation.

Alfa Soh, né vers 1845, ancien président du tribunal
de subdivision, aujourd'hui assesseur au tribunal de
cercle. Toucouleur, originaire de Matam, il fut élevé à
Ségou, ou il resta jusqu'en 1890. Sa science juridique et
son prestige lui valurent. peu après son arrivée à Kayes,
d'en être nommé cadi. Depuis ce temps, il a toujours occupé sous une forme ou sous une autre, des fonctions de
magistrature. C'est un Cheikh respectable et considéré.

Wâli Bâ, né vers 1860, Ouolof de Saint-Louis. venu
comme traitant à Médine. en 1877, avec son frère Hadji
Ibrahima Guèye. Il y resta jusqu'en 1898, année où il vint
à Kayes, et y ouvrit une petite école. Sa science et son
entregent firent qu'on le nomma peu après cadi, et en 1905,
président du premier tribunal musulman. Il ne put se
maintenir en place, comme on le verra plus loin. Aujour-
d'hui il est sans situation définie. Écrivain public, copiste,
mufti, il vit de sa science islamique. Il a fortement contribué à répandre dans la région l'influence des zaouïa
tidianïa de l'Afrique Mineure. Vers 1900, il écrivait directement à Sidi Mohammed Guennoun, Cheikh de la zaouïa
de Fez, et se faisait envoyer par missive l'ouird tidiani et
les pouvoirs de moqaddem. Quelque temps après, un missionnaire de cette zaouïa, Ahmed Çaïh l'Abdellaoui, originaire d'Aïn Mahdi, vint à Kayes et entra en rapports
directs avec le chef de cette lointaine filliale. Il y est revenu

plusieurs fois, et malheureusement sous nos auspices. Parmi les talibés de Wâli Bâ, le plus notoire est Tierno Malik Dia, toucouleur, né vers 1870, maître d'école.

Tierno Mamadou Kane, toucouleur, né vers 1875, maître d'école, disciple de Cheikh ould Sidi, le Tichiti, domicilié à Nioro.

Youssoufou Abdoullahi, né vers 1850, poullo du clan Bari, commerçant et maître d'école, personnage relativement instruit. Il se déclare dépourvu d'ouird.

Moussa Keita, Malinké, né vers 1858, cultivateur et maître d'école. Il a reçu l'ouird tidiani de Mortada, fils d'Al-Hadj Omar, de passage à Kayes. C'est le marabout en vedette des Malinké islamisés.

Haimoud Belli, Toucouleur, né vers 1884, à Nioro, mais originaire d'Orkadiéré (Matam), où son père, Belli Talla, revint, après avoir fait campagne à Nioro, avec le fils d'Al-Hadj Omar.

C'est un marabout quêteur et magicien, qui n'hésite pas à user de tous les artifices pour remplir son escarcelle. En 1912, on le trouva en Côte d'Ivoire, d'où il est expulsé pour ses pratiques et jongleries douteuses. Il vient à plusieurs reprises dans le cercle de Kayes, est puni pour maraboutages, reçoit l'ordre de rentrer chez lui et n'en fait rien.

En octobre 1914 enfin, il est à nouveau arrêté à Kayes, où ses discours subversifs ont attiré l'attention. On le fouille et on trouve sur lui des papiers de cette nature :

« Celui qui me donnera 495 francs n'aura rien à craindre des tirailleurs ; leurs fusils ne l'atteindront pas. Celui qui me donnera cela sera toujours avec Dieu, personne ne pourra lui faire du mal.

« Il ne faut pas avoir du respect pour des chefs qui ne cherchent qu'à s'amuser, à voir des femmes, et qui surtout boivent de l'alcool. Ces chefs ne nous empêcheront pas de faire notre devoir de musulmans.

« Des rois, des gouverneurs qui montent sur des mulets
ne peuvent pas être nos maîtres. Le Gouverneur s'enivre ;
il devient comme un fou et ne sait pas connaître un colonel
d'un lieutenant ou d'un médecin ; cet homme lorsqu'il
n'est pas ivre, ne fait, ne dit que des choses mauvaises.

« Un homme comme cela est moins que rien, il ne
compte pas. Le capitaine, les sergents, les tirailleurs, n'ont
pas écouté mes paroles à moi *Habi Oumarou*.

« Des gens comme ceux-ci ne savent dire que oui, ou
pardon. Tous sont maudits de Dieu. Quoi qu'ils fassent,
ces mécréants seront écrasés, brisés, anéantis par le Diable,
et cela partout où ils iront.

« Les gardes de cercle, les adjudants, tous les mécréants,
je le prédis, tous iront en enfer.

« Tous ces ivrognes, buveurs d'alcool, n'auront jamais le
visage clair comme les musulmans ; toujours ils seront, au
réveil, comme des singes en sommeil, comme des moutons.

« Finalement, j'ai dit cela et fait ma prière au nom de
Dieu et de Mohammed.

« Ces saintes paroles ont été écrites par moi, à Dakar,
en présence de Mamadou Aw, Diawli, Amadou Dia et un
conducteur d'artillerie. »

Haimoud Belli a été condamné le 16 octobre 1914, à une
peine de deux ans de prison, qu'il a subie à Oualata, et à
cinq ans d'interdiction de séjour. Il est rentré aujourd'hui
à Orkadiéré (Matam).

Les *Qadrïa* sont peu représentés à Kayes, et le sont surtout par des étrangers.

A citer parmi les principaux : Ibrahima Issaga Badio,
Diakanké de Bokadaji, né vers 1880. Venu jeune chez le
Cheikh Sidïa, il fut élevé et instruit par lui et en reçut
l'ouird. C'est un bon lettré et un maître d'école renommé.
Il va voir son Cheikh tous les deux ou trois ans et se fait
confirmer l'affiliation.

Mostafa Diabi et Sidïa, Diakanké originaires de Marah Dina (Bafoulabé), et de la famille de Fodé Kadial:. Ils ont été punis de peines disciplinaires pour voyages de quêtes illicites et pour maraboutages. Sidïa est allé chercher fortune en Gambie, en 1914. Mostafa, faisant une seconde commande d'ouvrages au libraire Mourad Turqui, d'Alger, s'excusait de n'avoir pas encore pu payer la première « parce que, disait-il, les Français nous oppressent et nous empêchent de gagner notre vie » ; il ajoutait, avec fantaisie, dans sa lettre au sympathique et pacifique libraire, très ennuyé de recevoir de pareilles épistoles :

« Ce sont des malfaiteurs, des calomniateurs qui nous ont dénoncés aux Français. Maintenant nous ne pouvons plus faire de grandes réunions dans les mosquées ; nous ne pouvons plus avoir de talibés, nous ne pouvons plus voyager pour avoir quelques choses. Néanmoins je ferai tout mon possible pour vous envoyer une partie de mon gain, afin de payer mes livres.

« Nous allons, tous les bons marabouts, adresser nos prières à Dieu, pour que les Français ne nous oppressent plus et pour que nous ayons notre liberté comme avant.

« Enfin je vous demande de faire votre possible pour m'envoyer un nouveau livre. »

Bou Kounta, le marabout de Tivaouane, compte aussi quelques talibés qadrïa, qui se font d'ailleurs remarquer par leur mauvais esprit. Les principaux sont les trois frères Kaba Diakité : Fa, Mohammed et Fodé, originaires de Kenenkou (Ségou). Ils ont tous fait un séjour de quelque durée à Diassane, à la zaouïa du maître. » Ce sont des marabouts ambulants et quêteurs. Leurs propos déplacés leur ont valu des peines disciplinaires.

Bou Bakar Boye Guillé, Soninké, né vers 1878, fils de Marakoulé, originaire de Barouéli (Ségou). Il a fait ses premières études auprès de Kalilou Silla, à Touba Koro (Bamako), puis est venu recevoir les sacrements islamiques chez Bou Kounta. Petit marabout sans influence, de Kayes-Liberté, mais quêteur sans vergogne, il a été condamné, en 1916, à un an d'emprisonnement pour extorsion de cadeaux.

Hamadou Cissé, Poullo né à Hamdallahi (Macina) vers 1850, tailleur et maître d'école, à Kayes-Plateau. Par son maître, Hamadou Abdou, il se rattache à l'obédience des amirou du Macina et au delà, à celle des Kounta de l'Azaouad.

II. — MÉDINE (KHASSO).

Médine est une ville très islamisée, où divers éléments ethniques toucouleurs, ouolof et malinké, fort attachés à la religion du Prophète, sont venus, tout en commerçant, exercer leur prosélytisme sur une population de Khassonké, déjà attachée à l'Islam.

Le nom de Médine est lui-même une réminiscence de la Médine d'Arabie. La tradition rapporte qu'avant de construire le village, Awa Demba Diallo avait demandé à un marabout maure, nommé Sidi, de lui indiquer un bon emplacement. Sidi fixa l'endroit où s'élève la ville actuelle, et on l'appela Médine en l'honneur de la ville prophétique. Ces faits se passaient au début du dix-neuvième siècle, vers 1800 environ. La tradition est presque exacte. Mungo Park passait en effet en 1796 à Madina, alors hameau naissant.

Les Khassonké, pris dans l'orbite de la révolution religieuse du Fouta Toro, venaient de s'attacher ou de se rattacher depuis quelques années à l'Islam. Mungo Park, de passage dans le Khasso au début de 1796, signale un curieux ultimatum du célèbre Almamy Abdoul-Qader le Foutanké, mettant les Khassonké en présence de la conversion ou de la guerre à mort.

Le prosélytisme de Cheikh Sidïa Al-Kabir se fait sentir à Médine, au milieu du dix-neuvième siècle, et y laisse des traces durables. C'est toujours son influence qui est prédominante à Médine : les marabouts, imam et maîtres d'école les plus notoires : Tierno Hamat Kane, Mamadou Wagué, Amadou Diallo, Alfa Oumar, qu'on verra plus loin, sont rattachés à son obédience qadrïa.

A la différence de Kayes, l'élément foutanké tidiani n'exerce ici que fort peu d'influence, et on nourrit contre lui une haine aussi vigoureuse que celle qui anima les héroïques défenseurs de Médine de 1857 et leurs fidèles auxiliaires khassonké contre Al-Hadj Omar et les siens.

Cette haine se traduit d'ailleurs par des actes. En 1890, lors des opérations contre Ahmadou Chékou, à Nioro, les Khassonké nous fournirent d'eux-mêmes un goum, recruté et soldé à leurs frais.

Le côté religieux se mêlait si bien à la lutte politique, que plusieurs traitants torodbé-ouolof refusèrent de faire cause commune avec leurs voisins et entretinrent même une correspondance amicale avec Ahmadou. Ils lui envoyèrent d'importants cadeaux et en remirent d'autres à son représentant de Médine, Samba Saïdi. L'un d'eux, Papa Demba, alla même plus loin. Alors que les hostilités étaient engagées, il essaya nuitamment de faire passer un de ses agents chez Ahmadou, avec mission de signer un traité d'alliance contre nous. Il fut arrêté et mis en jugement. Mais il n'attendit pas sa condamnation et s'empoisonna dans sa prison, en inscrivant sur les murs : « Je meurs pour notre Voie tidiani, qu'elle soit glorifiée. »

On en fit un martyr et ses compatriotes et frères mystiques élevèrent sur sa tombe une haute pyramide blanche, entourée d'une belle grille; le socle, en pierres de taille, était couvert d'inscriptions arabes, célébrant Allah et ses « fidèles » serviteurs.

On ne le toucha pas, mais quelques années plus tard, le commandant Klobb, passant à Médine, et ayant reçu diverses demandes de la part de la colonie musulmane ti-

diani, leur montra le monument, en leur demandant ce qu'il
signifiait. On ne répondit pas, mais le soir même une
délégation officielle allait rendre compte à Kayes que le
monument n'existait plus.

Les principaux marabouts sont :
A Médine même :

Mamoudou Sal, Toucouleur du Toro, né vers 1850, il a
reçu l'ouird tidiani d'Ahmadou Chékou, à Nioro. Il rapporte que le fils d'Al-Hadj Omar, en le bénissant, lui re-
commanda ainsi qu'il le faisait à tous ses disciples : 1º de
ne s'attacher à aucun Cheikh ; 2º de se solidariser toujours
avec ses frères.

Alfa Oumar Dem, Toucouleur du Damga, né vers 1865.
C'est un des maîtres d'école les mieux achalandés de Médine.
Il a 25 élèves, dont la plupart vont à l'école française et ne
viennent à son école coranique qu'après 10 et 16 heures. Il
a reçu l'ouird tidiani, à Nioro, d'un commerçant maure,
Cheikh ould Sidi, des Ahel Bou Hijja, que ses affaires
appellent à Nioro, Oualata et Kayes.

Amadou Diallo, né vers 1880, le maître de l'école la plus
florissante de Médine : 25 à 30 élèves. Il est secondé par
Kola Cissé, de Dienné, né vers 1876, tailleur à ses moments
perdus. Il est arrivé ici avec son maître, Ahmadou Wan-
garaba, se rendant tous deux à la Mecque. Le maître étant
mort, Kola Cissé se mit au service d'Amadou Diallo.

Tierno Amat Kane, né vers 1878, maître d'école, cultivateur et commerçant. C'est l'almamy de la mosquée de
Médina-Khasso.

Ousmana Sidibe, Mandingue du Ouassoulou, né vers
1850, cultivateur venu s'installer à Médine vers 1885. A la
différence des précédents qui sont pour la plupart tidianïa,
Ousmana est un qadri, qui par son maître Hamadou, Poullo
du Macina, mort dans le Bakhounou, se rattache aux
Kounta.

Hadi Keita, Malinké, né vers 1870, petit maître d'école, disciple qadri, par son maître Lansana, du Cheikh Bou Kounta, de Tivaouane.

Abdoul Qadri Keita, Malinké, né vers 1880, maître d'une école de 20 élèves. Il est qadri et par sa chaîne : Ali ould Aria, Maure Qodof de Nara, et Cheikh ould Chérif, des Joumane, se rattache aux Kounta.

Silatigui Barayoro, d'origine diakanké, né à Kellade, disciple qadri de Fa Kaba, malinké de Bonko (Bissikrima) et par lui de Saad Bouh ;

Demba Diop, commerçant ouolof, disciple d'un ancien traitant ouolof, Amar Sempélé qui a laissé un certain renom à Médine et était disciple de Cheikh Sidïa Al-Kabir. Demba Diop est imam de la grande mosquée de Médine.

La famille des *Diallo*, chefs du Khasso, issus d'Awa Bemba, qui chassés de Koniakary par les Bambara, vint s'installer à Médine et s'y maintint. Son fils, Sambala, lui succéda et après lui († 1880) ses fils, Sidi Guessé, puis Sadio Sambala. Les principaux personnages sont, à l'heure actuelle : Diaté Demba Diallo, chef du canton de Khasso, dont Médine est la capitale. Il n'a pas d'ouird. Sadio Sambala Diallo, chef de Médine depuis 1892 et fils du précédent. C'est un chef fidèle et dévoué, qui nous a rendu les plus précieux services. La perception des impôts et le recrutement sont assurés d'une façon parfaite chez lui. Il s'est livré à des cultures nouvelles avec une intelligente activité. Il se relie au Tidianisme toucouleur par Alfa Demba, disciple du Cheikh Omar. Il a servi dignement comme chef du goum khassonké avec Borgnis-Desbordes contre Samory, et avec Archinard contre Ségou. Son fils aîné, Demba, né vers 1898, achève ses études à l'École normale de Gorée et fera un excellent instituteur. Sambala Modi Diallo, frère de Diaté, assesseur au tribunal de Kayes. Il est qadri et se rattache à Cheikh Sidïa par le forgeron Mamoudou Kanté, qui fut élève du grand Cheikh.

Yassa Bakili,
de Touba Boukané (Kayes).

Dans la douzaine de villages qui constitue le canton de
Médine, ou cœur du Khasso. il n'y a guère à signaler que :

Mamoudou Sal, né vers 1878, almamy et maître d'école
à Dinguirabougou ; Tamsir Wad, né vers 1860, à Lomba ;
Cheikh Bakari Kamara, d'origine Kagoro, né vers 1860,
disciple de Cheikh Sidïa Baba, maître d'école assez réputé
et directeur spirituel d'une dizaine de talibé à Kenioukouta ;
et enfin Abdoullahi Haidou, né vers 1872, et Moussa Makan-
dian, né vers 1867, maîtres d'école à Sabouciré.

III. — LE KAMÉRA.

Le Kaméra formait jadis avec le Niagala et le Tambaoura le pays de Bambouk, célèbre dans nos annales commerciales sénégalaises.

De ce Bambouk, dont le nom est aujourd'hui tombé en
désuétude, la seule province du Kaméra a été touchée par
l'Islam et renferme des colonies musulmanes : le Niagala et
le Tambaoura sont restées intégralement fétichistes.

Les centres islamisés les plus importants du Kaméra
sont : *Tamboukané*, où sur trois marabouts maîtres d'école,
deux, Arma Cissé, né vers 1872, et surtout Fodié Tandia-
gara, né vers 1862, ont quelque renom. *Touba Boukané*,
où un autre personnage est à signaler, plus intrigant que
véritable marabout : Yassa Bakili. Né vers 1876, Sarakollé,
Yassa était fils de Barka Bakili, qui fut un bon serviteur
et que le général de Trentinian nomma chef de Kaméra
(1894). Le jeune Yassa, venu à Kayes en 1898, se plaça
comme boy, puis comme boutiquier chez divers Européens ; il vint ensuite chercher fortune à Dakar, où il fit à
peu près tous les métiers. Il y a acquis un mauvais esprit
évident. Rentré à Touba Boukané, il s'employa à semer la
haine et la division. Gravement compromis dans l'aventure de Fodié Ismaïla, comme on le verra plus loin, il fut

envoyé pour cinq ans à la Côte d'Ivoire. Sa peine expirée,
il rentra à Kayes, atteint d'aliénation mentale, y brisa des
cases, et fut finalement confié à son frère, Soulé Bakili,
qui le garde aux fers dans ses accès furieux. Entre temps,
il s'adonne aux cultures. Son oncle est chef des Makana :
C'est Mamadou Sendé Bakili, personnage considéré.

Moussala, qui compte quatre marabouts dont un seul
de renom : Samala faramé, maître d'une école d'une vingtaine d'élèves.

Gakoura, où domine la famille maraboutique des Gako.

Dramé, centre important, où l'on compte plus de quinze
personnages faisant profession attitrée de marabout ou de
maître d'école. Les plus en vue sont : Bakari Si, né vers 1840,
almamy ; Fodé Maka Daramé, né vers 1845, chef du village ;
Mamadi Si, dont l'école compte une vingtaine d'élèves.

Lanel Mody, où l'on trouve une demi-douzaine de marabouts. Le plus notoire est le vieux Fodé Talibé Cissé
(Mahmadou Kounti), né vers 1845, fils de Binné Cissé,
marabout connu aussi. Fodé a fait ses études à Ndiawara
(Bakel) et n'est rentré qu'à un âge avancé à Lanel. Il a
suivi comme les autres la fortune d'Al-Hadj Omar d'abord,
de l'agitateur Mamadou Lamine ensuite. Il quitta Lanel
vers 1899, pour venir à Tichy, dans le Guidimaka. En
mai 1911, une grande réunion de marabouts qui eut lieu à
Ndiawara pour régler, dit-on, la succession difficile de
Cheika Ndié Idé, attira l'attention de l'autorité sur ceux
qui y prirent part. Se sentant surveillé, Fodé a abandonné
Tichy avec les siens pour rentrer à Lanel.

Ses nombreux enfants font, comme lui, les marabouts
cultivateurs.

Tafarcirga, célèbre par ses quinze marabouts. Trois
seuls méritent de retenir l'attention : Chékou Daramé, né
vers 1880, et Fodé Hamadi, né vers 1848, les maîtres
d'école les plus réputés ; Massiré Soumaré, né vers 1877,
qui a fait le pèlerinage de la Mecque. Ils sont les disciples

de deux maîtres de renom de la génération précédente :
Fodé Sékou Silla, de Tafacirga, et Fodé Ibrahima, de San-
galou.

Et enfin *Goulioubé*, où sur huit marabouts six ensei-
gnent le Coran. Fodé Mamadi Samba, né vers 1840, et
Fodé Boubou Ndiaye, né vers 1835, vieux marabouts très
considérés, se déclarent moqaddem tidianïa de la région.
Les autres n'ont aucune importance ; plusieurs d'entre eux
ont fait leurs études à Sélibaby.

IV. — LE SÉRO.

La province du Séro a été à peine touchée par le prosélytisme des marabouts. Elle ne comprend que trois centres
islamisés : *Séro* même, avec le marabout Moussa Cissé,
dont l'école n'a pas d'élèves la plupart du temps ; *Tourou*,
où des deux marabouts, Fodé Abdoulaye Kaba, né vers 1850,
et Kalilou Raba, né vers 1855, seul, le premier, moqaddem
tidiani et maître d'école respecté, mérite une mention spéciale. *Diadimbéra*, où les deux marabouts ne tiennent pas
d'école.

Quant au chef de province, Tiékouta Oulé Diallo, Khassonké, né vers 1860, fils de Moriba Saféré, et chef de la
famille, où le commandement est héréditaire, il a été converti à l'Islam par les conquérants toucouleurs. Homme
intelligent et énergique, il s'est rangé dès la première
heure à notre parti, et a marché sur Nioro, en 1893, avec
Archinard. Il a conservé de son passé une certaine pratique
de la prière, mais sa foi est aussi tiède qu'ignorante. Il
entretient d'excellentes relations avec les Maures Oulad
Sidi Mahmoud, qui fréquentent beaucoup le Séro. Son frère
Sambala, né vers 1865, est un homme intelligent et
dévoué.

V. — Le Diombokho.

La grande province du Diembokho, quoique en majorité fétichiste, est fortement entamée par l'Islam. D'actifs
agents de prosélytisme, soit Khassonké, soit surtout Toucouleurs, y ont fait sentir leur action et recruté des adeptes.
La politique active de résistance à l'Islam, préconisée par
le Gouverneur Clozel en 1911, et qui reposait sur le raffer-
missement des sociétés fétichistes, sur l'organisation d'un
commandement local, nettement autochtone et coutumier,
sur le maintien des traditions et des mœurs ancestrales,
sur une police très active des marabouts étrangers, et sur
l'expulsion de tout agent de trouble à base religieuse, a
fortement contribué à maintenir ces indigènes dans la fidélité du passé. Elle leur a démontré que notre neutralité
n'était pas une attitude passive, les laissant exposés aux
perpétuels coups de force d'audacieux marabouts. Elle a
soulevé un grand enthousiasme le jour où elle fut annoncée
aux conseils de notables.

A-t-elle donné tous ses effets ? On peut en douter. Peu
à peu, les bonnes volontés administratives de la première
heure sont tombées et les notables indigènes, abandonnés
à eux-mêmes, sont restés plus d'une fois sans défense devant
le prosélytisme des foyers musulmans, nombreux et actifs,
qui fleurissent dans le Diombokho.

Ici, encore l'attitude passive des éléments fétichistes et la
neutralité indifférente de l'autorité française, assurera tôt
ou tard à l'Islam, parmi les jeunes générations Khassonké,
une victoire certaine et sans doute facile.

Un grand nombre des villages musulmans du Diembokho
tirent leur nom de pieuses réminiscences islamiques ou
arabes, tels Médina-Kouta, Touba, Salamou, Micira, Ma-
kadini, etc.

Les principaux centres islamisés du Diembokho sont :

Koniakary, gros bourg islamisé depuis plusieurs siècles
et où l'activité de Tierno Moussa, lieutenant, fort religieux,
d'Al-Hadj Omar, a, entre 1860 et 1870, provoqué la création d'un important quartier toucouleur et donné à l'Islam
local un regain de vitalité. Plus tard, Ahmadou Chékou
y installa comme chef son frère Bassirou (vers 1875), qui
mena pendant plusieurs années le bon combat contre les
païens voisins. L'on trouve aujourd'hui à Koniakary, entre
les deux cités toucouleur et khassonké, vingt-cinq personnalités maraboutiques, la plupart enseignantes. Les
principaux sont : *a)* Alfa Demba Diallo, fils de Samba, né
vers 1850, toucouleur de Kolona (Boundou). Il vint s'installer très jeune avec ses parents à Koniakary. Il y ouvrit,
vers 1880, une école coranique, et sa science et son zèle
religieux lui attirèrent avec le temps une grande considération. Aussi fut-il choisi, en 1902, comme cadi de Koniakary. Son administration ne donna lieu à aucune critique.
Quand les cadis furent supprimés, Alfa Demba rentra dans
le rang, mais il a conservé de son passé le désir de se
mêler des affaires publiques, et a été plusieurs fois rappelé
à l'ordre pour ce motif. C'est un homme intelligent et
ouvert, grand cultivateur et maître d'école toujours estimé.
b) Son talibé et homme de confiance, Mamadou Diallo, né
vers 1883, est un intrigant, qui a commis de nombreuses
exactions dans le Diembokho ; *c)* Alfa Oumarou Bane, né
vers 1860, almamy supérieur de la ville. Il vient de mourir,
à la geôle de Kayes, en fin 1916. C'est lui qui en septembre 1914 haranguait ainsi les fidèles à la grande mosquée de Koniakary : « Les infidèles se font la guerre entre
eux ; ils se détruirent tous. Les Français, qui sont actuellement au Soudan, vont partir. Les temps sont proches
où les croyants vont enfin être délivrés du joug des infidèles :
il faut se tenir prêts. » Quelque temps après : « Qu'Allah
nous délivre des infidèles qui nous oppressent, qu'il les

anéantisse dans sa grande force, et qu'il nous donne enfin
un maître qui soit un vrai croyant. » *d*) Seidou Tierno,
cousin du précédent, marabout influent et lettré, qui
accompagne le chef de province et lui sert de secrétaire ;
e) Tierno Daouda, frère d'Alfa Oumarou, cultivateur, personnage beaucoup plus effacé, et enfin *f*) Mamadou Ndiaye,
né vers 1857, chef du village, personnage actif, énergique
et intelligent qui a jadis guerroyé contre Archinard et
contre les provinces païennes du Diafounou, du Séro et
du Kaarta. Les autres marabouts de Koniakary, aussi bien
de K. Toucouleurs que de K. Khassonké, ne méritent
aucune mention. La grande mosquée de Koniakary sert de
mosquée-diouma pour toutes les localités de la province.

Batama, gros village soninké, où l'influence maraboutique se partage entre la famille locale des Doukouré, dont
le représentant le plus en vue est Samba Nouh Doukouré,
né vers 1865, et la famille immigrée, d'origine toucouleure,
les Wane, dont la personnalité la plus éminente est l'aîné
des trois frères : Alfa Abdoulaye Wane né vers 1878. Son
école paraît la plus fréquentée.

Bamco et *Koumoré* comprennent une demi-douzaine
de mara... ...taillons sans importance.

Diallané est un centre fortement islamisé. Une douzaine
de maîtres, dont les moins favorisés ont 2 ou 3 élèves, et
dont les plus respectés en ont de 8 à 10, distribuent l'enseignement coranique à une soixantaine d'enfants. En plus
de ces petites écoles, un marabout de grand renom, Fodé
Diédié, Daramé, né vers 1872, tient une sorte de zaouïa où
fréquentent une cinquantaine d'élèves, dont plusieurs
suivent des cours supérieurs. Beaucoup d'autres chefs de
famille se disent marabouts, encore qu'ils ne professent
pas et soient sans instruction. Il ne faut pas oublier que
Diallané était le village d'origine de Mamadou Lamin. Sa
famille y réside toujours : ses membres affectent volontiers
d'être méfiants et fermés ; à plusieurs reprises, ils ont cher-

ché à se disperser dans la brousse pour rompre le contact et éviter toute surveillance.

Fatola, partagé entre les Toucouleurs et les Khassonké, n'a que deux personnages intéressants : Tierno Niang, né vers 1880, Torodo, imam de la mosquée ; Mamadou Guèye, d'origine ouolofe, ancien guerrier des bandes de Bassirou, fils d'Al-Hadj Omar. Il a succédé, en deuxième lieu, à son père, Abdoulaye, dans le commandement de son village.

Kabao se distingue par 7 ou 8 maraboutaillons, tenant des écoles de 2 à 3 élèves.

Maréna est plus remarquable. On y trouve une vingtaine de marabouts dont quelques-uns, tels Fodié Bakili, né vers 18-5, sont réputés par leur science, ce qui leur vaut une assez nombreuse clientèle scolaire, et les autres, tels Mpali Haïdara, né vers 1860, et Al-Hadji Kaba Diaka Diakité, né vers 1855, sont l'objet d'une certaine considération.

A *Medina-Koula, Mogoyafara Oualila* et *Moulina* pullulent des maraboutaillons sans écoles et sans importance.

Dans le groupement des Sabouciré : S. Ba, S. Koubila et S. Sambala, un seul nom émerge : Alfa Madiou Ndiaye, né vers 1876, Tidiani et maître d'école réputé.

Le *Tafacirga* du Diombokho est un centre maraboutique de quelque importance comme son homonyme du Kaméra. Une dizaine de marabouts, dont le plus important est Fodié Kalilou Diombéra, né vers 1860, y donnent l'enseignement à une trentaine d'enfants.

Segala-Hindé, qui tire son nom du village proche de Ségala-bâ, peuplé de Bambara fétichistes, est un village de Toucouleurs fortement islamisés et de quelques Khassonké. Il a été fondé par ceux-ci vers 1885, mais les Toucouleurs les ont peu à peu supplantés. Les principales personnalités sont : Alfa Diallo, poullo, né vers 1860, maître d'une école de 15 élèves, almamy de la mosquée ; Samba Soh, né vers 1878 ; Ahmadou Kane, né vers 1880 ; Malali Diallo, chef du

village, né vers 1875, tousinféodés naturellement au Tidianisme omari.

A signaler enfin Tintilla. où l'école de Tierno Mamadi,
Soumaré. né vers 1868. est la plus florissante.

VI. — Le Logo.

Le Logo, entièrement fétichiste. ne mériterait aucune
mention dans une étude islamique, sans la présence à Sabou
ciré, sa capitale, d'un chérif idrissite de quelque envergure, Chérif Abdoul-Qader.

Sabouciré du Logo (« la cause du bonheur » en Soninké)
est une très vieille ville. qui a donné naissance dans la
région à plusieurs autres villages du même nom. Elle est
peuplée de plusieurs milliers de Soninké, de Khassonké et
surtout de Malinké, de diamou Sissokho, obstinément rebelles aux invites de l'Islam. Chérif Abdoul-Qader ould
Ibrahima, né vers 1865, y vint comme dioula vers 1890.
Son dixième ancêtre Ali Taqioullahi, venant du Maroc,
s'installa à Diowol (Kaédi). Il prit femme dans le pays et
se nationalisa foutanké. Ses descendants évoluèrent du
Fouta oriental au Kaarta. Ibrahima, père de notre Chérif,
s'attacha à la fortune d'Al-Hadj Omar, et le suivit à Ségou,
où naquit Abdoul-Qader. A la prise de Ségou, le jeune
chérif revint vers Kayes et pensa s'enrichir en ce monde et
pour l'autre. en apportant la bonne parole et des denrées
commerciales dans le Logo. Cet effort d'un quart de siècle
n'a pas été couronné de succès. Quelques rares disciples se
joignent à ses enfants pour prier avec lui dans sa case. Il
n'a même pas pu obtenir des chefs locaux, inquiets de ses
agissements. l'autorisation de construire une mosquée.

Chérif Abdoul-Qader a reçu l'affiliation tidiani et les
pouvoirs de moqaddem d'abord d'Al Hadji Saïdou Dem,
Toucouleur de Nioro, qui se rattache par Cheikh Mouloud

Fal, aux Ida Ou Ali, ensuite du Chérif Mohammed Mokh-tar, de Nioro, qu'on verra ailleurs.

Son fils aîné Mamadou Lamin, né vers 1885, l'a aban-donné, contre sa volonté, pour aller travailler au Sénégal et en Gambie.

Son frère Chérif Al-Housseïni, installé à Touba de Banamba, y est mort en 1907, laissant deux fils, Ahmadou et Tidiani, qu'il voit quelquefois, et qui font les cultivateurs et les maîtres d'école.

En somme, la mission islamique de Chérif Abdoul-Qader a échoué, au moins en apparence. Rien ne dit pourtant qu'il n'ait pas fait quelque brèche dans les sentiments de ces Soninké et Malinké, désireux d'une croyance plus solide, et qui ne tarderont pas à évoluer.

VII. — Le Guidimaka.

A. — *Généralités*. — Deux races peuplent la province du Guidimaka du cercle de Kayes (1) et comprennent une population de 12.500 habitants. La plus grande partie de cette population est Soninké : 11.000 âmes environ ; les autres sont : soit toucouleurs, auxquelles il faut joindre quelques Peul, et qui occupent cinq villages : Kersignané-toucouleur, K. peul, Oregriva-toucouleur, Sonina toucouleur et Melga, au total 800 habitants ; soit métis maures, plus ou moins en voie de sédentarisation, Trarza et Lemtouna, comprenant au total 700 habitants et répartis en trois villages Ségué, Monoba et Hosseïnoul-Seïbath. Ces Maures, restés malgré tout assez attachés à leur nomadisme, n'ont pas de relations suivies avec les sédentaires noirs et vivent à l'écart.

(1) Par distinction de la province voisine du Guidimaka, qui appartient au cercle du Gorgol (Mauritanie).

La venue des Soninké dans le Guidimaka semble assez récente. La tradition rapporte que ce pays montagneux (Guidi) fut peuplé par le clan soninké des Maka, fuyant la persécution islamique de l'empire malinké, et que, réfugiés dans cette région, devenue le Guidimaka, ces gens conservèrent leurs croyances fétichistes, leur mœurs et leur langue. Il faut reconnaître que la situation actuelle justifierait les données de la tradition. Les Soninké sont restés en très grande partie fétichistes, et opposent une résistance tenace aux progrès de l'Islam.

A côté de ces Soninké de la première heure, vivaient des familles de marabouts, de la même origine, que l'on retrouve dans la plupart des villages et qui sont facilement reconnaissables à leurs diamou. Ces familles qui s'étaient détachées des Soninké islamisés de l'Est, avaient, au cours des siècles, émigré vers le Guidimaka. Ils se construisirent une mosquée, à leur seul usage d'ailleurs ; il ne faudrait donc pas inférer de la présence d'un édifice de ce genre dans une agglomération qu'elle est musulmane.

Ces clans maraboutiques sont au nombre de cinq : les Cissé, les Touré, les Kébé, qui ont pour diamou « Diabira », les Sako, les Berté.

Les Cissé sont arrivés les premiers. Ils seraient originaires de Dia, appelés, dit la légende, par leurs cousins fétichistes, pour chasser un démon qu'ils avaient trouvé sur l'emplacement de leur premier village et dont ils ne parvenaient pas à se débarrasser par leurs propres moyens.

Ces marabouts n'ont jamais entrepris de convertir les fétichistes qui vivaient autour d'eux ; il semble même que la pureté de leurs croyances s'altéra à ce contact des infidèles. C'est ainsi que jusqu'à l'arrivée d'Al-Hadj Omar ils buvaient ouvertement du dolo et mangeaient la viande de sanglier. Ils continuèrent subrepticement ces pratiques pendant la domination toucouleure et aujourd'hui, en vertu de l'habitude acquise, ils n'apportent pas au village les sangliers qu'ils tuent dans la brousse, mais vont les manger sur place.

Al-Hadj Omar voulut convertir par le sabre ces voisins infidèles. Ils s'inclinèrent et firent une soumission apparente. Cette soumission leur fut facilitée par leurs parents marabouts qui, de leur pavillon prophétique, couvrirent la marchandise fétichiste.

Les Soninké y perdirent toutefois l'usage de leurs coutumes. Jusque-là en effet, la justice était rendue dans chaque village par le conseil des notables, siégeant sous la présidence du c'ef de village. La loi appliquée était les anciennes coutumes du Ouagadou, même lorsqu'une famille maraboutique était partie dans l'instance. Ahmadou Chékou institua deux cadis à Bokhoro et à Gagny : ils étaient chargés de rendre la justice dans tout le Guidimaka et appliquaient avec logique la loi musulmane, tout le monde étant censé appartenir à la voie du Prophète.

Sans serrer de plus près la question, les Français prirent la succession d'Ahmadou Chékou ; cinq cadis furent nommés par nous avec mission d'appliquer le droit musulman : Ibrahima Ndiayo à Somankidy ; Fodé Guïem, à Bangassi ; Fodé Dahaba, à Sénénaty ; Mamadou Braghi, à Gouméra ; Fodé Diabi, à Koussouné. En 1908 enfin, ces errements furent abandonnés ; les cadis reçurent défense d'administrer la justice et les indigènes reçurent l'ordre de porter leurs affaires devant le tribunal de province.

On peut compter, à l'heure actuelle, dans le Guidimaka, 125 marabouts, en grande majorité soninké. On n'en peut guère citer qu'une douzaine qui n'appartiennent pas à ce peuple, soit 2 Maures et une dizaine de Toucouleurs, fils des conquérants de la veille.

Entre ces marabouts soninké il faut distinguer : une bonne moitié fait partie des cinq familles, citées plus haut et dont la foi primitive s'est singulièrement altérée; ceux-là n'ont généralement pas d'école et se bornent à apprendre à leurs fils les quelques prières qu'ils connaissent ou même seulement les formalités extérieures du culte. Formant une sorte de caste sacrée, ils se déclarent marabouts de père en fils, et par la simple hérédité ils sont imam de leur mosquée. L'aîné de la famille est le détenteur de l'unique Coran, qu'on se transmet de génération en génération et sur lequel on n'a que peu de lumières.

Il reste une cinquantaine de marabouts, d'origine étrangère, venus s'installer dans le Guidimaka depuis deux, trois ou quatre générations et qui y ont acquis droit de cité. Les uns sont originaires de Fouta-Diallon, les autres, en plus grand nombre, du Fouta Toro : Bakel, Matam, Saldé, Podor ; quelques autres enfin sont malinké ; on verra en détail ci-après les plus notoires, mais il faut dès maintenant signaler les groupements les plus importants : celui d'Ibrahima Ndiaye à Somankidy, et Fodé Ismaïla Tounkara, à Koussané.

Quant aux Soninké autochtones, si on peut les appeler ainsi, qui se distinguent par l'attachement à leurs coutumes traditionnelles, ils n'ont produit à l'heure actuelle aucun groupement ou personnalité islamique de renom.

Les marabouts du Guidimaka se partagent en qadrïa, tidianïa et indépendants. Jadis tous étaient qadrïa, de l'obédience Kounta et surtout de sa filiale Sidïa. Ils ne sont plus que 25 aujourd'hui et comptent deux moqaddem. La propagande et les succès d'Al-Hadj Omar mirent en honneur le Tidianisme et il est resté tel ; mais les indigènes, ici comme en plusieurs points, ne veulent pas toujours avouer leur affiliation, car ils ont conscience de la mauvaise réputation que la turbulence de cette confrérie leur a value auprès de nous. Les Tidianïa avoués sont au nombre d'une cinquantaine : ils comptent trois moqaddem. Cinquante autres environ se déclarent musulmans sans affiliation. Celle-ci d'ailleurs n'a, ici comme ailleurs, qu'une importance secondaire : c'est une simple étiquette qu'on se passe de père en fils, à moins que les circonstances du moment n'incitent à un changement.

Ici la libération des captifs qui, en certains points, à amené une régression de l'Islam, a produit les effets contraires. Elle a provoqué un rapprochement entre islamisés et fétichistes, également victimes de la situation nouvelle. Ils ont cru trouver dans l'exode un remède à leurs maux, et quatre villages : Haourou, Haïté, Sénénaty et Séléfilé tentèrent de passer dans le Guidimaka maure, où on ne touchait pas à l'armature du passé. La chose leur fut interdite d'ailleurs.

B. — *Le groupement de Fodé Ismaïla, de Koussané.* — Fodé Ismaïla Tounkara est né vers 1862, à Yorouma, près d'Aéré (Podor). Son père, Bou Bakar Tounkara, appartenait à la famille sarakollé, originaire de Gakoura (Guidimaka), dans laquelle on comptait des marabouts depuis plusieurs générations. A l'arrivée d'Al-Hadj Omar, Bou Bakar quitta le Guidimaka et vint s'établir à Yorouma, où devait naître son fils Ismaïla. Marabout et guerrier, il fut un des bons lieutenants du conquérant.

Fodé Ismaïla fit ses études islamiques auprès des marabouts locaux et, vers 1887, vint ouvrir une école coranique à Somankidy. L'endroit ne lui parut pas propice, et après une nouvelle tentative à Kersignané, il finit par s'établir à Koussané, dans le Guidimaka de Kayes. Koussané, dernier village soninké au N.-E. du Guidimaka, est d'un accès difficile, quand on vient du Sud : une chaîne de petites montagnes, très escarpées, forme une série de barrières pénibles à franchir. Cet emplacement était particulièrement favorable aux visées du marabout.

Adonné au mysticisme, déclarant ouvertement qu'il était en communication avec le Prophète, se livrant à toutes sortes de pratiques de sorcellerie et de magie, il eut rapidement un succès considérable. Il construisit une zaouïa fortifiée à Koussané, reçut de nombreux dons, accrut sa clientèle des gens les plus divers : marabouts errants, aventuriers en quête de pillages, etc. Il se prépara un rôle politique, qu'il entendait jouer, par de petites tournées de propagande, supérieurement montées et équipées, qui frappaient fortement l'esprit des noirs. En 1904, il parcourut, pendant plusieurs semaines et à la tête d'un peloton de cavaliers, qui s'accrut de canton en canton, la plus grande partie du cercle de Bafoulabé. On le contraignit, non sans peine, de rentrer chez lui sans incident.

Fodé Ismaïla continua sa propagande politique et religieuse pendant plusieurs années. Elle devait aboutir à une sorte d'effervescence antifrançaise, qui agita plusieurs mois la région de Kayes.

Il venait de rentrer, au début de 1911, et, pour la deuxième fois, d'un voyage à la Mecque. A peine était-il débarqué à Dakar, que le bruit se répandait qu'il arrivait porteur des instructions du chef de l'Islam. Remontant le Sénégal en chaland, il s'arrêtait dans les grands villages, se faisait connaître, répandait ses bénédictions. Il s'arrêta à Diawera et y prépara une importante conférence de marabouts, qui se réunit en ce point quelques mois plus tard et mit le comble à l'agitation. Dans le cercle de Kayes, son voyage fut un véritable triomphe. Son arrivée avait été annoncée dans tout le Guidimaka : partout les populations se portaient en masse sur son passage et se disputaient la faveur de baiser ses mains, ses sandales ou le pan de son boubou. Son active prédication religieuse se mêlait d'habiles considérations sociales et religieuses. A Diougountoura, il traitait la question des captifs et disait que le moment d'agir n'était pas encore venu, mais qu'un marabout, vivant dans le Sud, ferait un miracle et qu'il faudrait alors se lever en masse et reprendre les captifs. Il annonçait en même temps que le règne de l'Islam commençait, ce qui signifiait évidemment que celui des Français allait finir.

En divers points : Soutoukonté, Makana, les indigènes, surexcités par ces propos, s'agitent, insultent et frappent les chefs, les gardes-cercle. De Koussané, Fodé dirigeait fort habilement sa campagne : il envoyait partout des émissaires qui exaltaient ses vertus et la puissance de son intercession : ils déclaraient qu'il possédait un chapelet, ayant appartenu à Mahomet, un fusil qui partait tout seul ; ils ajoutaient que, comme envoyé de Dieu, ses pouvoirs étaient plus grands que ceux d'Al-Hadj Omar. Pour le bien démontrer, Fodé n'hésita pas à changer le formulaire des prières, laissé par le conquérant toucouleur : nul ne protesta et de nombreux talibés abandonnèrent leurs anciens maîtres pour suivre son enseignement. Considéré comme un ouali, il annonçait des pluies bienfaisantes, donnait des renseignements sur la vie future et la place marquée à chacun dans le Paradis, récitait des vers arabes tendancieux, où le courage des musulmans était exalté, et où il était dit que les fusils ne sont rien et que l'arme du vrai croyant est le sabre. Il annonçait enfin l'arrivée imminente du Mahdi.

L'enthousiasme est tel que de tous les points de la région des cavaliers viennent, sollicitent sa bénédiction, demandent ses ordres. Le trouble est général.

Il était temps d'intervenir, si on ne voulait pas assister dans cette terre classique des insurrections religieuses à une réédition de l'aventure de Mamadou Lamin. Fodé Ismaïla fut arrêté, conduit à Kayes et emprisonné. On ne manqua pas de dire d'ailleurs de toute part qu'il subissait cette détention de son plein gré, car ses pouvoirs divins lui permettaient, s'il le voulait, de recouvrer miraculeusement la liberté.

Un arrêté du Gouverneur Général, en date du 30 septembre 1911, condamnait à 10 ans d'internement, à subir à Daloa (Côte d'Ivoire), Fodé Ismaïla, et avec lui pour cinq ans, Yassa Bathili (ou Bakili) fils de l'ancien chef de

Kaméra et de Goumba et signalé plus haut, qui avait ameuté la population de Tamboukané contre des gardes-cercle en mission, et qui, comme agent de Fodé, annonçait la prochaine expulsion des Français.

L'agitation dura encore quelque temps après le départ du marabout et de son acolyte. Plusieurs de ses disciples réussirent à constituer au village de Koussané un foyer de fanatisme et de propagande. Ils poursuivaient l'œuvre du maître et annonçaient son retour prochain. Un marabout de Goumbou envoyait, à cette date, un beau cheval bai, à quatre balzanes, qui devaient se changer en ailes pour emporter Ismaïla hors de sa prison. Neuf d'entre les talibés étrangers au pays reçurent l'ordre de gagner leurs villages d'origine. Appuyés sur le chef de village, Sali Bambi Dabira, et sur les trois frères de Fodé, Ousman Tounkara, Saloum Tounkara et Fode Niouma, ils refusaient d'obéir.

Il fallut envoyer une petite force de police pour démolir le mur qui entourait le tata-zaouïa de Fodé, arrêter les principaux meneurs, saisir tous les fusils, et détruire ainsi ce foyer d'intrigues de Koussané. On y trouva d'ailleurs un mobilier européen, des services de verrerie, de nombreuses provisions, etc., ce qui démontra que l'argent affluait. On y saisit même le sabre que la piété de ses fidèles réservait à Fodé Ismaïla, pour le jour où il chasserait les infidèles.

Des peines disciplinaires furent infligées à certains d'entre eux : pour les autres, ils furent tous renvoyés dans leurs villages d'origine. Les principaux sont Ousman Sylla et Modi Dramé, de Kiba (Bamako) ; Ousman Konaté, de Sansanding (Ségou) ; Modi Moussa Sissoko, de Tomara ; et Guido Ala, de Soroma (Bafoulabé) ; Ouagui Sako, de Diougaga (Nioro) ; Demba Soumaré, de Kabou (Bakel) ; Issa Cissé, de Soumandou (Sélibaby) ; Bakar Silla, de Gouméra (Kayes).

Fodé Ismaïla subit sa peine à l'heure actuelle, à Daloa.

Son compagnon d'infortune, Yassa Bakili, est rentré chez lui, comme on l'a vu. Les trois frères de Fodé : Ousman, Saloum, ex-conducteur à Madagascar, et Fodé Niouma, qui, en 1911, accompagna Fodé à Dakar, et son fils Mamadou, sont tous à Koussané et y mènent une vie calme.

Un autre de ses frères, Fodé Bouna Tounkara, élève et disciple d'Ibrahim Ndiaye, parti à la Mecque en 1909 n'en est revenu qu'en 1915.

Fodé Ismaïla a laissé de nombreux enfants à Koussané : Mamadou, l'aîné, né vers 1892, jeune homme intelligent et ouvert ; Bakari, né vers 1898 ; Tidiani, né vers 1900 ; Bachir, né vers 1903 ; Adama, né vers 1911. Ces enfants ont tous abandonné l'école coranique depuis le départ de leur père.

De ses deux filles, l'aînée, Halimatou, est mariée à un de ses talibés, Ousman Silla, de Banamba ; l'autre, Aminatou, est encore une enfant.

Fodé Ismaïla est Tidiani et moqaddem de cette Voie. Il a reçu l'ouird et les pouvoirs de Cheikh de Sékou Diamou Tandigora (Bakel), qui s'était aussi signalé par son esprit frondeur, Sékou Diamou était un disciple direct du fameux agitateur sarakollé Mamadou Lamin.

Fodé a donné l'ouird à la plupart de ses frères et parents. Outre ceux-ci et outre les talibés déjà nommés, les principaux de ses disciples sont :

a) Fodé Sidi Koïta, né vers 1842, à Yougoutnourou (Sélibaby). Il fit ses études chez Fodé Aboudou Doukouré à Diawara (Bakel), reçut l'ouird tidiani de Youssouf Diagana à Kaédi, puis fut consacré moqaddem avec faculté de donner quarante ouird. Après un séjour à Tafacirga (Kaméra), il vint se fixer à Sirimoulou, où il est toujours.

En 1910, désireux de s'acquérir les mérites du pèlerinage, mais ne voulant pas partir à cause de la faiblesse de sa vue, il envoya à la Mecque, en ses lieu et place, son élève préféré et gendre, Bakari Soumaré Bou Daouda, qui accompagna Fodé Ismaïla. Bakari rapporta à son maître le titre de hadj, dont celui-ci se pare maintenant.

Fodé Sidi Koïta fut le meilleur ami et le confident de Fodé Ismaïla, il lui donna l'argent nécessaire pour faire son premier voyage à la Mecque (1908). Lorsque ce dernier fut revenu à Koussané, Sidi Koïta y vint, tous les vendredis, pour faire la prière à la mosquée construite par Ismaïla. En novembre 1915, alors qu'on attendait l'arrivée de celui-ci, Sidi Koïta parcourut le Guidimaka accompagné de 50 talibés, chauffant l'enthousiasme des croyants, donnant des nouvelles imaginaires du pèlerin, annonçant les grandes choses qu'il était destiné à accomplir, et notamment la conversion ou la mise à mort des infidèles. Quand l'échec de la mission divine de Fodé fut avéré, Sidi Koïta fit faire, un certain temps encore, des oraisons noctures, le lundi et le vendredi, pour sa délivrance, puis, pris de peur, se retira prudemment. Il confia ses talibés à son fils Fodé Bambi, pour écarter tout soupçon, et vécut dans la retraite à Giougountourou (Sélibaby). Fodé Bambi, à moitié rassuré lui-même, alla s'installer avec ses gens à Leya, à 100 kilomètres de Sirimoulou.

Vieux et presque aveugle, Sidi Koïta, revenu depuis 1914 à Sirimoulou, ne cause plus d'inquiétude,

Un de ses disciples, Hammadi Diallo, de Diakou, se flattait par des jeûnes et des œuvres de pénitence de faire revenir Ismaïla. Aussi Sidi Koïta lui donna-t-il sa fille en mariage.

b) Fodé Ali Kamara, de Teychibé. Ce marabout vivait constamment à Koussané, dans l'entourage d'Ismaïla. Il lui donna un superbe cheval blanc, destiné à être sa monture le jour où il déclarerait la guerre sainte. Il disparut de Koussanné lors de l'arrestation de Fodé Ismaïla et n'y a plus reparu;

c) Mamadou Ndiaye da Koumaréfara, qui accompagna

en 1910 jusqu'à Dakar, Fodé Ismaïla partant en pèlerinage, et actuellement commerçant ;

d) Dia Samba Kamara, de Koli-Nioro ;

e) Les frères Bari et Gali Poukouré de Tambakara (Yélimané) ;

f) Abdoulaye Alfa Allo, du Batama, chez qui trente fusils furent saisis, et qui à la suite de ses intelligences avec Fodé Ismaïla, fut emprisonné deux mois à Kayes ;

g) Plusieurs Cissé de Ndiaw (Guidimaka de Sélibaby), chez qui l'on a trouvé la même hostilité que dans les marabouts de Kayes ;

h) Mamadou Dio, Toucouleur venu de s'installer à Koniakary, où de nombreux talibés, provenant du Sénégal, le rejoignirent, et qui fut mis en résidence obligatoire à Kiffa, alors que ses talibés étaient renvoyés dans leurs villages d'origine. Ce Mamadou Diop n'était pas, à proprement parler, affilié au groupement de Fodé, qui fut uniquement soninké, mais il entretenait avec lui les meilleures relations et s'apprêtait à marcher à ses côtés.

C. — *Le groupement d'Ibrahima Ndiaye de Somankidy.* — Ibrahima Ndiayé, dit aussi Boubou Ndiaye, est d'origine ouolofe. Fils de Fodé Samba Ndiaye, marabout de renom qui venait de Moudé (Bakel) vers 1860, et de Binta Taraoré, il est né vers 1866, à Somankidy, et appartient à une famille riche et influente.

Comme aîné de la famille, Ibrahima a succédé à son père. Il a cinq frères :

Mamadou Ndiaye, qui vit à Dindinaye, village de culture de Somankidy, et est en relations peu cordiales avec son frère.

Adama Ndiaye, qui habite avec Ibrahima et est son premier vicaire. Il est surtout employé par celui-ci pour les tournées d'aumône, et entre temps consacre la réputation du chef de famille, en célébrant ses miracles, ses vertus, sa sainteté. Il mérite une surveillance particulière, car il est agent très actif, qui ne recule devant aucun moyen pour arriver à ses fins de prosélytisme ou d'extorsion de cadeaux.

Mamadou Bintou Ndiaye et Diagui Ndiaye sont à la Mecque. Diagui qui en était venu une première fois en 1908, n'ayant pu s'entendre avec Ibrahima, y est reparti, en suivant la route du Niger, du Haoussa, du Tchad, du Ouadaï. Quant à Mamadou Bintou, il était dans la boucle, à la recherche d'une position sociale, quand il fut trouvé fâcheusement au milieu des révoltés de Dédougou, en mai 1915, et eut toutes les peines du monde de s'en sortir.

Yékounda Ndiaye, actuellement au Congo. Il partit de Somankidy pour la Mecque, vers 1903, mais s'arrêta en route et finalement alla s'échouer au Congo.

Intelligent, ambitieux, moqaddem qadri, ancien cadi au nom des Français d'un des cinq districts de Guidimaka, Ibrahima Ndiaye peut en outre compter parmi les marabouts les plus instruits du cercle. Il est, d'autre part, en relations suivies avec les Cheikhs notoires de la région. Son école coranique a en permanence une quarantaine d'enfants, et une dizaine de jeunes gens suivent des cours plus élevés.

Ibrahima est actuellement le marabout le plus connu du Guidimaka. Alors que les autres cadis qui, pendant un certain temps, rendaient la justice dans la province, s'abstenaient de s'immiscer dans les litiges, Ibranima continuait à attirer à lui les causes tant des musulmans que des fétichistes. Il se constituait ainsi une source importante de revenus, condamnant les parties à de fortes amendes, et prétendant s'appuyer sur le Coran.

Sa réputation de science couvre ses exactions. Il a d'ailleurs été servi dans cette voie par l'ex-interprète Alassane Bodyé qui renvoyait devant la juridiction d'Ibrahima les plaignants du Guidimaka, qui se présentaient devant le Tribunal de province de Kayes.

Voyant sa popularité grandir, Ibrahima Ndiaye a peut-être caressé le même rêve que le marabout de Koussané, Ismaïla. L'on a rapporté, en 1911, les paroles d'un marabout de Demba Diara, Almamy Kamara, qui, parlant d'Ibrahima, demandait s'il allait être arrêté comme Ismaïla, *tous deux suivant la même voie.*

Un fait caractéristique se produisit en juin 1911. Ibrahima avait entrepris la construction, à Somankidy, d'une grande mosquée du vendredi, semblable à celle édifiée par Ismaïla à Koussané. A la mosquée de Kayes, le vendredi, par l'organe du muezzin Bougou, il faisait appel à la générosité des fidèles pour achever sa construction. Dès qu'il apprit l'arrestation d'Ismaïla, il renvoya les maçons, alors que la mosquée était sur le point d'être achevée. Il en ferma les portes et licencia prudemment une partie de ses talibés; l'on ne vit plus à Kayes son frère Adanna, qui y était continuellement.

Le chef et les notables du village, qui depuis longtemps ont eu à subir les exactions d'Ibrahima et ses réquisitions en hommes (pour construire la mosquée) et en aliments (pour nourrir ses nombreux talibés) vivaient en très mauvais termes avec lui. Il agissait en maître dans le village. Aussi les notables ne cachaient pas qu'ils verraient avec plaisir l'éloignement d'Ibrahima. Cependant, ce dernier, depuis l'arrestation d'Ismaïla, a modifié vis-à-vis d'eux sa manière de faire, craignant sans doute les plaintes et son expulsion du village.

La mosquée, endommagée par les pluies d'hivernage, n'a pas été réparée. Lui-même est venu demander au cercle l'autorisation de se servir des briques pour sa concession.

Ibrahima, surveillé par nombre de notables hostiles de son village, adopte une attitude beaucoup plus réservée. Il a un certain nombre de talibés, dont le propre frère d'Ismaïla Tounkara.

D. — *Autres groupements notoires*. — Les autres groupe
ments islamisés du Guidimaka ne sont pas très nombreux,
mais présentent une certaine importance par la quantité,
sinon par la notoriété, de leurs marabouts ; on y trouve, en
effet, une poussière de petits maîtres d'école, qui n'ont guere
plus de 2 à 3 élèves, souvent pas du tout, et qui n'ont
aucune science, mais qui se réclament haut et fort de
l'Islam.

On peut donc citer, en dehors de Somankidy et de Koussané, où d'ailleurs Ibrahima Ndiaye et Fodé Ismaïla ne
sont pas les seuls Cheikhs locaux : *Boutinguissi* avec trois
écoles et un total de 8 élèves ; *Teychibé* avec huit écoles et
vingt élèves ; le maître le plus notoire est Fodé Demba qui
a cinq élèves ; *Souina* qui avec ses deux quartiers sarakollé
et toucouleur compte une dizaine de marabouts, dont seuls
les quatre Foutanké font l'école à une dizaine d'enfants.
Nahali, où une seule personnalité énergique, le vieil
almamy Baba Silla, personnage très considéré, est à citer.
Son fils, Gaye Silla, dirige son école actuellement. *Tichii-
Ambidedi*, qui a cinq marabouts, six élèves, et dont l'almamy est Samba Gallé Cissé ; *Orégriva* qui, avec ses deux
quartiers soninké et toucouleur, comprend trois écoles et
7 à 8 élèves. Oumara Maham Sow, torodo, est le plus
respecté de ces personnages et passe pour être relativement lettré. *Haourou*, qui a quatre marabouts et six élèves.
Sareyro qui a cinq marabouts et six élèves. *Sénénaly*,
centre relativement important avec ses sept écoles et ses
40 élèves. Deux personnalités méritent une mention : Fodé
Daba Diogana, né vers 1860 à Bakel, instruit et considéré,
ex-cadi des premiers temps de notre domination. Son école
varie entre 15 et 30 élèves. Makan Dramé, né vers 1870,
qui passait pour être un moqaddem tidiani. *Bakhoro*, où
la personnalité de Chékou Silla, né vers 1840, efface tous
ses congénères. Il est fils d'Al-Hadji Maka Silla, cadi du
Guidimaka sous Ahmadou Chékou, et a hérité de son père

une petite bibliothèque d'une vingtaine de volumes, qui passe pour être la mieux fournie de la province. C'est un homme respecté. *Gagny*, *Tichi* et *Komarefara* sont des centres sans rayonnement, malgré la présence de 4 à 6 marabouts dans chacun d'eux. Un seul nom, celui de Malik Kane, mérite une mention, moins par l'importance de l'homme que par ses pratiques charlatanesques. Il a épousé Madina Tal, fille de Hachmiou Tal, fils d'Al-Hadj Omar et réfugié à Médine (Arabie) avec les derniers Toucouleurs irréductibles. Il cherche à vivre de cette parenté respectée, et est perpétuellement l'objet de réclamations qui lui ont valu plusieurs petites condamnations. On conçoit qu'il ne se flatte pas d'être notre ami, et il le dit. *Sirimoulou* s'est rattaché pendant plusieurs années, par le prosélytisme de Fodé Sidi Koïta, le disciple susnommé de Fodé Ismaïla, au groupement de Koussané. *Goumera* a six marabouts, dont un seul nom émerge, Fodé Mamadou Bradyi, né vers 1850, ancien cadi, et qui avait une école florissante de 40 à 50 élèves : elle tombait à 20 pendant l'hivernage. C'était un personnage lettré et sympathique ; d'esprit ouvert, il avait toujours montré de la bonne volonté. Il est mort en 1915 et a été remplacé par son fils Abdoulaye Bradyi. Cette famille se rattache au Qaderisme Kounta par Chékou Doukouré, célèbre moqaddem qadri de Gagny. Enfin *Kersignané*, dont les deux quartiers peul et toucouleur comprennent cinq marabouts et une douzaine d'écoliers.

A Koussané, en dehors de la zaouïa de Fodé Ismaïla, trois personnalités méritent une mention : — *a*) Fodé Sékou Saramoulou, né vers 1858, fils de Wagui, surtout cultivateur et grand producteur de mil. Son école n'est guère florissante, encore qu'il ait été à la Mecque en 1910-1911. C'est un homme pondéré et paisible. — *b*) Fodé Diabi Tounkara, maître d'école actuellement le plus notoire de Koussané, moqaddem qadri et ancien cadi au nom des Français. —*c*) Fodé Bouna Tounkara, frère d'Ismaïla. Né, vers 1865, à Khabou

(Guidimaka maure), il est parti à la Mecque par la voie de
terre en 1909 et n'en est revenu qu'en 1915. Cette longue
absence lui a permis de rester complètement en dehors des
aventures de son frère. C'est un bon lettré.

VIII. — MOSQUÉES ET ÉCOLES CORANIQUES.

Chaque village islamisé, digne de ce nom, possède une
mosquée, mais c'est le plus souvent par tradition ou par
respect humain. Les temples sont, en effet, fort peu fré-
quentés, même le vendredi, et fort mal entretenus. Dans
la plupart des villages, ils tombent en ruines.

Il y a trois sortes de mosquées :

1º La bâtisse, de fabrication simili-européenne, grande
maison de briques, de pierres et de tuiles, élevée par
quelque maçon ouolof ou toucouleur, élève de nos artisans :
De ce modèle sont les mosquées de Kayes, de Médine, de
Koniakary, de Diallané et de quelques grands villages.
C'est généralement la piété des traitants qui en a fait les
frais, et elles servent de mosquées-diouma pour toutes les
bourgades de la province.

2º Les mosquées proprement indigènes et qui comprennent une grande case carrée en banco, ou une baraque en
planches, précédée d'une grande cour, entourée d'une
palissade. On en compte environ 150 ou 200 dans le
cercle. Il serait fastidieux d'en donner la liste ici ; il suffira
d'ailleurs de se reporter aux chapitres précédents, où sont
énumérés les principaux centres islamisés des provinces.
Chacun de ces centres possède une mosquée de cette sorte.
Quand l'agglomération comprend plusieurs villages, d'origine ethnique différente, chaque village a sa mosquée, mais
c'est généralement chez les Toucouleurs, plus fidèles
adeptes de l'Islam, que se trouve la diouma, ou mosquée
du vendredi ;

Kayes.

La Mosquée

Kayes.

La Mosquée et le Muezzin

3° Le simple maqam ou lieu de prière, petit emplacement carré ou circulaire, entouré de piquets ou de cailloux ou d'une palissade de séco. On le trouve dans tous les villages trop humbles pour avoir une construction, dans les hameaux, même devant la case de particuliers. Ces maqam sont très nombreux. Quand ils sont à l'usage d'oratoires privés, le maître et ses enfants y pénètrent. Quand ils sont temples publics, seul l'imam y prend place, les fidèles se tenant à l'extérieur, derrière l'imam.

Autant que lieu de prière, la mosquée ou plutôt la cour de la mosquée est lieu de réunion pour les notables du village qui viennent causer de leurs affaires à l'ombre des doubalel.

Quelquefois une case s'élève à côté de la mosquée pour réunir les fidèles les jours de tornade ou pour les récitations pieuses surérogatoires.

Pour les mosquées proprement indigènes, l'almamy est généralement le marabout qui a élevé l'édifice ou ses descendants. Quand deux marabouts rivaux se partagent un village, chacun a sa mosquée et y dirige la prière, assisté de ses partisans et talibé.

Seules, ces mosquées et les mosquées de style européen ont un muezzin. Et encore la règle n'est-elle pas générale; beaucoup de mosquées indigènes — le fait est curieux à constater — n'ont pas de muezzin : les fidèles se réunissent approximativement à l'heure de la prière, et c'est l'arrivée de l'almamy qui en donne le signal.

Les maqam, privés ou publics, n'ont évidemment pas de muezzin.

Chacun des villages précités s'orne, en général, de plusieurs écoles coraniques qui, comme on l'a vu, ne comprennent guère que de 2 à 4 élèves. Ce petit nombre d'élèves, généralisé dans tout le cercle, est la caractéristique la plus curieuse de l'enseignement coranique dans la région. Pour un total de 400 écoles environ que donnent les statistiques, on n'a qu'un total de 1.300 élèves, ce qui ramène le chiffre moyen de la clientèle à un peu plus de trois. Si on retranche du nombre total des élèves ceux qui peuplent les quatre ou cinq grandes écoles du cercle (Fodé Sidi Koïta, à Siri-moulou ; Fodé Daba Diagana, à Sénénaty ; Ibrahima Ndiaye à Somankidy ; Fodé Diédié Daramé à Dialoné ; Alfa Diallo, à Koniakary) on a alors la vraie moyenne, de 2 à 3 élèves.

La statistique des écoles et élèves du cercle de Kayes s'établit ainsi :

Kayes et banlieue : 40 écoles et 200 élèves ;

Médine-ville : une douzaine d'écoles et une centaine d'élèves ;

La banlieue de Médine : une quinzaine d'écoles et 75 élèves.

Le Kaméra : 65 écoles, 200 élèves ;

Le Séro : une demi-douzaine d'écoles, dont la plupart sont sans enfants, et 12 élèves ;

Le Diombokho, 200 écoles, 4 à 500 élèves ;

Le Guidimakha : 70 écoles, et 250 élèves.

Le nombre des élèves, sinon le nombre des écoles, tend à diminuer, semble-t-il, et c'est ce qui explique le faible effectif de chaque école. Ici, comme ailleurs, la suppression de la captivité et la libération de nombre d'esclaves a contraint beaucoup de gens à mettre eux-mêmes la main à la terre et à se faire aider par leurs enfants. Il a donc fallu interrompre leurs études et les retirer de chez les kara-moko.

Quand il est à l'école, d'ailleurs, l'enfant doit travailler de la même manière au lougan de son maître. C'est géné-ralement la seule rétribution qu'il apporte. Les talibés qui sont à demeure chez leurs maîtres, les internes en quelque sorte, doivent en outre quérir, tous les jours, leur nourri-ture. C'est une véritable charge qui pèse sur les notables du village, et quand l'école est importante, comme ils ne peuvent s'y soustraire, ils prennent en horreur le mara-bout et ses gens. C'est ce qui explique qu'on ait pu faire

deux ou trois exécutions de karamoko renommés, sans
soulever d'émotion, et même en s'attirant les félicitations
des notables du village. Une fois par an, après l'hivernage,
les talibés vont faire une tournée d'aumônes dans tous les
villages du canton, en invoquant la baraka de leur marabout. Cette baraka, plus ou moins renommée, leur vaut des
cadeaux en nombre proportionnel.

Il est à peine besoin de parler de la nature et de la valeur
de l'enseignement. Il porte sur les quelques sourates acces-
sibles du Coran et sur le déchiffrage pénible des lettres
arabes. Tout au plus, rencontre-t-on un souci d'enseignement de lecture et d'écriture, et quelques éléments de
droit, de grammaire et de catéchisme supérieur dans 4 ou
5 écoles du cercle (Kayes, Médine, Koniakary, Diallané,
Sirimoulou, Semankidy).

IX. — Les juridictions musulmanes.

En prenant dans la région de Kayes la place que laissait
libre l'effondrement de la puissance toucouleure, l'autorité militaire française se préoccupa d'assurer aux indigènes une justice rapide, simple et adaptée à leurs mœurs.
C'est pourquoi recueillant simplement l'héritage toucouleur,
elle laissa généralement les cadis dans les provinces, où
Ahmadou Chékou les avait nommés, ne supprimant que
ceux dont le rôle était plus de prosélytisme que de judicature, et installant ailleurs des gens dévoués à notre cause.
En même temps, elle créait à Kayes un « Conseil d'appel »,
sorte de juridiction supérieure, composé d'un président et
de quatre membres, cour suprême de toute la région. Mo-
hamed ben Daddouch, marabout notoire, déclaré « Cheikh
al-Islam » pour la circonstance, était nommé président de
cette juridiction.

Cet organisme, qui ne fonctionna que quelques années, rendit des services.

Diverses circonstances, exposées en détail dans mes « Études sur l'Islam au Sénégal », amenaient le Gouvernement à créer par un décret, en date du 22 mai 1905, trois tribunaux musulmans en A. O. F. : deux au Sénégal, Dakar et Saint-Louis, auxquels on adjoignit bientôt Rufisque ; un au Haut-Sénégal et Niger : Kayes.

Une décision du Gouverneur général, en date du 6 septembre 1905, composait le tribunal musulman de Kayes des membres suivants :

Wali Bà, cadi.

Souleyman Diop, assesseur.

Amadou Assan Lèye, greffier.

La compétence du tribunal était définie par le décret précité. Il avait pour mission de juger, selon leur droit coutumier, sur certains points du statut personnel, les indigènes musulmans domiciliés dans le ressort de la justice de paix de Kayes et partant, justiciables, *ratione loci*, du tribunal français. La préoccupation du législateur était en effet d'assurer à ces indigènes, selon leurs propres vœux, par l'institution de cette juridiction spéciale, les garanties les plus certaines que, tout au moins en ce qui concerne l'état-civil, le mariage, les successions, et les donations, leurs us et coutumes continueraient à leur être appliqués, bien que sur tous les autres points de droit civil et du reste en toute matière, ils relevassent, du seul fait de leur domicile, de la compétence des tribunaux français.

Ce tribunal joua de malheur : la rivalité du président et de l'assesseur, accentuée par les divisions locales déconsidérèrent rapidement la nouvelle juridiction : des plaintes nombreuses établirent, dès les premiers mois, les fautes graves, commises par ces magistrats, notamment dans le partage de diverses successions. Il fallut renouveler le personnel. Un arrêté en date du 13 août 1906 nommait :

Amadou Ndiaye Hane, cadi,

Magatte Ndiagne, assesseur.

et le 15 octobre suivant, Magatte Ndire. comme greffier.

L'institution fonctionna sans trop de heurts jusqu'au début de 1913. A cette date, de graves accusations portées à nouveau contre le cadi et son greffier attirèrent l'attention sur le tribunal. On reconnut alors que le décret organique du 16 août 1912 enlevait à toutes les juridictions françaises, autres que les tribunaux de Dakar et de Saint-Louis, la compétence fondée *ratione loci*. Dans ces conditions, aucun indigène ne se trouvait justiciable de la justice de paix de Kayes. Ce qui, par voie de conséquence, enlevait ses justiciables au tribunal musulman. La suppression de ce tribunal apparaissait donc comme une conséquence juridique du décret de 1912.

Toutefois pour ménager la transition et conformément à l'esprit et à la lettre de ce décret de 1912, une chambre spéciale pour les musulmans sénégalais, dont la compétence s'étendit ensuite à tous les musulmans, fut créée dans le tribunal ethnique de Kayes.

Le cadi et le greffier, coupables de détournement de succession et de diverses malversations, ne perdaient rien pour avoir attendu cette transformation : ils étaient révoqués à la date du 10 août 1913.

Aujourd'hui le tribunal indigène de Kayes comprend cinq chambres avec un président commun.

Le président est Abd El-Aziz Li, vu plus haut. Il est musulman et préside avec assez d'impartialité les chambres fétichistes. On le reconnaîtra volontiers dans l'exemple suivant : Les mariages mixtes entre Malinké et Khassonké, réciproquement musulmans ou animistes, sont assez nombreux, et comme toujours, en pareil cas, des injures de famille, de race et de religion, sont échangées entre les conjoints et amènent des divorces. Le tribunal, que préside

le Cheikh d'Islam Abd El-Aziz Li, prononce le divorce aux
torts de la partie coupable, ce qui constitue un fléchisse-
ment remarquable de la loi coranique. Il n'en est pas
moins vrai qu'il serait plus convenable d'avoir un président
fétichiste à la tête du tribunal de ce statut.

Trois de ces chambres sont musulmanes et constituent
trois tribunaux ethniques pour les Toucouleurs des deux
colonies, pour les Ouolofs et autres musulmans du Bas-
Sénégal, et pour les Sarakollé des deux colonies. Les Musulmans ouolofs du Bas-Sénégal, toujours très particularistes,
ont tenu à avoir leur tribunal ethnique, qui se justifie
d'autant moins que les plus intéressants d'entre eux, devenus
citoyens français, n'en dépendent pas, et que les autres,
originaires de l'intérieur, ont un statut qui diffère peu de
celui des Toucouleurs voisins. Le plus notoire de ces juges
ouolofs est Ahmadou Bougoul fils d'Ibrahima Thiaw,
d'une vieille famille de traitants de Saint-Louis, né vers
1846, venu au Soudan vers 1880, et qui a pris part à la
défense de Bakel contre Mamadou Lamin. Ardent adepte
du Tidianisme, il jouit dans le monde des traitants d'une
grande influence.

Les deux autres chambres sont fétichistes, l'une à l'usage
des Khassonké, l'autre à l'usage des Bambara et Malinké.
Encore faut-il remarquer que plusieurs de ces juges fétichistes et notamment Niama Sori Sissoko, du Logo-Khas-
sonké, prétendent pouvoir « faire salam » et n'être pas
musulmans. Cette situation, assez contradictoire, est commune ici. En tout cas, ces indigènes restent fidèlement
attachés à leurs coutumes.

Le Tribunal de cercle, juridiction d'appel, est moins riche
d'assesseurs. Trois jeux de deux assesseurs constituent
trois chambres, dont deux musulmanes, à l'usage des islamisés de groupes ethniques différents et une fétichiste.

Le nombre assez considérable de néophytes chrétiens,
qui fleurit à Kayes et à Dinguira, semble nécessiter la créa-

AHMED BEN MOHAMMED BEN AMOU.

tion d'une chambre à leur usage. Il semble en effet peu décent, et en tout cas contraire à la réglementation en vigueur, de faire juger ces indigènes, qui ont adopté une coutume, se rapprochant sensiblement de notre droit, par les tribunaux musulmans ou fétichistes, qui leur sont volontiers hostiles.

L'ISLAM EN PAYS BAMBARA

CHAPITRE PREMIER

L'ISLAM SOMONO

La région de Ségou n'a subi que fort peu l'empreinte de l'Islam. L'élément ethnique local, les Bambara, en sont restés à peu près indemnes. Seuls les pêcheurs somono et quelques commerçants et cultivateurs marka, établis depuis plusieurs générations dans la région, pratiquent-ils avec assez de zèle la religion du Prophète.

Cette islamisation provient de deux origines : d'abord une action de prédication qadrïa de la part des Kounta, missionnaires du Cheikh Sidi Al-Mokhtar Al-Kabir, décédé en 1811, de son fils Cheikh Sidi Mohammed et de son petit-fils Sidi Mokhtar Saṛir; puis des Télamides qu'ils laissèrent le long du fleuve, particulièrement chez les Peul du Macina. Parmi ces missionnaires kounta, il faut citer Sidïa ben Mokhtar ben Al-Hiba, qui joua un rôle important. Ensuite, l'invasion toucouleure, qui, vers 1860, s'installe à Ségou même, renverse les dynasties traditionnelles et exige la conversion des infidèles à l'Islam et au Tidianisme. C'est sous ces deux bannières, qadrïa des Kounta, et tidianïa d'Al-Hadj Omar, que se rangent aujourd'hui les islamisés de Ségou.

Les Somono, en qui on s'accorde à voir une caste de pêcheurs et de bateliers, et non une race proprement dite comme les Bono, mais qui avec le temps a fini par constituer une véritable unité ethnique, vivaient sous la domination bambara qui les tenaient divisés en petits villages échelonnés le long du fleuve, chaque province bambara ayant son lot correspondant de Somono. Malgré cet état d'extrême dispersion politique qui faisait que les Somono n'avaient que fort peu de relations entre eux, le Niger, chemin qui marche, était une artère centrale trop commode pour ne pas mettre en relations ces navigateurs du fleuve, et c'est ainsi et dans leurs pirogues, que les premières notions de l'Islam arrivèrent dans le pays banmana, comme jadis le Christianisme naissant avait emprunté les grandes et belles routes de l'Empire romain pour se diffuser dans toutes les provinces.

Ici, l'islamisation n'a pas encore eu le temps de se produire dans le peuple bambara, il est probable que par suite de notre présence, elle ne se fera plus désormais car nous sommes, même inconsciemment, un terrain de résistance et un point d'appui pour les Bambara.

Mais la communauté somono, dont les divers groupements fleurissent de Diafarabé à Koulikoro, est toujours pleine de foi et pratique, sans zèle de propagande d'ailleurs, mais avec assez de régularité, les obligations légales de l'Islam.

On va voir ci-dessous les principales familles ou personnalités maraboutiques somono, d'abord qadrïa, ensuite tidianïa, des régions de Ségou, de Sansanding et de Koulikoro. On n'oubliera pas, pour que cette étude de l'Islam somono soit complète, que les quelques personnalités somono, dispersées plus au nord, le long du fleuve et des marigots du Macina, ont été vues dans un autre mémoire.

I. — CERCLE DE SÉGOU.

A. — *Les Qadrïa.*

Les Tiéro. — Cette famille somono fait remonter son islamisation à quatre générations. Ce fut Mamoudou qui, le premier, au début du dix-neuvième siècle, se convertit et devint marabout. Son fils Mamadou Tiéro suivit cette voie : il fit bon accueil aux Français et les aida à traverser le Niger quand ils se présentèrent devant Ségou.

A sa mort, il a été remplacé, comme chef de la famille, par *Moulay Tiéro*. Né vers 1853, Moulay est aujourd'hui almamy du quartier Tiérola à Ségou. C'est un homme assez intelligent et instruit, très soumis, qui enseigne le Coran à une douzaine d'élèves dont la plupart suivent aussi l'école française.

Il a reçu l'affiliation qadrïa et le titre de moqaddem d'un poullo, installé à Ségou : Modibbo Hamadou. Par son frère Mamadou Abdoullahi, ce Modibbo se rattachait à l'école du Cheikh Sidi Al-Mokhtar Sarir, fils du Cheikh Sidi Mohammed, le Kounti.

Moulay Tiéro a plusieurs fils : Ahmadou, né vers 1880, et dont ci-après la notice ; Moustafa, né vers 1885 ; Chékou, né vers 1900 ; et un certain nombre de disciples dans les villages qui constituent ou environnent Ségou. Le plus notoire est le maître d'école Brahima Kané, de Sékoura Somono.

Ahmadou Tiéro, fils de Moulay, est né vers 1880 et habite le quartier du Kasséla. C'est un jeune marabout instruit et ouvert qui fait la classe coranique à 25 élèves, dont 16 vont à l'école française. Il n'a pas encore réussi à s'imposer, mais il est déjà l'imam de la grande mosquée de Ségou.

Abdoulaye Tiéro, neveu de Moulaye Tiéro, est le chef des

Somono de Ségou; il est aussi qadri, mais d'une autre
école. Il a reçu l'ouird de Mama Konaté, Marka de Fia
(Bandiagara) qu'il rencontra à Tombouctou. Celui-ci relevait d'Alfa Bakari Karabinta qui, à vrai dire, était un des
tenants du Tidianisme omari à Dia. En bon Somono,
Abdoulaye Tiéro ne sait pas dans quelles conditions la
substitution s'est opérée en cours de route, et ne s'en pré-
occupe d'ailleurs pas.

Baba Sosso, d'origine marka, mais nationalisé somono,
est sans doute le marabout le plus instruit du cercle. Né
vers 1872, il est fils de Karamoko Sosso, qui vint de Sansanding s'installer à Ségou, lors de l'occupation de cette
ville par Al-Hadj Omar.

Baba a reçu l'ouird d'un marabout marka de Dia, venu
à Ségou en tournée de quêtes, Abou Bakar Diané, qui était
le disciple de Cheikh Sidïa Al-Kabir, qui comme on le sait,
se rattache aux Kounta. Il a été consacré moqaddem par
un représentant des Fadelïa : Abbas ben Cheikh Al-Hadrami
ben Mohammed Fadel.

Ses connaissances arabes, sa petite bibliothèque lui ont
attiré la considération des Somono de Ségou, qui voient en
lui leur savant national. Il dirige une école coranique de
15 élèves, dont 6 suivent l'école française. Il professe aussi
un cours de droit avec la *Rissala*, et la *Tohfa*, et un cours
de théologie avec la *Qacida* de Djazaïri.

C'est un homme sympathique quoiqu'un peu méfiant. Il
ne mérite nullement, comme on l'a dit de lui, « d'être surveillé à cause de son fanatisme ». Il ne faudrait pas que le
succès de l'enseignement d'un Cheikh d'Islam, quelque peu
instruit, fût immédiatement pour lui une cause de suspicion. L'attention de l'administration s'exercera plus utile-
ment sur les maraboutaillons ignorants et quêteurs qui
parcourent le pays bambara, en colportant les histoires les
plus absurdes.

Baba Sosso a plusieurs disciples : le plus marquant est un Bambara, Amadou ou Menkoro Taraoré, originaire de Sansanding, cultivateur. Il est installé à Markanibougou, et y vend des gris-gris ; c'est un individu peu dangereux.

Les *Minta*. — Cette famille somono se rattache à l'apostolat du Cheikh Sidi Al-Mokhtar Saṛir, déjà cité, dont l'ancêtre Mamoudou Minta était le disciple. Après lui, l'ouird passa chez les Dembélé avec Al-Gassimi Dembélé, puis revint chez les Minta avec Lassana, fils de Mamoudou.

Ce Lassana aurait fait le voyage de Tombouctou, comme son père, paraît-il, pour s'instruire quelque temps à la source même des Kounta.

Sidi Mamadou lui succéda et fut sans éclat.

Ses deux fils Baba Minta et Bina Minta, le deuxième, moniteur de son frère, dirigent à Ségou-Somono une école de plus de 20 élèves, y professent à 3 élèves un petit cours de *Rissala* et de Lakhdari, et entre temps exercent le métier de pêcheurs.

Ils paraissent tous dévoués à notre cause.

Mamadou Fofana est d'origine marka ; il est né vers 1880 ; il se rattache au Qaderisme Kounta par son père Mamadou et son grand-père Ba Bakar qui était le disciple de Cheikh Mokhtar Saṛir.

Son père, Mamadou Fofana, mort vers 1902, fut almamy de la mosquée de Ségou-Koro.

Amadou, cultivateur et tailleur, tient en outre une petite école de 6 élèves. Il n'a aucune valeur intellectuelle, mais se singularise aux yeux des indigènes par de prétendues crises de folie religieuse. On le considère comme un simple.

Les *Dembélé*. — On a vu plus haut qu'un Kassoum Dembélé recueillit l'ouird qadri d'un des disciples du Cheikh Mokhtar Saṛir, Mamoudou Minta, et que Kassoum, le marabout en renom de son temps, à Ségou, le passa à Lassana Menta.

Karamoko Dembélé, fils de Maga, fils de Kassoum Dembélé, l'a reçu de Lassana Minta. Né vers 1843, il est mort en 1912, après avoir enseigné toute sa vie le Coran à une quinzaine d'élèves.

Ses enfants n'ont pas hérité de sa succession spirituelle ; elle est revenue à son neveu Mamadou Dembélé, qui d'ailleurs, n'a pas pris son ouird.

Mamadou Dembélé, fils de Sidigui, est né vers 1876. C'est un maître d'école renommé. Il a reçu l'ouird tidiani d'Abdour-Rahman, élève du moqaddem tidiani Abdoullahi Dyiré qu'on verra plus loin.

Un autre Abdour-Rahman Dembélé, disciple qadri de Moulaye Tiéro, dirige une petite école de 10 élèves, dont plus de la moitié vont à l'école française. Il est l'imam de la mosquée de Dembéléla

A Kamalé, le marabout notoire est Alilou Dembélé, fils et disciple de Daouda Dembélé, maître d'école et imam de la mosquée.

En dehors de ces familles ou personnalités notoires, il n'y a plus parmi les Qadrïa qu'une poussière de maraboutaillons sans importance, maîtres de petites écoles de 5 à 10 élèves et imam de leurs mosquées. A citer encore parmi les plus notoires : A Bouché, Mahmoudou Sanogo, né vers 1870 et Alamin Taraoré, né vers 1880. A Bayo, Ahmadou Kouma, né vers 1850. A Sama Markalla, Boakari Taraolé, né vers 1862. A Konon, Ibrahima Touré, né vers 1870.

B. — *Les Tidianïa.*

Le Tidianisme est d'importation récente au Soudan. Il dérive partout de la conquête guerrière, politique et religieuse, que les Toucouleurs menèrent de front avec Al-Hadj Omar et ses successeurs.

Les trois sièges de la puissance politique de ces Foutanké : Ségou, Bandiagara et Nioro sont restés, la dynastie omarienne tombée, des foyers religieux importants.

En ce qui concerne Ségou, qui nous occupe actuellement, la propagande tidianïa a fait un certain nombre de disciples parmi les Somono, pêcheurs du fleuve. A côté de ce recrutement local subsistent encore quelques descendants des anciens maîtres foutanké. C'est par eux qu'il faut commencer.

a) Les *Foutanké*. — *Mountaqa Tal*, fils d'Ahmadou Chékou, fils d'Al-Hadj Omar est actuellement le chef de la famille des Tal, résidant en territoire français. Il a bien, en effet, quelques frères aînés, mais ils se réfugièrent, lors de la fuite de leur père, avec lui sur le territoire de la Nigéria.

Il est né, vers 1873, à Ségou ; sa mère était une Bambara : Binta Koulibali. Il était à Ségou lors de la prise de la ville, mais sa jeunesse ne lui permit pas de prendre part aux hostilités. Par la suite, il se retira avec Lamba Tal auprès de Samory, qui pouvait passer pour le continuateur politique de son père, et fut un de ses plus actifs lieutenants. Pris avec lui, il fut envoyé à Tombouctou, où il resta en résidence obligatoire jusqu'en 1905. A cette date, on lui permit de rentrer à Ségou, où il vit toujours, et d'où il ne peut se déplacer sans autorisation spéciale.

Il fait le cultivateur et le maquignon et vit assez péniblement. Intelligent et instruit, il est considéré par tous les Indigènes comme fils de chef et jouit d'une grande considération. Mais son influence est nulle, sauf peut-être chez les descendants des sofa de son père.

Sa sœur, Diénabou Oummou, mariée à Mademba, le fama de Sansanding, est la mère du lieutenant Abd El-Qader Mademba. Celui-ci a épousé à son tour une fille de Mountaqa Tal : Madina.

Mountaqa a trois enfants mâles : Ahmadou, né vers 1907, Salifou né vers 1909, et Oumarou, né vers 1913.

Il remplit aujourd'hui les fonctions de juge au Tribunal de cercle, à Ségou.

Mountaqa est surtout intéressant comme représentant général du Tidianisme omari au Soudan. Son oncle Aguibou pour le Dinguiraye, et lui-même pour le Ségou, avaient reçu d'Ahmadou Chékou l'investiture du pouvoir suprême. Seuls, ils ont eu le droit de consacrer des moqaddem ayant puissance pour délivrer l'ouird omari. A l'heure actuelle encore, il est considéré par les Tidianïa de la vallée du Niger comme leur grand maître spirituel.

Mountaqa a un frère : *Tidiani*, né vers 1878, intelligent et instruit, qui est interprète au cercle de Ségou.

Lamba Tal, aujourd'hui décédé, neveu d'Al-Hadj Omar, attira l'attention sur lui dans les dernières années du dix-neuvième siècle. Sous la domination d'Ahmadou, il se signala par de nombreuses exactions sur les dioula, particulièrement ceux qui venaient des territoires français. Sa qualité de cousin du sultan lui assurait l'impunité. Lors de la prise de Ségou, il s'enfuit chez Samory qui lui donna le commandement d'une bande de sofa, et prit part en cette qualité à différentes opérations d'Ahmadou et de Samory contre nous. Déporté politique à Tombouctou après la capture de Samory, il y resta tranquille jusqu'en 1905, date où il put revenir à Ségou. Intelligent et actif, quelque peu lettré, il fut utilisé en dernier lieu comme agent politique dans les pays peul et bambara. Il a laissé plusieurs enfants qui vivent autour de Mountaqa.

Omar Ba est actuellement le marabout le plus en vue des Foutanké de Ségou. Son père Abdoul-Kali, originaire du Toro, arriva dans le pays à la suite d'Al-Hadj Omar, il fut cadi de Ségou avec Ahmadou Chékou et finalement fusillé à Kayes, pour ses intrigues, par le colonel Klobb.

Omar, né vers 1870, a été dans sa jeunesse chef d'une colonne lancée par Ahmadou contre les Bambara, mais il n'a jamais combattu les Français.

C'est un homme fort intelligent, très instruit, et qui continue la tradition de judicature de sa famille, en exerçant depuis vingt ans les fonctions de cadi, d'assesseur au Tribunal de cercle, de secrétaire, puis de président du tribunal de subdivision.

Respecté et estimé de tous, il compte plusieurs talibés.

Hadi Thiam appartient à une vieille famille maraboutique qui se pique d'une noblesse religieuse, aussi ancienne que celle d'Al-Hadj Omar. Son père, Mamadou Ali Thiam, venu de Ségou avec Al-Hadj Omar, retourna dans le Fouta après la prise de la ville par les Français.

Né à Ségou, vers 1871, Hadi, instruit, intelligent et paraissant dévoué, enseigne le Coran à une trentaine d'enfants foutanké.

Il déclare qu'il a été fait moqaddem de la Voie tidianïa par une lettre que son père lui écrivit un an avant sa mort. Il ne reconnaît donc aucun autre chef spirituel. Il habite Ségou-Bambara, et y a plusieurs disciples, tels Mamadou Lamin, né vers 1880, maître d'école.

Les Foutanké de Ségou semblent avoir perdu avec leur autorité politique leur ardeur religieuse d'antan. Il y a pourtant de ci de là quelques sursauts de fanatisme. Le dernier en date remonte au 14 juillet 1916. Un illuminé, Moktar Diallo, fils de Mamadou Dyouberoul, se précipita, sur la place publique, sur l'administrateur Battesti, qui visitait les réjouissances organisées en l'honneur de la fête, et le frappa d'un coup de couteau dans la région du cœur en criant : « Mohammed rassoul Allah. » Les assistants indigènes se jetèrent sur l'assassin et malgré le service d'ordre tentèrent de le lyncher. Leurs coups portèrent, puisque Moktar Diallo succombait dans la soirée.

Moktar Diallo était un récidiviste. Il était originaire de Ségou où son père fut, un certain temps, le chef des talibés d'Ahmadou Chékou. Il avait ouvert à Sansanding une école coranique et présidait au salam d'une des mosquées du village. En 1911, pour un motif des plus futiles, alors que rien ne faisait prévoir cet acte, il frappait de deux coups de couteau Ben Daoud Mademba, fils du fama. Ayant réussi à s'enfuir, il s'arma de deux fusils chargés et en menaça ceux qui tentaient de l'arrêter. Condamné pour ce fait à trois ans d'emprisonnement, il s'installa à Ségou, dès sa libération et sollicita vainement l'autorisation d'y ouvrir une école coranique. Il vécut dès lors d'une existence extatique, s'absorbant dans la retraite, le jeûne, les mortifications, les prières prolongées. Le Ramadan survenant, il passa par une crise d'hallucination mystique, qui aboutit à son désir de porter un coup mortel à un chef chrétien. Cet acte de fanatisme, non seulement est resté isolé, mais provoqua l'indignation générale des indigènes musulmans, qui, comme on l'a vu, en firent justice séance tenante.

b) Les *Somono.* — Les *Kané.* — Cette famille somono du clan des Kanella est originaire du Macina et s'est islamisée, au début du dix-neuvième siècle, avec Labassi Kané. Elle est installée à Ségou-Koro.

Daouda, fils de Labassi, naquit vers 1830. Son frère aîné Bou Kané, étant chef du groupement, Daouda versa dans le maraboutisme. Il se rallia aux Toucouleurs à leur entrée à Ségou, et son zèle et sa science firent de lui un des marabouts préférés d'Ahmadou, fils d'Al-Hadj Omar. Ce sultan l'employa la plupart du temps dans les affaires somono.

Daouda devait témoigner la même fidélité aux Français. Seul marabout resté à Ségou, lors de leur arrivée, il fut choisi par le colonel Archinard comme cadi et par Bodian comme percepteur.

Très influent et très respecté, il vient de finir ses jours, comme membre du Tribunal de cercle, et il a fait apprécier dans ces fonctions ses connaissances juridiques et coutumières et son impartialité.

Son neveu Mamadi Kané, a hérité de sa succession spirituelle, mais non de son ouird. Né vers 1870, Mamadi Kané est un excellent lettré qui a fait toutes ses études auprès de son oncle et de Karamoko Dembélé, mais c'est de ce dernier qu'il a reçu l'affiliation qadrïa. Il a été élu par les Somono à l'unanimité imam de la mosquée « diouma-missidi », le 12 juin 1911. Son école comprend une trentaine d'élèves, dont 25 apprenant le Coran, et cinq font quelques études supérieures : c'est un homme intelligent et dévoué. Il a quelques disciples à Ségou-Somono.

A Ségou-Koro-Somono, Bou Gadri Kané relève d'Abdour-Rahman Kané, dit aussi Boïnafi, qui comme on le verra, se rattache à Mamadou Lamin, sarakollé.

A Dina Somono, Ousmana Kané, disciple de Mahmoudou Kané de Kénenkou. Ce petit marabout, né vers 1870, est maître d'école et imam du village.

Les *Dyiré* sont une famille somono, dont l'islamisation remonte à la révolution religieuse du Macina.

Abdoullahi Dyiré, le chef de la génération précédente, fut un marabout très connu, c'était le « Sékou Dyiré ». Il assistait au siège de Ségou et nous fut acquis, dès la prise de possession du pays. Il a laissé plusieurs disciples, notamment Adama Singaré, à Ségou-Bougou, Ousman Taraoré, marka, né vers 1850, à Kougou, Soualoubou Kané, né vers 1855, à Sansango-Somono.

Son fils Abdoul-Karim, né en 1870, est intelligent et assez instruit. Il a reçu l'ouird de son père et a été consacré moqaddem par Mohammed Mokhtar de Nioro. Cet indi-

gène, qui se disait Chérif de Fez et qui paraissait être un
Maure du Sahel, fut le chapelain de Bodian, sultan de Ségou, qui lui donna sa fille en mariage. Il partit par la suite
pour le Kaarta et réside aujourd'hui à Sambagoré (Nioro).
Il était disciple d'Ahmed At-Tahir, qui comptait parmi les
télamides de Salik Aboui, imam Maure de Ouadane, lui-
même disciple du Cheikh Ahmed Tidjani.

Abdoul-Karim fut, plusieurs années, l'imam de la grande
mosquée. Il fut destitué de sa charge, au début de 1911, à
la demande des principaux notables somono de Ségou. Il
est devenu l'imam de la mosquée de Dyiréla.

Les Dyiré forment le clan maraboutique de *Dialokoro*.
C'est à eux qu'il faut attribuer, semble-t-il, l'islamisation
du village. Mamadou, le chef de la génération précédente,
avait fait ses études à Bayo et fut un marabout de renom.
Ses fils héritèrent successivement de son prestige : d'abord
Almamy, l'aîné, puis Ba Djini, élève d'Almamy. A Ba Djini
a succédé son fils Koro Dyiré, aujourd'hui pontife de Dia-
lakoro, tant d'ailleurs pour les Qadrïa que pour les Tidianïa.

Les Dyiré de *Marka-Dougouba* se sont signalés, à plusieurs reprises, par leurs propos tendancieux et le colpor-
tage d'écrits douteux. Plusieurs d'entre eux : Bouba Dyiré,
Bouba dit Tata Bouba, Sékou Dyiré ont même été condam-
nés à diverses peines d'emprisonnement. Tata Bouba paraît
le plus ouvert des trois. Il va faire le commerce des bœufs
en Côte d'Ivoire et en Gold Coast, et y a acquis avec une
certaine fortune une assurance de mauvais goût.

A *Somono Bougou*, les Dyiré forment aussi la gent maraboutique. Leurs principaux représentants sont : Moham-
madi Dyiré, né vers 1870, et Brahima Dyiré, né vers 1860,
tous deux maîtres d'école. Un troisième marabout mérite
une mention : c'est Ibrahima Dianafo, qui, par son père,
Ousman Dianafo, se rattache à la propagande de Mamadou
Lamin, le fameux agitateur sarakollé.

A *Kenenko*, la personnalité la plus en vue est Mamadou Dyiré, qui a fait des disciples marka à Marka-Dougouba.

II. — Subdivision de Koulikoro.

La subdivision de Koulikoro, qui se rattache administrativement au cercle de Bamako, est très peu islamisée. En comptant tous ceux qui de près ou de loin se réclament de l'Islam, on arrive à 2.000 musulmans environ sur 15.000 habitants.

Ils sont groupés en trois centres : Koulikoro, Koula-Marka et Sansani.

Ces deux derniers sont marka et seront vus sous ce titre. Koulikoro est un centre qui doit sa prospérité récente à sa situation de terminus de la voie ferrée et de tête de ligne de la navigation du Niger. La population y est donc très mêlée. L'élément musulman et maraboutique y est surtout représenté par des familles somono : Dyiré, Fofana, Kané, et par quelques Toucouleurs, les uns et les autres venus de Ségou, et ayant apporté avec eux leurs bannières religieuses.

A côté de ces marabouts professionnels, et d'un ou deux Marka, il faut signaler une importante colonie de Ouolofs et de Toucouleurs, attirés ici par le négoce, l'industrie ou les besoins des ateliers et services de la voie ferrée et de la navigation fluviale. Ils sont très indépendants et affectent d'avoir peu de relations avec les marabouts du cru. La superbe des Ouolofs notamment se fait sentir là comme ailleurs et leur fait perdre tout crédit. Les luttes que ce petit groupement, fier de sa supériorité intellectuelle et de son vernis, a entrepris contre les Somono pour leur enlever la présidence de la prière a achevé de leur aliéner la communauté locale. Ils s'adonnent, en outre, à leurs perpétuelles et fatigantes controverses politiques, en un pays où les

Européens eux-mêmes se désintéressent à juste titre de ces questions secondaires.

A. — Les Qadrïa.

Les principales personnalités somono, attachées au Qaderisme des Kounta, sont :

Lassana Fofana, fils de Birama, né vers 1840, à Koulikoro. Il est le chef actuel des Somono de la ville. Il tenait jadis une école coranique. Son fils et adjoint, Ansoumana, né vers 1888, l'a remplacé à la tête de cette école. Lassana est le disciple de Modi Taraoré, commerçant marka de Koulikoro, lequel par Sidiki Taraoré, marka du même lieu, et Alfa Sidiki Dramé, de Tassilima (San) se rattachait à Sidi-l-Mokhtar Al-Kabir.

Souleyman Nguiré (déformation locale de Ndyiré), fils d'Oumarou, né vers 1870, à Ségou, venu ici vers 1906 comme peseur de poissons. Il a ouvert depuis ce temps une école coranique qui compte 5 à 6 élèves. Il se rattache à son père Oumarou, qui par son frère ainé Mamadou Dyiré relevait des Dyiré islamisés de la première heure à Ségou.

Mamadou Témenta, né vers 1850 à Ségou-Sikoro, venu ici, en 1910, comme peseur de poissons. Il a ouvert une école coranique qui compte 8 élèves. Il se rattache au Karamoko Dembélé de Ségou, vu plus haut.

B. — Les Tidianïa.

Il faut distinguer, comme on l'a fait précédemment pour Ségou, d'où les uns et les autres dérivent d'ailleurs, les Foutanké initiateurs, des Somono leurs élèves.

a) Les *Foutanké*. — Les *Tal*. — Ahmadou Tal, né vers 1879, et Karamoko Tal né vers 1885, tous deux fils de Salifou, fils de Habi Saïdou Tal, sont des maîtres d'école toucouleurs de la génération foutanké de Ségou. Ils sont venus à Koulikoro vers 1905 avec leur mère Diaminatou Tal, fille d'Al-Hadj Omar. Ils se livrent entre temps au commerce.

Leur oncle, Mamadou Tal, habite avec eux et joue aussi au marabout. Il se déclare moqaddem en vertu des pouvoirs à lui conférés par Mohammed Mokhtar de Nioro, déjà vu.

Ces Tal relèvent de Mourtada, fils d'Al-Hadj Omar, à Nioro.

Almamy Ouagué, est d'origine sarakollé. Il est né à Bakel, vers 1872, et se rattache au Tidianisme de Boundou. Cultivateur et commerçant, c'est l'un des marabouts considérés de Koulikoro. Son école comprend une dizaine d'élèves.

b) Les *Somono*. — *Mamadi Kané*, fils de Youssoufou, est né à Ségou-Koro vers 1872. Son père était almamy et maître d'école du village. Mamadi a fait ses études auprès de lui. Le commerce des kolas l'a emmené jusqu'en Cote d'Ivoire. De passage à Koulikoro vers 1900, il s'y fixa et ouvrit une école qui avec ses 20 élèves est actuellement l'école la plus florissante de Koulikoro. Elle a compris jusqu'à 30 élèves.

Mamadi Kané a reçu l'ouird tidiani de son oncle Abdour-Rahman Kane, dit Benaïa, qui fut un des disciples de Mamadou Lamin, le célèbre agitateur sarakollé.

Mamadi est président du tribunal de subdivision de Koulikoro : il jouit sur place d'une certaine réputation de droiture et de quelque influence.

Gaoussou Ndanté, né, vers 1868, à Bodié (Ségou) est l'écrivain d'arabe du poste. Il est à temps perdu commerçant, cultivateur et cordonnier. C'est un homme actif, dévoué et fidèle.

Dans la subdivision proprement dite de Bamako l'élément somono musulman est insignifiant : une seule personnalité mérite de retenir l'attention. Elle prendra place ici, à la suite de Koulikoro qui, au surplus, fait partie du cercle de Bamako.

Ko Niafo est né, à Ségou, vers 1870. Il est venu commencer à Bamako, vers 1095, et n'en est plus reparti. C'est un homme fort instruit pour un Somono, et dont la bibliothèque compte une vingtaine d'ouvrages, chiffre relativement élevé. Son école coranique est fréquentée par 25 ou 3o enfants. Il est tidiani, et même moqaddem de l'ordre. Il a reçu ces pouvoirs d'Al-Abbas Diawara, de Kouroussa, qui était le disciple d'Oumarou Touré qui avec son père Abd Er-Rahman Touré alla à la Mecque vers le milieu du dix-neuvième siècle et fut affilié à la vraie chaîne tidiani par le propre disciple du fondateur de la Voie : Mohammed Rali-Ko Niafo n'a que peu de talibés.

CHAPITRE II

L'ISLAM MARKA

I. — Subdivision de Ségou.

Ce sont surtout les Somono qui constituent l'élément islamisé de la subdivision de Ségou. Des Marka n'y constituent que de petites familles dispersées soit à Ségou même, soit dans les principaux centres voisins.

Un seul foyer maraboutique très actif est à signaler : Marka Dougouba. Dans ce centre très islamisé, la population marka, environnée de Bambara fétichistes, a fait de l'Islam une sorte de bannière nationale, autour de laquelle elle se serre. Quatre petites mosquées en banco viennent témoigner de la vigueur de cette foi.

Les marabouts, maîtres d'écoles coraniques, qui prédominent, sont au nombre de sept à huit, tous qadrïa, sauf un, Lancena Sanogo, qui relève des Dyiré tidiania de Ségou. Leurs écoles comprennent un total de près d'une centaine d'élèves.

Ils dérivent tous de la propagande d'un marabout marka, décédé vers 1903, Souleyman Kamenté, qui paraît avoir eu une très grosse influence. Il a laissé une belle réputation de piété et de science, et son tombeau, qui s'élève dans la maison qu'il occupait en son vivant, et qui a été abandonnée à sa mort, est très visité.

Il a été remplacé par ses deux fils : Ismaïla Kamenté, né vers 1871, imam de la grande mosquée, et Youssoufou, né vers 1876. Celui-ci est le moniteur de son frère. L'école d'Ismaïla comprend la moitié des étudiants de Marka Dougouba, soit 501. Sur ce nombre, 6 apprennent la *Rissala*, Lakhdari, le *Mowatta* et le premier livre de Khalil.

Il faut citer, parmi les autres marabouts marka de ce centre Ousman Darako, né vers 1850, Sidi Kamenté, né vers 1860, et Baba Kené, né vers 1870, imam de la deuxième mosquée.

La propagande d'un des disciples de la zaouïa de Mamadou Abdoulaye Souadou, a recruté parmi les Marka de la région de Ségou quelques adeptes au Qaderisme kounta. Un missionnaire, Abdour-Rahman Diallo, poullo du Bakhounou, parcourut la région vers 1890. Il donna son ouird, à Kisma, à Slimana Mimaka, marka de Tamani. Par celui-ci, l'ouird s'est répandu à Ségou-Koura-Somono, où Ahmadou Famenta, né vers 1850, en est le plus notoire représentant, et à Ségoubougou-Marka, où Mama Dyiré et Sanoussi, petits marabouts locaux, en sont les tenants officiels.

II. — SUBDIVISION DE BAROUÉLI.

Si les Somono prédominent dans la subdivision de Ségou, les Marka constituent la grande majorité des islamisés de la subdivision de Barouéli.

Les principaux foyers d'Islam : Barouéli, Goulomba, Boadié, Kamba, Tiénébougou, Siémona-Marka, Kénenkou, ne sont pas autre chose que les îlots marka de cette région bambara et fétichiste.

Partout c'est le Qaderisme qui prédomine, issu, comme à Ségou, de la lointaine propagande kounta et des missionnaires peul et marka des pays peul.

Les personnalités notoires de ces marka du Barouéli sont :

A Barouéli-Goulomba, Diambo Mamadou Silla, né vers 1842 ; Kaoura Tangara, né vers 1862 ; Bakari Haïdara, né vers 1860 ; Chékou Boïguillé, né vers 1880 ; tous maîtres d'école. La plupart de leurs élèves suivent les cours de l'école française, Maki Aw, qui fait un petit cours de droit, le plus en vue de ces marabouts.

A Boadié, qui est le centre islamisé le plus important de la région : Chékou Niangado, né vers 1885 ; Bouya Baba Fofana, né vers 1887 ; Chékou Maïga, né vers 1850 ; tous maîtres d'école.

A Kamba, les membres de la famille Sako, et depuis la mort du chef Moussa Sako, ses fils Bou Sako et Idrissa Sako.

A Tiénébougou, Amadou Taraoré, né vers 1897, maître d'école.

A Siémona-Marka, Kalilou Fassa, né vers 1896, maître d'école.

A Kénenkou, centre de rayonnement assez actif, Dia Baga Haïdara, né vers 1875, maître d'école.

III. — Subdivision de Bamako.

La subdivision de Bamako, peuplée presque entièrement de Bambara et de Malinké, qui se bambarisent par la langue et les mœurs, est dans son ensemble, fétichiste. Ici, encore, c'est l'élément marka qui lui donne surtout sa physionomie religieuse actuelle. Mais à côté de ce facteur relativement instruit et fervent, il y a un deuxième élément islamisé : les Touré, d'origine nord-Saharienne, qui, chronologiquement, sont les premiers adeptes du Prophète installés à Bamako.

C'est vers le milieu du dix-neuvième siècle que, d'après

la tradition locale, quelques commerçants blancs, ou fils,
déjà métissés de blancs, arrivèrent dans le pays. Ils provenaient de deux régions bien déterminées: le Dra et le
Touat. Après un séjour de quelque durée dans les étapes de
leurs migrations : Tombouctou, Dianné et Dia, Ségou, ils
arrivaient finalement, eux ou leurs fils, à la limite des pays
bambara et malinké, y installaient leur commerce, y recon-
naissaient sans peine la domination de la famille des
Niaré, chefs locaux, y épousaient des femmes du pays, et
se mélanisaient avec d'autant plus de facilité que la plupart
d'entre eux étaient déjà croisés de Songaï, de Peul et de
Bambara. On les désigna, comme le voulait la coutume
pour les gens de l'Afrique du Nord, sous le diamou géné-
rique de « Touré ». Plusieurs de leurs congénères les
rejoignirent par la suite et les imitèrent. Bamako comprend
aujourd'hui deux quartiers : Draoui et Touati, qui rappellent ses origines.

Quelques Maures du Hodh suivaient le mouvement et
formaient à leur souche de Chorfa ou Haïdara ou Taraoré,
qui est, comme on le sait, le diamou des Chorfa en beaucoup de points de la vallée du Niger, et qui signifie, suivant l'explication échevelée des lettrés soudanais, « Tu vois
derrière » (tara oura), surnom qui aurait été donné au
Prophète.

Touré et Taraoré furent les premiers et les seuls représentants de l'Islam dans l'État de Bamako, du milieu du
dix-huitième au milieu du dix-neuvième siècle. Leurs perpétuels croisements avec les indigènes finissaient par les
colorer du plus beau noir, et rien ou presque dans le teint
ne trahit aujourd'hui leur origine. Quelques-uns ont gardé
néanmoins un type berbère ou sémite assez prononcé :
profil plus fin, nez busqué, lèvres moins épaisses, souvent
intelligence plus déliée.

Au point de vue religieux, leur déchéance était non moins
profonde : aucune instruction catéchistique ; aucune croyance

ou pratique sérieuse. Seule le foi a dû pouvoir sauver plusieurs de ces générations. Aujourd'hui encore, les Touré-Taraoré, principal élément musulman de Bamako et constituant le cinquième environ de l'ensemble de la population fixée, compte parmi les moins éclairés, partant les moins fanatiques des islamisés de la région. C'est surtout dans le relâchement des prohibitions matrimoniales qu'on saisit cette tiédeur. Alors qu'ils en ont gardé intactes les règles fétichistes qui interdisent le mariage entre certaines castes, ils ne tiennent pas compte de la différence de religlion. Musulmans et fétichistes échangent leurs filles et chacun garde sa foi.

Les membres les plus notoires de ces Touré de Banko sont :

Abou Salam Touré, né vers 1880, fils de Brahim, et maître d'une école d'une vingtaine d'élèves, dont quinze vont à l'école française. Abdou Salam est un homme distingué, connu jusqu'à Kayes, et dont l'influence tant sur son prestige personnel que sur l'héritage spirituel de son père Brahim. Celui-ci fut en effet un marabout de renom, qui était en quelque sorte le cadi de Bamako musulman à notre arrivée, et que nous consacrâmes dans ces fonctions. Il avait fait ses études à Dienné, et passait pour le marabout le plus instruit de son temps à Bamako. Son père, Tafsirou, était venu le premier s'installer à Bamako. Originaire d'une famille touatienne, il été né, semble-t-il, à Sokolo, puis, comme maître d'école, avait fait successivement Banamba et Ségou. Sa science lui avait valu le surnom de Tafsirou, c'est-à-dire de « commentateur », ou plus simplement ici de « lettré de mérite ». Il avait avec lui son frère qui resta en route.

Abdous-Salam est, comme son père Brahim Touré, tidiani. Ils ont reçu l'ouird de Tierno Hadi, missionnaire toucouleur du Chérif de Nioro. Mohammed ould Abd Allah, étudié ailleurs.

Sidiki Touré, plus connu sous le nom de Sidiki Fasso, qui indique son origine marocaine. Pas plus que les autres, il ne sait rien sur l'émigration de ses ancêtres. Son grand-père Saïdou venait de Niamina, mais était né à Sékou : il s'installa à Bamako. Il eut un fils du nom de Saidou, aussi, et qui est le père de Sidiki. Celui-ci, né vers 1870, a quelque instruction dont il fait bénéficier la quinzaine d'élèves de son école. Il est qadri par affiliation de Baba Diabi, moqaddem local, qui a fini ses jours à Bougouni, et qui était le disciple d'un missionnaire kounta. Il exerce les fonctions du président du tribunal de subdivision. Sidiki Touré est mort le 12 décembre 1917. Il a été remplacé à la tête du Tribunal indigène par Sidiki Fassou, dont le diamou indique aussi nettement l'origine.

Enfin la *famille*, fils et neveux d'*Abidian Touré*, où se recrutent les chefs de Bamako musulman. Aucune personnalité n'est digne de mention.

En dehors de Bamako, on rencontre quelques Touré ou Haïdara dans les trois petits villages à demi islamisés de la subdivision ; ces villages sont peuplés surtout de Malinké restés fétichistes. A côté d'eux, des dioula, devenus par la suite cultivateurs, ont pris pied et représentent, sans lui faire honneur, la religion islamique. Ces villages sont : Kéla, où Chékou Touré, né vers 1860, et almamy local, et Faraba Haïdara, né vers 1865, ont deux petites écoles. Les habitants de Kéla se disent Chorfa. Leur ancêtre Ismaïla venait de Bagdad ; il parcourut l'Afrique en tournée de quêtes. Il s'établit à Ségou où se trouve une partie de sa descendance ; mais un de ses fils poussa jusqu'à Kéléa (Bougouni) où il mourut. Le fils de Lamin, du nom de Mambi, vint s'établir à Kéla, où habitait déjà une famille de griots. *Sibibougou* et *Kansaba*, où deux Peul, Cissé, c'est-à-dire savants d'Islam, en portent le drapeau. Sibibougou est, comme le nom l'indique, une création de la famille maure Sibi de Tichit. Il n'y a guère aujourd'hui

que des Malinké, comme à Kanguba. *Samayana*, où
Fodé Diawara, disciple de Brahim Topré précité, tient
école. Samayana est un village malinké où prédominent
les Diakité ; mais un petit groupe sarakollé, dont Fodé
Diawra est le représentant le plus notoire, y tient ferme la
bannière de l'Islam. Le canton de Samayana est peuplé de
races diverses et mêlées, venues avec Samba Dié des États
de Samory. Les noyaux islamiques y sont rares.

Le mouvement d'immigration des Touré paraît s'être
arrêté depuis un quart de siècle. En revanche, la prospérité
commerciale de Bamako y attira, chaque année, de nom-
Maures, dont quelques-uns tendent à se fixer. Le même
phénomène se reproduit le long de la bordure saharienne : de Saint-Louis au Niger, les Maures industrieux
ou affamés descendent sur les pays noirs. Deux des plus
florissantes écoles coraniques de Bamako sont dirigées par
des Barteïl de Oualata : Mohammed Lahsen ould Arabi,
qui a une vingtaine d'élèves, et surtout Sidi Mohammed
ould Tolba, qui en compte plus de quarante. On trouve
dans cette clientèle scolaire aussi bien des enfants de
Touré ou de Marka locaux que les fils des ouvriers et employés ouolof, toucouleu.s, sarakollé, que l'essor de la ville
française a attirés et utilisés.

A signaler encore *Sidi Mohammed Sibi* ould Abd Allah,
né vers 1850, commerçant, originaire de Tichit. Son grand-
père, Sidi Mohammed était venu tâter la fortune auprès
d'Al-Hadj Omar, lors de son passage à Nioro. Déçu, il
rentra à Tichit. Son fils Abd Allah s'attacha à la fortune
du conquérant et le suivit à Ségou. C'est là qu'il mourut
après avoir fidèlement servi le maître foutanké, puis son
fils. Sidi Mohammed Sibi est né à Ségou, d'une mère noire.
Il est venu s'installer à Bamako, en 1900, et s'y est fixé ;
c'est un des notables musulmans de la ville.

Le deuxième élément islamisé de Bamako, plus fervent,
plus instruit et sans doute plus intransigeant, est l'élément

marka, descendu progressivement depuis un siècle des marches du Nori.

Les plus notoires sont : les *Kanadyigui*, dont trois frères Gaouchou, Karamoko et Bobili, sont les membres les plus en vue. Gaouchou, vient de mourir, jeune encore, en 1915. Il était le plus instruit et jouissait d'une certaine influence, ce qui lui avait valu une place de juge suppléant au Tribunal de cercle. Élève et tout d'abord disciple qadri de Bou Kounta de Tivaouane, il avait fini par passer au Tidianisme omari.

Modi Dramé, fils de Mamadou Lamin, né vers 1872, originaire d'Ambidedi Kayes. C'est le marabout le plus instruit et le plus ouvert de la subdivision. Son désir d'instruction l'a conduit à Tombouctou, où il a passé plusieurs années auprès d'un maître de renom, Alfa Mamadou Konaté, qui lui a d'abord donné l'ouird tidiani, puis l'a consacré moqaddem de cette voie, dans la filiale des Karabinta Bozo de Dia. Modi Dramé est juge titulaire au Tribunal de cercle.

Bossola Taraoré, originaire de Dia, né vers 1870. Il est assez connu dans le cercle, et en aval, ayant été jadis employé comme courrier politique. Élève et disciple qadri de Bamou Touré, de Bamako, il se brouilla avec son maître le jour où celui-ci, fâché de voir qu'il distribuait l'ouird sans avoir reçu les pouvoirs de moqaddem, lui retira jusqu'à la simple affiliation. Bassola s'en fut alors trouver Almamy Taraoré de Dia, qui lui conféra l'ouird tidiani.

Gaoussou Kouroumaka, originaire de Sansanding, né vers 1882, fils et élève d'un marabout de renom, Almamy Ma Ciré, dont le souvenir vit encore chez les musulmans de Bamako. Il était moqaddem de l'ouird qadri, ayant reçu ces pouvoirs de Baba Diabi, missionnaire des Kounta déjà vu et était l'almamy local à notre arrivée. Gaoussou prétend avoir hérité des pouvoirs de moqaddem de son père.

Bakari Kalé, né vers 1840 à Dia, venu à Ségou vers 1868, pour y commercer et qui s'y est fixé. Il est disciple qadri de son père Mamadou Kalé, de Taya (Macina), et, par lui, se rattache à l'obédience kounta. Almamy de la grande mosquée de Bamako, vénérable par son âge et ses vertus, possesseur d'une bibliothèque de 50 volumes, directeur d'une école de 25 élèves, Bakari est le marabout le plus considéré de la ville. Il nous a, dès le premier jour de l'occupation, montré beaucoup de dévoûment.

Chékou Simbara, né vers 1850, à Ségou, mais originaire de Dia. C'est un commerçant et un maître d'école apprécié. Il se rattache par son père au Tidianisme de l'école de Dia.

Amadou Bakayoko, métissé de Diakanké et de Marka, né vers 1870, à Bakadadji, à la lisière du Dinguiraye et de Fouta-Diallon. Il a suivi l'exode des Diakanké de cette zaouïa, lors de sa dispersion en 1907-1908, et, sous la conduite du chef, Karamoko Kadiali, est venu s'installer à Marah Dina (Bafoulabé). Depuis, il se livre au commerce sur le haut fleuve et jusqu'à Conakry, utilisant les loisirs que lui laisse le négoce à tenir école à Bamako, Kouroussa, Mamou, etc.

En dehors des Somono, signalés ailleurs, il ne reste plus à mentionner dans la subdivision de Bamako que : a) quelques petits marabouts peul sans importance, dont le plus notoire est Mamadou Ba, né vers 1872, originaire de Nioro, et qui est un élève et prétend avoir reçu les pouvoirs de moqaddem tidiani du Chérif Mohammed ben Abd Allah de Nioro. Il est en relations suivies avec Ouali Bâ, de Kayes. b) le nom du musulman noir idéal, qu'on souhaiterait voir s'universaliser en Nigritie : Moussa Taravélé, interprète du cercle de Bamako. Moussa, élève du grand Cheikh Sadio Qoureichi de Goumbou est né, vers 1872, à Ségou. C'est un fort bon lettré arabe, et ce qui ne gâte rien, un homme très versé en français qu'il a appris tout enfant dans une école de Paris en 1892 (16, rue de la Victoire). D'origine bam-

bara. il parle un peu toutes les langues en usage dans la
vallée du Niger bambara, marka, maure, foul-foulbé, ouolof) et même quelque peu le pongwé du Gabon. Il a montré
à diverses reprises qu'il était tout à fait dévoué à nos intérêts. Il a composé un petit dictionnaire bambara, fort
pratique. Aujourd'hui, il se lance dans la culture de la
pomme de terre et approvisionne Bamako et ses environs
du précieux tubercule. Il est très considéré dans l'élément
musulman local autant par sa science et sa riche bibliothèque que par la dignité de sa vie. Il est généralement suppléé dans la direction de son école par un moniteur et disciple, Sori Koulibali.

IV. — Subdivision de Koulikoro.

Avec le centre somono de Koulikoro-ville. les centres
marka de Koula-Marka et Sansani constituent les trois
foyers d'Islam de la subdivision de Koulikoro.

Le Koula-Marka n'est d'ailleurs qu'un quartier de l'agglomération de Koula. qui est surtout bambara et fétichiste.
Cette minorité de musulmans, oppressée et raillée par ses
voisins infidèles, s'est appuyée sur nous dès le premier jour,
et, en conséquence, a toujours fait montre d'un loyalisme
de bon aloi. Au printemps de 1915 encore, elle résistait
énergiquement à la pression des Bambara du Bélédougou
révoltés, et par son exemple maintenant les Bambara locaux
dans le devoir.

Sansani est aussi un village bambara, où comme en beaucoup de centres du pays banmana, vit un groupement de
marka à côté des autochtones. Les Marka de Sansani sont
originaires des points les plus divers : Sahel, Sansanding.
Barouéli, etc.

De cette petite et zélée communauté marka, trois noms
émergent.

Mamadou Diabi, né, vers 1875, à Ségou, mais originaire de Sambatiguila (Odienné — Côte d'Ivoire). Marka-Dioula, il est venu avec son père à Ségou, puis, pour les nécessités de son commerce, s'est installé à Koulikoro. C'est un maître d'école assez considéré, et il panache ses élèves de Somono, de Marka et de Foutanké. Il est relativement lettré. Il relève du Tidianisme du Chérif Mohammed ben Mokhtar, de Nioro, vu ailleurs.

Almamy Taraoré, né, à Sansanding, vers 1855, est installé à Koula-Marka depuis 1895. Son père, Baba Taraoré, se disait Chérif ; Almamy a hérité de cette qualité Son école a 12 élèves et est la plus fréquentée du village; le marabout qui en est l'imam y jouit d'une influence réelle. En mars 1915, lors de la révolte des fétichistes du Bélédougou, il s'est montré un excellent agent politique. Il est qadri et a reçu l'ouird d'Almamy Diankina, de Sansanding.

Karamoko Taraoré, fils d'Ali, est né à Niamina, vers 1872. Il tient une petite école à Koulikoro, mais se rend souvent à Niamina pour les besoins de son commerce. Il est qadri, ayant reçu l'ouird des marabouts de cet ordre à Niamina.

Ansoumana Kaniessi est le marabout en renom de Sansani. Il est né, vers 1850, à Tiénébougou (Ségou) et est venu s'installer à Sansani vers 1895. Il tient la petite école de ce village. Il est qadri et relève du Karamoko Baba, de Tiénébougou.

V. — Subdivision de Banamba.

En plein pays bambara fétichiste, entre le Niger et le Bélédougou, se glisse, comme un coin, le territoire de Banamba peuplé de colonies marka islamisées. Elles sont originaires du nord du Sahel, de la région de Sokolo principalement. Dans un passé plus lointain ces gens se rattachent aux Soninké du Boundou et du Guidimaka. Venus dans le

Sahel oriental, ils s'islamisèrent, dit leur tradition, au contact des Maures et vécurent longtemps à Sokolo et aux environs. Émigrés de ces pays a la suite des guerres locales et des vexations que les Bambara du Nord leur faisaient subir, ils sont venus, en plusieurs groupes et à différentes reprises, chercher un refuge sur cette terre paisible, au milieu des Bambara du Sud accueillants à tous, aux peuples comme aux religions. Le premier groupe arriva sur place vers 1840, conduit par Dianguéné Dousiba, et c'est à lui que la tradition attribua la gloire de la fondation de la ville.

Ces Marka, comme les appellent les Bambara, ces Sarakollé comme on dit au Sénégal, en réalité ces Soninké apportaient avec eux, du nord-Sahelin, proche des Maures, des principes d'Islam fort rigides et des pratiques quasi orthodoxes. Ils les ont encore développés ici, au sein d'une population fétichiste, pour maintenir leur nationalité et leur unité, et c'est ce qui explique la vitalité de ce coin d'Islam dans une région entièrement et profondément animiste.

Cette oasis religieuse devait attirer la visite de nombreux musulmans étrangers et c'est par eux qu'on commencera, pour passer ensuite aux principaux groupements locaux : Banamba, Touba, Kiba, Kérouané et Niamina, dont la plupart des noms, on le voit, sont des réminiscences religieuses.

Parmi les étrangers, installés ou de passage dans la subdivision de Banamba, il faut citer à Banamba même : *Moulay Dris Haïdara*. Son père, Moulay Al-Mahdi était un Chérif de l'Oued-Noun qui parcourut le Hodh entre 1850 et 1860. Sa généalogie chérifienne est donnée en annexe. Il s'établit finalement à Tichit, et, par le commerce, acquit une grosse fortune. Il eut quatre fils : Moulay Omar, Moulay Dris, Moulay Abd Er-Rahman et Moulay Ali, tous quatre fortement teintés. Le commerce fut la principale occupation de ces indigènes, et, au cours de leurs voyages, ils furent amenés à créer à Banamba, sur cette grande route du Sahel à Bamako, un village de culture et des succursales de négoce. Ils avaient là de nombreux captifs. Lors de leur libération, les maîtres durent venir de Tichit prendre eux-mêmes en main, à Banamba, leurs intérêts qui périclitaient. L'installation est devenue définitive, et depuis la mort de Moulay Omar, c'est Moulay Dris qui la dirige.

Les caravanes commerciales parcourent tous les centres du Hodh, Goumbou-Nara, Nioro, Ballé, Tichit, Néma-Oualata, Ségala-Sokolo. On rencontre les trois frères et surtout Moulay Dris un peu partout dans le Sahel.

La situation de fortune de cette famille, fortement atteinte par la libération des captifs, a encore souffert du fait d'un rezzou de Regueïbat qui leur a enlevé un millier de chameaux vers 1909. Elle reste néanmoins convenable.

Moulay Dris, le chef de famille, né vers 1865, est le plus actif, et le plus intelligent de tous. Il a rendu d'importants services, dès le début de notre occupation, et a été à plusieurs reprises, chargé d'importantes missions dans le Sahel par les Gouverneurs Ponty et Clozel. Il paraît nous être tout à fait acquis.

Il est fort instruit et possède une bibliothèque d'une centaine de volumes, ce qui est considérable pour la région. Il fait d'ailleurs le commerce des livres arabes.

Il relève de la Voie tidianïa.

A côté de Dris Haïdara, marabout et commerçant paisible, il faut citer des aventuriers de passage, beaucoup moins intéressants :

D'abord Al-Qaïs ould Cheikh Khalifa, des Ahel Taleb Mokhtar, né vers 1875, qui vient parfois vendre des bœufs ou des gris-gris dans la région, et qui conformément aux traditions de sa famille, distribue à la fois les ouird qadri et tidiani. C'est un disciple de son cousin, le Cheikh Mahfoudh de Casamance.

Puis Mountaqa Tal, né vers 1885, petit-fils d'Al-Hadj Omar installé en principe tantôt à Nioro, et tantôt à Kayes,

Mountaqa, qu'on aura l'occasion de revoir, parcourt les
contrées limitrophes du Soudan, du Sénégal et de la Guinée
à la recherche de ressources douteuses. Il est passé à plusieurs reprises par les centres marka de Banamba, et y a
fait divers séjours de plusieurs mois.

Enfin plusieurs membres de la famille maraboutique des
Kaba Diakité. L'un, Oumarou, né vers 1808, a été disciple
de Cheikh Sidïa et a été étudié avec ce pontife dans mes
« Études sur l'Islam maure », l'autre, Fa, originaire de
Kénenkou (Barouéli) est venu apporter à Banamba la discorde entre les Tidianïa. Disciple du Chérif Mohammed
ben Abd Allah de Nioro, et nommé par lui moqaddem de
cet ouird en 1905, en même temps que Ba Koroba Niaré,
il préconisait le retour à la pureté du Tidianisme primitif et
à la récitation du chiffre orthodoxe de onze fois, « la perle
de la perfection », prière par excellence de la voie, que le
laisser-aller foutanké avait porté à douze. Ces discussions
locales se sont apaisées avec son départ.

Banamba est peuplé de Marka, de la famille Simbara,
originaires de Sokoro (Sokolo) qui vinrent habiter successivement Sanamba (Goumbou-Nara) vers 1840, puis Dé-
nemba (Niamina) et enfin Banamba, vers 1857. Le chef est,
depuis 1899, Bakara Missi Simbara, brave homme, fort dévoué, qui s'occupe surtout de cultures et d'élevage. Il est
secondé par son fils ainé dans ses fonctions administratives.

Les véritables personnalités islamiques de Banamba sont :
a) *Al-Hadj Mama Kouma*, installé tout proche de ce centre,
à Dioni. Neveu du chef de village, fils de Talibé Kouma, et
né vers 1848, Mama appartient à une excellente famille
marka. Il fut emmené tout enfant en captivité à Balandou-
gou-Ségala (Sokolo) à la suite de la destruction de Dioni
par Sama Diougouba Koulibali, frère du chef du Ségala et
lieutenant de Touronkoro Mari Diara, fama de Ségou.

Rendu quelques années plus tard à la liberté, il s'achemina vers la Mecque par la longue route terrestre. Il arriva dans le Darfour et le Kordofan en pleine insurrection mahdiste, fut arrêté à plusieurs reprises et put toujours échapper. Il séjourna un an à Berbéra pour s'instruire, et deux ans à Souakin en commerçant pour gagner sa vie et acquérir le prix de son passage pour Djedda. Marié à Souakin, il emmena sa femme à la Mecque. Sa femme n'ayant pas voulu prendre avec lui le chemin du retour, il la répudia, vint en Égypte, goûta l'ironie d'être arrêté par les Anglais comme ex-mahdiste après avoir été arrêté par les mahdistes comme Anglais ou tout au moins sujet des chrétiens, et finalement relâché put revenir à Alexandrie et Tripoli. Il rentra à Banamba en 1903, après un voyage de vingt ans. Cultivé, ouvert, intelligent, Al-Hadj Mama Kouma se repose de sa vie aventureuse, en exploitant ses lougans et en feuilletant ses quelques livres.

b) Mamadi Nioukas. Né vers 1865, Mamadi se dit originaire du Yémen. Un de ses ascendants (le troisième ou le quatrième) aurait quitté la Mecque, et se serait établi comme professeur à Dienné. Par la suite, il vint à Banamba, et de père en fils, son école a été dirigée par les Nioukas. jusqu'à Mamadi. Elle comprend aujourd'hui une dizaine d'élèves.

Mamadi, d'abord employé à la résidence comme écrivain d'arabe, est aujourd'hui assesseur au tribunal de subdivision. C'est un homme instruit et fort intelligent, mais dont on a eu plusieurs fois à suspecter l'impartialité et le désintéressement.

Il est qadri et disciple d'un marabout de renom, Bakari Taraoré, et par lui et son oncle Ali Keita, se rattache à Sidi-l-Mokhtar Al-Kabir, le grand Cheikh Kounti;

c) Karamoko Silla. Né vers 1865, fils d'Ibrahim, fils d'Abdour-Rahman dit Douani, il est l'héritier d'un grand nom. Ce Douani fut en effet considéré aux environs de

1850 comme un Prophète et un Ouali. Son tombeau, sis
à Moribougou Marka, est l'objet de pèlerinages. La famille
est divisée en deux branches, dont l'une est encore à Sokolo.
Karamoko Silla est né à Sokolo, mais est venu tout jeune
à Banamba où il a fondé une école, aujourd'hui florissante, s'est acquis un renom de sagesse et de science, et
finalement a été nommé assesseur au tribunal de subdivision. Il a résidé quelque temps à Bamako et y a tenu une
école.

Il est qadri, disciple de Mamadi Bolli, marabout de
Sansanding, qui par son père Silmani Mangané, se rattache à l'obédience des Kounta :

d) Les *Simpara*, famille dominante, ont donné aussi
quelques personnages maraboutiques, et notamment Bamarou Simpara, Sékou Bélé Simpara et Sidiki Simpara.
Bamarou est mort en 1913. Il avait pris part aux sièges
de Banamba de 1867 et de 1875, effectué par les Bambara,
ennemis d'Ahmadou Chékou.

Partisan dévoué de notre cause, dès la première heure,
il montra nettement son loyalisme lors des événements
de 1905. Cultivateur et notable très écouté, il donnait l'impression d'un véritable chef. Il a été remplacé par son fils
Sandigui Mama. Ils sont tous deux tidianïa. *Sékou Bélé*
est un vieux notable, appelé par la tradition locale à succéder
au chef de village, mais à qui son âge ne laisse que peu
d'espoir de remplir ces fonctions. Il n'a pas grande influence,
et le seul geste qu'on puisse signaler dans cette vie de cultivateur et de marabout est la protestation qu'il fit entendre,
au nom des Marka, contre la libération des captifs. *Sidiki*,
né vers 1855, dirige une école d'une dizaine d'élèves. Son
tidjanisme relève d'Ali Keïta précité.

e) Dans ce groupement de Marka, trois seuls noms *Malinké*, tous trois qadrïa, sont à signaler : Bassaro Bokari
Makadyé, né vers 1880, disciple de Mafa qu'on verra ci-après ; Karamoko Keïta, disciple de Mamadou Mokhtar

Qourreïchi, de Sokolo. Ce sont deux petits maîtres d'école ;
et Marikoulé Keïta, né vers 1850, suppléé par son fils Id-
dané (Abd El-Qader le Djilani) dans son école coranique,
et qui fait personnellement, un petit cours de droit et, à
l'occasion, de théologie. Ces Malinké se sont, avec le temps,
complètement nationalisés Marka.

J. Enfin *Mafa Taraoré*, né vers 1875, qui dirige une importante école de 25 élèves et passe pour le plus instruit des
marabouts de Banamba. Il professe par intermittence, et
quand il a des élèves, un petit cours de droit. Il a fait des
études complètes auprès des divers maîtres de la région, et
a reçu l'ouird qadri d'un Poullo, Mamadou Dembélé, qui
avait été converti par Taïbou, vu a plusieurs reprises, et
missionnaire du grand Cheikh Sidi-l-Mokhtar le Kounti.

Touba, ainsi appelée, comme la multitude des Touba
africaines en l'honneur de l'arbre céleste de la béatitude, a
été fondée vers 1840 par des Marka de Touba-Koro (Sokolo),
désireux d'échapper aux tracasseries des Bambara du Nord,
que leur intolérance islamique provoquait.

Leur chef était Al-Hadji Silla qui avait passé plusieurs
années à Touba, métropole des Dianké du Fouta-Diallon,
et fait ses études auprès de leur chef Karam Ba. Rentré
dans son pays, il donna le nom de la ville sainte au village
qu'il créait. Touba est le siège d'une quinzaine de petites
écoles coraniques, que fréquentent 80 à 100 élèves, et jouit
dans la région du prestige d'une ville sainte et savante. En
réalité, aucun des maraboutaillons locaux ne témoigne ni
d'une austérité de vie spéciale, ni d'une science bien remarquable.

Le chef, Demba Silla, petit-fils d'Al-Hadji, nommé en
juillet 1902, s'occupe surtout de cultures, d'élevage et
même de commerce. Il est en relation avec ses cousins,
restés à Touba-Koro. Il paraît aujourd'hui complètement
rallié, après nous avoir fait, au début de l'occupation, une

réelle et sourde opposition, qui a duré fort longtemps et ne s'est apaisé qu'avec les années.

Le marabout le plus en vue est : Abdour-Rahman Cissé, né vers 1867 à Touba, fils de Bakari et neveu de Demba Silla. Il a fait ses études auprès du précédent chef de Touba, Souma Diouman Silla. En 1894, il partit pour la Mecque : il visita la Gold Coast, le Dahomey, le Cameroun, le Ouadaï, le Darfour et parvint à la Mecque par Souakin, après neuf ans de voyage. Il séjourna un an à la Mecque et à Médine, et reprit la route de son voyage par le Soudan égyptien et le Tchad. Par Dori et Bandiagara il arrivait, le 7 décembre 1912, après plus de dix-huit ans d'absence, à Touba, où on ne le reconnut plus et où son retour ne souleva que de l'étonnement. Il était toujours accompagné par sa femme et ses enfants. Peu instruit, peu intelligent, il tient une petite école et s'occupe de cultures.

Les autres marabouts sont des personnages sans importance, dérivant soit du Qaderisme Kounti par leurs compatriotes de Sansanding, soit du Tidianisme d'Al-Hadj Omar ou du Chérif Mohammed ould Mokhtar, de Nioro. On citera entre autres : Baba Doukouré, né vers 1850, secondé par son fils Ahmadou, né vers 1885 (école de 15 élèves) ; Ali Mostafa Doukouré (école de 12 élèves). Secondé par ses deux fils ; Al-Hadji Mangané, ainsi nommé, encore qu'il n'ait pas fait le pèlerinage, qui jouit d'une certaine réputation de science, et qui est secondé par son fils aîné Mamadou (7 élèves) ; Modibbo Silla, né vers 1870, intelligent et instruit (10 élèves) ; et enfin Baba Silia, né vers 1882, qui, catéchisé par un marabout de Tombouctou, Cheikh ould Ali, de passage ici, se laissa affilier aux Qadria, mais depuis cette date a complètement oublié en quoi consiste son initiation, et fait la prière avec les autres Tidianïa.

Parmi ces Marka, un seul Poullo : Abdoul-Qassoum, originaire de Ségou, né vers 1865, qadri comme il convient et

se rattachant à Sidi-l-Bekkaï, le Kounti. Il a une école de
5 élèves.

Un marabout de Tombouctou, Mamadou Faroukoï, venu
jadis à Touba, y est mort en 1911 en odeur de sainteté ;
c'était un moqaddem tidiani qui a laissé quelques adeptes
dans la région.

Les Marka de *Kiba* n'ont pas la même origine que ceux
des villages voisins. Ils sont originaires du cercle de Gombou-
Mara. Ils appartiennent aux trois familles Doukouré, Daramé et Diakité qui s'expatrièrent à la suite d'une famine
due aux ravages des sauterelles et s'installèrent à Kiba
vers 1830.

Le chef est aujourd'hui Dyégui Doukouré, né vers 1840
et qui occupe ses fonctions depuis 1882. Il eut plusieurs
fois à subir les vexations des Toucouleurs voisins, et évacua
le village à deux reprises, devant Al-Hadj Omar lui-même,
une autre fois devant son fils Amadou. Les deux fois, le
cadi Abdoullaye Diakité, qui était resté seul dans sa case,
réussit à fléchir le conquérant et à sauver le village des
flammes. Intelligent, ouvert et dévoué, Dyégui est à la fin
de ses jours.

Parmi les huit marabouts maîtres d'école, qui donnent
à Kiba, avec leurs 72 élèves, un renom de ville savante,
4 noms méritent une mention : Madiouma Kaba Diakité
né vers 1870, le plus instruit de tous et qui a une école de
15 élèves ; les deux frères Ismaïla et Madi Kadia Daramé
(respectivement 10 et 15 élèves), et enfin Mansiré Doukouré, né vers 1870 (8 élèves).

Ils sont tous tidianïa, et relèvent de Mamadi Daramé
de Kiba, décédé il y a quelques années et qui, disciple des
Foutanké de Ségou, importa dans son village leur Tidianisme.

A Kiba vit encore, depuis 1911, c'est-à-dire depuis son
expulsion de Kayes, Ousman Silla, né vers 1862, fils de

Ousseni. Il avait quitté Kiba vers 1904 pour aller perfectionner son éducation chez les marabouts Soninké du Haut Sénégal. Il vécut longtemps à Kersignané et à Koussané, fut affilié à la confrérie d'Ismaïla Tounkara et englobé dans la répression qui mit fin à cette agitation, fut expédié *manu militari* sur son village d'origine en 1913.

Kerouané, autre réminiscence d'Islam et ainsi nommé en l'honneur d'Ibn Abou Zeid, le Qaïrouani, auteur de la *Rissala*, chère entre tous ouvrages aux marabouts noirs. Le marabout fondateur de la cité était un Marka du nom de Mohamdi Cissé.

Elle comprend huit petits marabouts et une quarantaine d'écoliers. De ces Cheikhs locaux et insignifiants on signalera : Modi Kangué, né vers 1870, qui a l'école la plus importante (10 élèves), et Baba Sofana, né vers 1850, qui est le plus instruit. Il est l'almamy du village depuis 1880 ; il est ordinairement remplacé à son école par son fils aîné Kissima Sofana.

Ces marabouts, soit qadrïa, soit tidianïa, relèvent tous des maîtres de Kiba ou de Touba.

Niamina, gros bourg commerçant de 1.200 habitants, sur le Niger, est un centre fortement islamisé. Son nom seul l'indique déjà : Al-Yémen, c'est-à-dire le bonheur du pays, ou encore l'Arabie Heureuse.

Elle a été fondée, il y a plus d'un siècle, par les familles Koné, Sako et Bérété, originaires de Kankan et de Koundia. Ce furent les Sako qui, fondateurs du village en furent les premiers chefs. Lors de la prise de Ségou par Al-Hadj Omar, les habitants de Niamina, craignant des représailles, s'enfuirent. Le conquérant les ramena chez eux et leur donna comme chef, d'abord Amara, puis Sidi Koné (vers 1861). Le commandement est resté à partir de cette date chez les Koné.

Sidi Koné reçut Caron en juillet 1887 et lui rendit des services que le vaillant officier se plaît à reconnaître. Par la suite il a accueilli notre influence avec joie. Il mourut en 1894 et fut remplacé par son fils, Lansana Koné.

Chef du village de Niamina et chef du canton de Messékélé Niamina, Lansana, né vers 1863, est un homme intelligent, dévoué, très écouté de ses gens, qui s'occupe beaucoup de culture et de commerce. Il est en relations avec tous les villages du fleuve, de Koulikoro à Ségou. Il a servi de guide et de porte-parole au commandant Bonnier en 1892. C'est un auxiliaire précieux et sûr.

Parmi la douzaine de marabouts qui font de Niamina une ville pieuse autant que commerçante, le plus notoire est Lamin Bérété, qui vient de succéder à la mosquée locale à son oncle Sidiki.

Almamy Sidiki Bérété, né vers 1840, était issu d'une des plus vieilles familles locales, dans laquelle, depuis plusieurs générations, se perpétuent les fonctions d'imam de la mosquée. Il exerça lui-même cette charge pendant dix ans. Il est mort le 21 août 1917. Son neveu Lamin, né vers 1860, l'a remplacé aussi à la tête de son école, qui compte une douzaine d'élèves.

Les autres personnalités intéressantes de Niamina sont : a) Souleyman Sakko, né vers 1888 à Kaïlo (Sierra-Léone) qui arriva dans le pays au début de 1914, et s'y est installé à demeure pour faire du commerce ; b) Bouya Gakou, né vers 1860, et qui vient de mourir. Très intelligent et très influent, il était le plus instruit des maîtres de Niamina. Son école de 29 élèves semble péricliter avec ses fils ; c) Mohamdi Sosso, né vers 1875 ; d) Ba Moussa Cissé, né vers 1880 ; e) Ma Ciré Silla, né vers 1878 ; f) Karamoko Touré, né vers 1878.

Tous ces marabouts sont qadrïa et relèvent de l'obédience kounta par l'école de Sansanding.

Un seul tidiani d'importance est relevé à Niamina : Almamy Salifou, imam de la petite mosquée du chef de village.

VI. — LES ÉTATS DE SANSANDING.

Sansanding, prononciation maure de *Sisani* (petit pou), est une ville marka, très fortement islamisée, au milieu d'un pays bambara fétichiste. En dehors de la capitale, on ne peut guère signaler dans la région que quatre ou cinq petits îlots, semi-musulmans, et également marka : Sibla, Makri, Sénenkou, Kokrimadougou, Niaro.

A côté de ces Marka, très attachés à leur religion, on rencontre quelques familles d'ex-sofa foutanké fort métissés, et qui témoignent, sous l'influence du fama sans doute et contrairement aux traditions de leur race, d'un très grand libéralisme. Ils ne fournissent, à l'heure actuelle, aucun marabout.

A signaler encore pour mémoire quelques Bambara du Kaarta, jadis islamisés par Ahmadou Chékou, et qui ne sont pas complètement revenus à leur fétichisme.

Ici comme ailleurs dans la région de Ségou, l'Islam marka dérive directement du prosélytisme des grands Cheikh Kounta. Deux ou trois marabouts de la génération précédente ont reçu cet enseignement, l'ont professé avec quelque éclat, et l'ont transmis aux karamoko actuels. Le milieu est assez cultivé et certainement sympathique.

Les plus notoires sont : A *Sansanding*, Mostafa Kaloussi, né vers 1852, disciple d'Ousman Sow, Poullo du Farimaké, qui par Abdoul-Qadir Qoureïssi, marka de Sokolo, et Ni Tarakoré, forgeron marka, se rattache à Sidi Mokhtar Al-Kabir. Mostafa fait un petit cours d'enseignement supérieur et paraît quelque peu lettré.

Boa Haïdara, né vers 1870 ; Falaji Sako, né vers 1847, et ses disciples Sidi ou Karamoko Haïdara, né vers 1880, et Mostafa Soumané, tous maîtres d'école ou commerçants, sont les talibés de l'Almamy Ali, marchand réputé, et se rattachent par lui à Alfa Ousman Sosso, marka, à l'Almamy Sidiki, et enfin à Sidi Mohammed, commerçant maure, venu s'établir à Sansanding, sur l'ordre du Cheikh Sidi-l-Mokhtar.

Ndari Cissé, né vers 1845, imam de la grande mosquée, marabout vénéré dont le nom Ndari serait une corruption de l'appellation respectueuse de « cadi » et ses disciples Boul Qassoum Tounkara, tous maîtres d'école, relèvent de l'almamy Dyanguiné, mort vers 1880, et par l'almamy Moussa se rattachaient à Sidi-l-Bekkaï.

Baba Magané, né vers 1860 : Mamadi Taraoré, qui vient de mourir ; Seydou Thiam, d'origine toucouleure, et à Kokri-madougou, Sougali Toumeta, se rattachent par Birama Silla à Mamadou Bolé Magané, qui était un des élèves de Taleb Slimani, marabout que Cheikh Sidi-l-Mokhtar envoya plusieurs fois dans la région. Le Cheikh lui-même, d'après la tradition, serait venu jusqu'à Sansanding.

A *Silla :* Gaoussou Soumaré, né vers 1870, almamy, et Baba Taraoré, né vers 1875, tous deux maîtres d'école.

A *Nakri :* Moussa Koanta, almamy et maître d'école.

A *Niaro :* Bokori Kouma, vieux marabout qui s'est éteint en 1915.

A *Sénenkou :* Mohammed Yaré, son fils Karamoko Yaré, ses disciples Karamoko Nionno, et Fayoussou Manadiou, qui se disent sans ouird, ou tout au moins sans connaissance de leur chaîne spirituelle, ayant « perdu toute science » à côté des Bambara incultes et fétichistes.

A *Kongangourou :* Ahmadou Dokounou, né vers 1878, petit marabout, maître d'école.

Un seul pèlerin connu a fait, dans les États de Sansanding, le pèlerinage de la Mecque. C'est Sidi Yahia Koné, fils de Karamoko Dyanguiné, de Sofana, qui y accompagna son père. Ils firent le voyage par Marseille et Alexandrie. Il est établi aujourd'hui à Sansanding.

Caron dit, dans son ouvrage *De Saint-Louis à Tombouctou*, avoir reconnu l'accueil aimable des gens de Sansanding en donnant un Coran à leur almamy. Il était curieux de connaître la version indigène. Voici ce que raconte
Mostafa Soumaré, cadi du tribunal local :

« Trois ans avant la prise de Ségou, un Blanc arriva sur
un vapeur. C'était pendant l'hivernage. Il fut bien accueilli
par notre chef de village, le vieux Kami Kama. Ce dernier
reçut de lui des perles rouges et des étoffes. Notre almamy,
Ali Taraoré, accompagné de Drahmane Diabaté, alla ensuite
voir le vapeur. Après sa visite et alors qu'il se promenait
sur la place du marché, il fut rejoint par le Blanc qui lui
remit un Coran, tandis que son compagnon Drahmane Diabaté recevait une chéchia rouge. »

Les descendants de l'almamy Taraoré sont actuellement
au nombre de deux, tous domiciliés à Sansanding. L'aîné
Mohammed Lamine Taraoré est chef d'école maraboutique ;
le plus jeune, Sediq Taraoré, est étudiant en droit musulman : c'est lui qui possède actuellement le précieux Coran
donné à son père par le lieutenant de vaisseau Caron.

On ne saurait omettre la figure extrêmement curieuse et
sympathique du fama Mademba, fama des États de Sansanding par la grâce de Archinard depuis mars 1891. On
lui confia à cette date et par la suite les innombrables sofa
d'Ahmadou Chékou, et de ses frères et lieutenants, ramassés
un peu partout dans le Sahel et dans la vallée occidentale
du Niger, et il les installa à Sansanding où, sous son autorité ferme et paternelle, ils s'accoutumèrent à leur nouvelle
vie.

Comme tout bon Toucouleur, le fama est et se dit tidiani,
mais, ainsi que le font remarquer ses fils, il n'est pas exclu-
sif. Sur sa table fort bien soignée paraissent vins fins et
apéritifs variés ; et ses troupeaux de cochons encombrent
la plage du Niger et les rues de la ville. On le dit de plus

affilié à la loge maçonnique de Conakry, mais il n'en entretient pas moins les relations les plus amicales avec ses voisins les Pères Blancs de Ségou, et plusieurs de ses enfants ou neveux ont fait chez eux leur éducation.

Les fils du fama, musulmans plus modernisés encore que leur père, suivent les traces de cette vie toute de loyalisme et d'honneur. Racine et Abdoul Qader sont officiers et ont fait les campagnes de Verdun, de la Somme, des Dardanelles. Ben Daoud est instituteur à Sansanding (1).

Le quartier sofa de la ville renferme encore quelques prétendus tidianïa, dont le plus original est Falli Baba Keïta, chef de quartier, chef de la police de la ville et homme de confiance du fama. Ses déclarations d'affiliation religieuse sont accueillies par les éclats de rire des marabouts marka; et il avoue lui-même, en maniant un grand sabre de cavalerie légère, insigne de ses fonctions, qu'il « n'est pas trop fort » pour faire le salam ordinaire.

VII. — RÉGION DE MONIMPÉ (DIA).

La région de Monimpé, qu'on appelle aussi canton de Kokry, du nom du gros village où l'on fait escale sur le Niger, s'étend sur la rive gauche du fleuve, en aval de Sansanding et en amont de Diafarabé. Également éloignée de Sokolo, de Dia et de Sansanding, elle a, tour à tour et suivant les points de vue envisagés, dépendu de ces trois subdivisions. Elle ressortit aujourd'hui à Dia.

Elle est à peu près uniquement peuplée de Bambara fétichistes, venus il y a plusieurs siècles du Minianka. Le commandement s'est maintenu depuis le premier jour entre les mains de la famille Koulibali. Ils ont été mêlés aux luttes engagées entre le Macina musulman et l'État fétichiste bam-

(1) Le fama Mademba est mort en 1918.

bara de Ségou. En 1892, ils se signalaient à notre attention par leur révolte contre le fama de Sansanding.

Dans cette masse bambara, attachée à son passé et à ses croyances animistes, on distingue des colonies marka très religieuses, dont l'une surtout, celle de Marikoulé Doukouré à Ouro-Boki est un véritable zaouïa islamique.

Les trois centres d'Islam, — tous marka, — du Monimpé sont : Kouna, Markalla et Ouro-Boki.

Kouna n'a qu'un petit marabout, Brahima Koné, né vers 1860, imam du village. Il est peu instruit et son école n'a que 4 ou 5 élèves. Il est qadri, disciple de Abd El-Ouaïa Minta, personnage très vénéré de la génération précédente, mort vers 1900.

Markalla est un peu plus important avec ses deux marabouts : Almamy Diaka Binta, né vers 1870, imam du village, et Daouda Diakabinta, né vers 1872. Leur deux écoles réunies comptent une douzaine d'élèves. Almamy est originaire de Kaminiandougou Ségou, d'où sa famille est venue au dix-huitième siècle. Il doit surtout son prestige à son oncle Amadou Diakabinta, qui fut un marabout de renom et dont il fut l'élève et successeur.

Ouro-Boki enfin, dit aussi Boki-Béré, comprenant : a) le village marka, qui a pour marabout Sékou Taraoré, né vers 1880, dont l'école est fréquentée par une quinzaine d'élèves, et surtout b) la zaouïa de Marikoulé.

Marikoulé Doukouré, de son vrai nom Mamadou Kouié Boukouré, fils de Mamadou Founé, est né vers 1835 à Demba-Diarisso (Goumbou). Sa famille, d'extraction marka, est originaire de Diara dans le Kaarta de Nioro. A la suite de luttes intestines, elle se dispersa, les uns venant s'établir à Sokolo, tandis que Mamadou Founé s'installait dans le Bakounou.

Tout enfant, Marikoulé vint retrouver ses cousins de Sokolo et fit auprès d'eux de bonnes études. Il voyagea fort peu et ne quitta Sokolo que pour passer quelques années dans le Karéré auprès de son maître Abou Bakari. Il était revenu à Sokolo lors de l'occupation française ; il émigra alors vers Dembaka (Dioura) et, ne s'y plaisant pas, alla s'installer finalement à Boki-Béré, dit Ouro-Boki.

Nous trouvons ici une curieuse efflorescence du prosély-tisme qadri des Kounta.

Entre 1850 et 1860, se trouvait, parmi les disciples du grand Sidi-l-Bekkaï, à Tombouctou, un Toucouleur de Boki Diavé (Matam), Mamadou Abdoullaye Souadou. Ce jeune homme, cherchant fortune, était passé des bandes d'Al-Hadj Omar à la cour du dernier amirou du Macina. Il y fit la connaissance de Sidi-l-Bekkaï, partit avec lui à Tom-bouctou, se perfectionna auprès de ce maître éminent dans les études islamiques, en reçut l'ouird et, à sa mort, après un court séjour chez les Maures du Hodh, vint s'installer à Gagnan, dans le Farimaké. Il devait mourir, vers 1885, à Dina, dans le Bakounou, après s'être acquis dans toute la région un prestige maraboutique considérable. Son tom-beau y est des plus vénérés.

Un de ses disciples, d'origine marka, Abou Bakari Ma-moudou Taraoré recueillit sa succession spirituelle. C'était un lettré remarquable et un esprit dévoré de mysticisme le plus fervent. Marchant sur les traces de son maître, qui était aussi un auteur mystique, il a laissé une dizaine de poèmes fort curieux, tant pour leur élégance littéraire, que pour l'élévation des sentiments. Ils rappellent en général les poèmes de l'Ancien Testament : Psaumes, Cantique des cantiques, etc., et célèbrent Allah, le Prophète et les fon-dateurs et rénovateurs du Qaderisme.

Chantant le Prophète, Abou Bakari dit :

« O Dieu, bénis-le autant de fois qu'il y a d'êtres mar-chant et rampant,

« Autant de fois que tu sais de choses sur les enfants passés et futurs d'Adam et de Satan ;

« Autant de fois que les anges font de prières et autant de fois qu'il y a de loués et de blâmés ;

« Autant de fois que les hommes, les démons, les oiseaux et tous les animaux parlent de langues ;

« Autant de fois qu'il y a de plantes dans la brousse. » Ailleurs et sur le même sujet :

« O diamant du monde, ô mare dans laquelle nous boirons avant d'entrer au Paradis,... tu es mon amour et je ne serai qu'à toi, toi qui es le plus sûr appui.

« J'aurai voulu être le bois qui te servait de dossier à la mosquée et qui pleura quand on le remplaça.

« Je suis jaloux du lézard, quand il prononça : « Il n'y a « point d'autre divinité qu'Allah et Mahomet est son Pro- « phète. »

De son côté, Mamadou Abdoulaye Souadou, qui avait déjà dit et à fort juste titre « Louange à Dieu, car la vérité (islamique) s'est répandue par la grâce du Cheikh Sidi-l Mokhtar et du Djilani »... s'écrie, célébrant le Cheikh Bekkaï :

« Mon maître jouit d'une influence et d'une réputation de bonté sans égale.

« Sa lumière va au plus haut des cimes. Puissé-je être de ceux qui la voient.

« Lumière dont la clarté est aveuglante.

« Ses pieds ont laissé de nombreuses traces sur les chemins de la recherche de la pureté et de la science.

« Il a souvent écarté les misères de ceux qui l'ont invoqué.

« Il a marchandé et acheté toutes les vertus.

« A son arrivée à Tombouctou, cette ville fut entourée par le bonheur et un heureux sort.

« Elle en fut si comblée que rien ne lui manqua.

« Habitants et étrangers eurent leur part de lumière.

« Et les deux flancs de la ville fleurirent à l'ombre de son étendard.

« Accorde, ô Dieu, ta piété à son imam Bekkaï.

« A l'arrivée du Cheikh, la ville rajeunit et les descendants de Ham, qui l'habitaient, furent heureux.

« Bekkaï, tu reçus dès l'enfance la prophétie et toutes ses parures.

« Et plus tard, tu en manifestas toutes les preuves... »

Mamadou Abdoulaye Souadou fixa lui-même dans un de ses poèmes les règles de son ordre : « Chantez souvent ces cantiques : chantez-les joyeusement pour l'amour du grand Prophète ; Quand vous les entendrez, écoutez-les avec plaisir et imitez le chantre. Balancez votre corps en l'écoutant pour l'amour de l'Élu. O mes frères, adoptez ces cantiques qui viennent de celui dont le cœur est brûlant d'amour pour l'Envoyé de Dieu. Récitez-les, matin et soir et Mahomet viendra à vous ; Chantez et dansez joyeusement, louez-le sans cesse et fermez les oreilles, à tous les blâmes qu'on vous adressera... » Il prévoyait déjà les railleries et critiques dont ses dévots talibés seraient l'objet de la part des musulmans plus rassis.

Abou Bakari s'était installé en dernier lieu à Fawniendé, village situé près de Dioura et aujourd'hui disparu, et y avait créé une sorte de village-zaouïa.

C'est auprès de lui que Marikoulé acheva ses études et développa cet esprit de mysticisme qui le caractérise. Le Cheikh, qui avait remarqué ses capacités, le désigna comme son successeur spirituel, et c'est depuis cette époque que le prestige de Marikoulé s'est répandu dans la vallée du moyen Niger, de Bamako à Tombouctou et dans le Sahel oriental.

Son instruction n'est pas très développée, mais sa sainteté est admise par tous, et on lui donne généralement le nom de Ouali. Quelques-uns même, spécialement attirés

par son mysticisme, le dénomment : le « Soufi » de Boki-
béré.

A la mort de son maître, et après des tentatives à Sokolo
puis à Dembaké, il vint s'installer non loin du village de
Bokibéré, y fonda, à l'instar de son maître, un village
propre, sorte de zaouïa, comprenant une vingtaine de familles et 120 personnes. Le village a sa mosquée, ses
écoles, son cimetière où aucun étranger n'est admis. Ils
pratiquent l'endogamie la plus intransigeante, et tout en
vivant en bons termes avec leurs voisins, ne frayent point
avec eux.

On vit la parfaite existence monastique dans cette zaouïa
marka. Chaque jour, après la prière de l'aurore et celle du
crépuscule, le maître continue les oraisons en l'honneur
d'Allah et du Prophète et on finit par le chant à tue-tête
des cantiques composés par Abou Bakari en l'honneur
de Mamadou Abdoulaye Souadou et par celui-ci en l'honneur du Cheikh El-Bekkaï. Seuls les disciples du maître
sont admis dans ces séances dites « Achra ».

Le reste de la journée est consacré surtout aux travaux
des champs, coupés parfois par des conférences pieuses.

On n'y fait pas de prosélytisme actif : ce n'est pas en
effet la manière de l'Islam, mais on y prêche d'exemple, et
il est évident que cette zaouïa, installée en un pays bambara, résolument fidèle à ses traditions, poursuit le but que
recherchaient les premiers moines irlandais qui bâtissaient
leur moûtier dans les forêts de la Germanie barbare : la
conversion. Avec le temps et des circonstances favorables,
il y réussira sans doute.

Marikoulé est aujourd'hui un beau vieillard de quatre-
vingt à quatre-vingt-cinq ans, très ouvert, très sympathique,
et dont l'attitude a toujours été loyaliste. Il est malheureusement aux portes de la cécité.

Il a cinq fils : Chékou, né vers 1871, et que des abcès
indéterminés dans la gorge privent de la parole ; Raouttou,

né vers 1875, ouvert, sympathique, quelque peu instruit, sinon intelligent; Kisma, né vers 1890 : Bakari, né vers 1897, et Ahmadou, né vers 1900, tous les trois encore à l'étude. Tous ces enfants paraissent insignifiants et n'hériteront vraisemblablement pas de l'influence spirituelle du père.

Il a en outre plusieurs filles, mariées à des notables de Bokibéré ou de Sokolo.

Marikoulé avait un frère, Ahmadou, décédé depuis plusieurs années, et dont le fils aîné, Sidi-l-Mokhtar, ainsi nommé en l'honneur du Cheikh Kounti, est né vers 1870. C'est peut-être le membre le plus instruit de cette famille, encore que son physique n'en donne pas l'impression. En le prenant par la douceur, on peut presque converser avec lui en arabe.

Les disciples de Marikoulé, qui ont tous reçu de sa main l'affiliation qadrïa, sont concentrés autour de lui. Le Cheikh en effet les laisse difficilement s'égailler. Il les marie, leur donne des lougans et entend qu'ils se fixent auprès de lui.

A Bokibéré même, on peut signaler : Modibbo Songo, né vers 1850, Diawara du Kaarta.

Sidi Sira, né vers 1851, Diawando du Kaarta, Amadi Bintou, né vers 1855, Diawando qui vient de mourir: Oumarou Ali Diallo, Poullo, né vers 1851, et Amadou Antou Soh, Poullo, né vers 1856, tous trois originaires du Guinbaka.

Ali Amadi Cissé, né vers 1864, Poullo originaire du Macina.

Kisma Doukouré, né vers 1865, et ses trois fils Chékou, Gaoussa et Kisma, originaires de Sokolo.

Marikoulé a admis auprès de lui, en qualité de catéchumènes, attendant l'initiation, un certain nombre de talibé peul et marka.

L'intruction est la partie la plus faible de la zaouïa. Elle ne dépasse pas l'étude du Coran, est donnée par Modibbo

Abdou Diatasseï, diavando, et s'adresse à tous les enfants. — garçons et filles, — de la zaouïa. On ne pourrait,
en cherchant bien, trouver plus d'une demi-douzaine de
livres dans ce foyer islamique. En dehors de Bokibéré, on
ne peut citer de disciples proprement dits du Cheikh, mais
comme on l'a dit, il est l'objet d'une certaine vénération
et on vient souvent lui faire visite pour avoir part à sa
baraka.

Le Cheikh Abou Bakari, de Fawniendé, a laissé d'autres
disciples dans la région. Un seul, Bakar Sékou Fafana,
Malinké de Ya Salam, mort en 1916, a laissé un nom par
sa sainteté d'abord, mais surtout par le choix d'un de ses
disciples, Hamma Samba Bouna Dial. installé à Dioura,
juriste éminent et ex-cadi de la ville.

Originaire de Sévaré (Mopti) et appartenant à la famille
peule de Foulouganké, Hamma Samba jouit d'une grande
considération chez les populations de Karéré, chez les
Peul Ouwarbé du Mampala, et même chez les Bambara
islamisés de Dioura. Son grand âge l'a contraint d'abandonner son école, et il ne vit plus que des aumônes de ses
fidèles et admirateurs et du commerce des amulettes.

VIII. — Subdivision de Sokolo.

L'unité administrative de Sokolo a subi, ces derniers
temps, des fluctuations que sa réelle unité géographique
et ethnique ne semblait pas devoir emporter. Cercle depuis
le jour de l'occupation, elle se vit enlever, le 1er janvier 1915,
les cantons de Dia et de Monimpé, qui furent rattachés à
Dienné. Au 1er janvier suivant, le canton de Dioura ou
Karéré était rattaché à la subdivision de Dia (Dienné) ;
le canton de Ségala était partagé entre les cercles de Ségou,
de Bamako (par la subdivision de Banamba) et de Nara
(par la subdivision de Mourdia). En même temps, le cercle

de Sokolo disparaissait pour devenir la subdivision de Sokolo, partie intégrante du cercle de Goumbou-Nara.

Telle est la situation aujourd'hui, et elle ne paraît pas définitive, car le cercle de Sokolo renaîtra. Quoi qu'il en soit, l'actuelle subdivision comprend les territoires du Kourmary, de Nampala, de Néré et d'Akar. Elle est peu plée de Maures (Néré) ; de Peul (Nampala, Kourmary et Akor) ; de Marka ou Sarakollé (Kourmary et Aker) ; de Bambara (Kourmary et Aker) de Marka ou Sarakollé (Kourmary et Aker) ; de Bambara (Kourmary).

En écartant les Maures, tous d'origine Oulad Daoud, qui sont étudiés ailleurs (1), et les Peul, objet du chapitre suivant, il reste : 1° les Bambara ; 2° les Sarakollé ou Soninké, plus connus sous le nom de Marka, que leur donnent les Bambara.

A. — Sokolo.

Sokolo, la Qala des Maures, est une très vieille ville. Sa fondation remonte au quinzième siècle et est attribuée à une colonie sarakollé venant de l'Est. Jusqu'à 1830, la population en resta principalement marka ; quelques éléments maures, soit commerçants libres, soit haratines, étaient venus s'y incorporer. Entre temps, les Bambara, descendants de Kaffolo, s'installaient aux villages voisins d'Alatonna et de Farabougou.

Vers 1830, l'expansion des Foulbé du Macina amène les bandes de Chékou Hamadou dans la région de Sokolo. Les habitants, redoutant leurs excès, fuient. Les Bambara se réfugient chez leurs frères du Ségala ; les Sarakollé évacuèrent complètement Sokolo et allèrent dans le Banamba fonder les gros villages que nous avons vus plus haut.

Vers 1840, l'étoile des Peul déclinant, les Bambara re-

---

(1) « Les tribus maures du Hodh et du Sahel » par Paul MARTY, in Collection de la Revue du Monde musulman.

viennent les premiers. La branche aînée rentre chez elle à Farabougou. La branche cadette, trouvant à Sokolo la place vide, n'alla pas jusqu'à Alatonna et s'installa dans l'ancienne ville marka. Les Marka ne tardèrent pas à rentrer eux-mêmes, au moins partiellement. Ils s'installèrent sans trop de difficultés à côté des intrus, et c'est ainsi que Sokolo, dans sa deuxième manière, s'est trouvée constituée.

Sokolo, gros bourg commerçant, où convergent les routes des caravanes du Nord : Oualata, Néma, Bassikounou, Néré, Nampala, et du Sud : Ségala. Sansanding, Monimpé, doit à cette remarquable situation géographique son antiquité et sa prospérité. Tous les Maures et Peul du Nord, qui vont dans les pays bambara et mossi chercher des bandes de coton pour tentes, du grain, des kolas, etc., passent par Sokolo. Tous les dioula foutanké qui montent chez les Peul du Nord y passent aussi. La ville est un important centre de renseignements, et un foyer de nouvelles pour toute la région. A ce titre, il faut veiller à y maintenir un excellent esprit.

Jusqu'à nos jours, les Bambara, plus nombreux et plus forts, ont commandé le pays, mais ils ne firent jamais peser qu'un joug très léger sur les Marka, fondateurs et anciens maîtres de Sokolo. Des Maures, surtout commerçants de Oualata, Néma, Tichit et Nioro, et quelques haratines sont venus chercher fortune dans cette ville prospère.

Aujourd'hui chaque élément ethnique est indépendant et possède son chef spécial.

Les *Bambara* ne présentent pas d'intérêt à notre point de vue, étant restés fétichistes et ne donnant encore aucune prise à l'Islam. Ils ont naturellement leur tribunal ethnique et sont protégés contre toute tentative de prosélytisme maraboutique.

Les *Sarakollé* étaient sous les ordres de *Haya Simpara*, lors de notre arrivée. Il relevait à ce moment d'Abdou

Rahman, le chef des Bambara. Très dévoué à notre cause, fort intelligent, il nous rendit de précieux services et fut à ce titre appelé à remplacer Abdour-Rahman comme chef général de la ville. Au début de 1903, un revirement de politique de notre part et quelques fautes légères de la sienne lui valurent deux ans de prison, et il finit sa vie en résidence obligatoire à Kandiourou.

Il laissait un fils, Amara Simpara, né vers 1886, qui fut à l'école des fils de chefs. Instruit, intelligent et dévoué, Amara est aujourd'hui écrivain à la résidence de Sokolo.

Haya était remplacé comme chef par son cousin *Hamadi Koré*. Mais peu instruit intelligent, manquant d'autorité, Mamadi a été remplacé en 1910 par son neveu Mamadou Simpara.

Mamadou, dit *Mahamé Simpara*, chef actuel des Sarakollé de Sokolo, a été substitué à son deuxième oncle Bachir, frère de Mamadi, qui ne voulut pas exercer les fonctions de chef. Il est né en 1872. C'est un homme intelligent et ouvert, qui entretient l'excellent esprit des Malinké de Sokolo. Il est, comme ses congénères, en étroites relations avec les Marka de Banamba, mais il ne voit pas ceux d'Akor, qui sont d'une autre branche.

Sokolo-Marka est un centre très islamisé. Sur un total de deux mille habitants, plus de la moitié est musulmane et pratique avec ferveur sa religion. Une trentaine de personnalités sont notoires dans toute la région et jouissent d'un réel prestige maraboutique. Elles dérivent toutes plus ou moins de deux grands cheikhs : Abdoul-Qader Qoreïchi et Alfa Ousman Soh, frères utérins, qui viennent de disparaître et qui s'étaient acquis, de Goumbou au Niger, une réputation considérable de science et de sainteté. On vint à eux pour s'instruire et se perfectionner dans la coutume de cinquante lieues à la ronde, et pendant un demi-siècle, ils ont été les pôles de leur temps dans la société marka du Sahel oriental.

IV.

Abdoul-Qader Qoreïchi, fils de Taleb Othman, fils de Mama, fils d'And Ar Chara, fils d'Al-Imam, fils d'Omar, fils d'Al-Imam Andar, fils de Mohammed Al-Karim, fils d'Al-Fakhar, fils de Mohammed Relli, se rattachait, dit la tradition familiale, à Abd Allah ould Abbas, le cousin du Prophète, et c'est ce qui a valu à ce clan le diamou de Qoreïchi. On n'a pas gardé trace de l'ascendance de Mohammed Relli ; on sait seulement qu'il arriva dans le Sahara vers le seizième siècle et s'installa à Kabirou, vieille ville, dont parient les traditions locales et qui semble n'être autre que Birou, puis Oualata. Un de ses descendants émigra à Goumbou. L'aïeul du Cheikh vint de Goumbou à Sokolo, et s'y établit, à la fin du dix-huitième siècle. Tous ces Qoreïchi ont une teinte blanche sensible.

Abdoul-Qader fit ses études chez les Maures Glagma, alors réputés les plus instruits du Sahel et fut affilié par eux au Qadérisme.

Il est mort, il y a quelques années, laissant comme héritiers spirituels : *a*) son fils Oumarou Qoreïchi, né vers 1850, et qui est mort en 1914. Marabout instruit et influent, imam de la grande mosquée. Oumarou vivait à l'écart ; *b*) son neveu *Mamadou Mokhtar* Qoreïchi, né vers 1860, assez instruit, mais sans influence : *c*) et surtout ses disciples spirituels et élèves : *Mamadou Fofana*, fils d'Ali, né à Boadié, près de Niamina (Ségou), vers 1860, venu vers 1878 à Sokolo pour y compléter ses études auprès du maître en renom, Abdoul-Qader. Il s'y est marié et fixé. Fort instruit, Mamadou a abandonné son école coranique pour faire à une dizaine de jeunes gens un cours d'enseignement supérieur (théologie, droit, exégèse). Il est très aimé à Sokolo. Dans sa modestie, il se défend d'être moqaddem ; mais tout le monde lui attribue ce titre. Il reçoit des dons de tous les Marka, et même des Bambara de Sokolo, ainsi que de ses anciens élèves qui habitent Banamba, Niamina et Toubakoro (Bamako). *Baba Mohammed So*, et *Iba Sogona*, né vers

1882, maîtres d'une même école d'une dizaine d'élèves, et qui se relaient. L'un professe, tandis que l'autre va faire du commerce dans le Sud de la boucle, en Guinée et au Sénégal. — Les deux frères : *Amadou*, dit Loulou, né vers 1800, et *Amidou Taraoré*, né vers 1884, d'origine peule. Ils sont les élèves et disciples de leur frère aîné, aujourd'hui décédé, Mostafa Taraoré. Il se reliait par son père Chékou Taraoré à l'enseignement d'Abdoul-Qader et d'Alfa Ousman, précités. Ils dirigent ensemble une école d'une douzaine d'enfants, dont la moitié de fillettes. Loulou est fort instruit, surtout en droit ; il poursuit ses études au détriment de son école, qu'il abandonne à son frère. Amidou est aussi instruit, mais passe surtout pour avoir de grandes dispositions mystiques, qui le conduiront au soufisme le plus élevé. — *Ba Sékou Qoreïchi*, né vers 1870, qui depuis la mort de son frère Saïdou dirige son école. C'est un marabout sans influence.

Alfa Ousman Soh, frère utérin d'Abdoul-Qader précité, était plus jeune que lui et fut son élève et son disciple mystique. Par la suite, il s'égala à lui. Il a laissé quatre fils qui se sont partagé sa succession. *a) Chékou Soh*, né vers 1850, qui a fait ses études coraniques chez Mohammed Abd Allah ould Mohammed, professeur célèbre des Glagma, et les a complétées auprès de son père. Chékou a une grande influence chez les Marka de Sokolo. Il enseigne un peu de droit à 4 ou 5 jeunes gens. C'est un marabout instruit et un moqaddem de l'ouird qadri par pouvoir de son frère Abdoul-Qader et suivant le rameau Glagma. Il est assesseur au tribunal de subdivision et imam de la grande mosquée de Sokolo. *b) Mohammed Salah Soh*, né vers 1860 et qui vient de mourir en 1914 ; ancien élève des Glagma, il passait pour peu instruit, mais avait la réputation de savoir parfaitement instruire les fillettes. Aussi son école de 20 élèves en comprenait-elle une quinzaine. *c) Ahmadou Soh*, né vers 1860, et *d) Abdour-Rahman Soh*, né vers 1870, sans grande instruction ni influence. Ils ont pourtant passé tous deux par les campements Glagma.

Parmi les nombreux disciples d'Alfa Ousman Soh, il faut citer : a) Baba Housseïni Soh, né vers 1880, qui vient de mourir en laissant une certaine réputation ; b) Saïdou Qoreïchi, né vers 1875 et qui vient aussi de mourir. Les autres sont des tolba sans influence.

En dehors de ces deux grandes écoles, qui en réalité n'en font qu'une, il faut signaler, dans l'élément Marka de Sokolo, et toujours par la prédication et souvent par l'affiliation des marabouts Glagma :

a) Souleyman, dit Ni Doukouré, né vers 1874. Marabout relativement instruit, il se signala, au début de notre occupation, par une certaine opposition, qui lui valut trois ans d'internement à Nioro. Il se tient tranquille maintenant.

b) Baba Doukouré, frère du précédent, que ses intérêts appellent de plus en plus à Sibila Sansanding).

c) Amidou Silla, né vers 1854, instruit, mais sans influence, et dont l'école compte une douzaine d'enfants, dont un tiers de fillettes.

d) Mamadou Silla, frère du précédent, né vers 1860 et disciple des Ida Ou Blal. Il n'est pas très instruit, mais il a la réputation d'être le meilleur « hatidh » de la région. Aussi dans son école de 25 élèves trouve-t-on des enfants originaires de tous les cercles voisins, et notamment de l'Issa-Ber, de Dienné et de Bamako, et même des Peul du Fouta-Toro.

e) Une petite chapelle de qadria, relevant de l'obédience de Marikoulé Doukouré, vu dans la fraction du chapitre précédent. Le chef de ce groupement est Mamadou Doukouré, gendre et petit-neveu de Marikoulé. Celui-ci, qui a jadis habité Sokolo, y a conservé une certaine influence.

Le quartier *Maure* de Sokolo s'est, comme il a été dit, constitué par l'établissement de haratines ou besogneux des tribus Daoud voisines, et par l'afflux individuel de commerçants maures de Néma, Oualata, Tichit et même Nioro, que l'avantageuse situation de la ville, sur la grande route caravanière du Sahel à Sansanding et Ségou, a retenus et fixés. On y trouve aussi quelques Chorfa.

Le plus notoire d'entre eux était Djaafer Haïdara, qui accueillit Lenz à son passage à Sokolo en 1880. Lenz, qui ne le nomme pas, le loue de ses bons offices et le déclare intelligent, élevé et ouvert, ce qui est conforme au souvenir qu'il a laissé ici. Originaire de Néma, et venu à Sokolo pour commercer, Djaafer était alors un notable qui ne craignait pas de tenir tête au chef bambara. Il ne reçut pas Lenz chez lui, mais le logea chez un de ses captifs ; le chef bambara ayant voulu faire payer une taxe à l'étranger, le chérif s'y opposa et lui fit un cadeau pour s'en débarrasser. Après le départ de Lenz, et à la suite de dissentiments de plus en plus accentués avec les maîtres bambara, Djaafer Haïdara alla s'installer à Guiré, où ses enfants sont installés aujourd'hui et font les cultivateurs, sans aucune prétention maraboutique.

Le chef du quartier maure est Ahmadi ould Yahia Khir, d'une famille de Oualata. Né vers 1850, il a été nommé à ce poste en 1898 par le capitaine Rostaing. Grand voyageur et grand commerçant, que les intérêts de son négoce ont promené de Saint-Louis à Tombouctou, il entretint d'excellentes relations avec les Maures, Peul et Sarakollé de la région. Alors que notre action dans le haut Sahel et dans le Hodh ne s'exerçait que par la diplomatie et un service des renseignements, Ahmadi a rendu de précieux services. Bon chef, assez actif, il est de plus en plus immobilisé maintenant par la maladie.

La personnalité maraboutique maure la plus importante de la ville est Al-Bachir ould Baba, le Mahjoubi, de Oualata, plus connu sous le nom de Bachir Tabouré, *id est* en sarakollé « on dit qu'il est mauvais », vocable qui est dans le Sahel le diamou des Mehajib. Bachir est né vers 1835 à Oualata. Étant mahjoubi, il est chérif. Il est le cousin-germain du vieux Taleb Bou Baker, chef de Oualata, est mort en 1917. Il a été attiré vers 1875 à Sokolo par le désir du lucre, et ne l'a plus quitté, malgré les tentatives de rappel effectuées par sa famille, qui est toute restée à Oualata.

Bachir a la réputation d'être le marabout le plus instruit de la région : il est à la fois juriste, grammairien et théologien, et de plus très versé sur les traditions et l'histoire du pays. Entre temps, il est mufti et « tamsir », c'est-à-dire docteur de la loi. Son attitude à notre égard a toujours été excellente. Avant l'occupation, et par suite de sa brouille avec les chefs bambara locaux, il nous a fourni de bons renseignements. Par la suite, il a servi d'agent de liaison avec Oualata et les tribus du Sahel. En 1912 encore, il acceptait, malgré son grand âge, les fonctions d'assesseur titulaire au tribunal de subdivision, et sa présence dans cette juridiction en rehaussa considérablement le prestige, car le marabout est réputé autant pour son intégrité et son impartialité que pour sa science. Malheureusement, il tourne au gâtisme, et peut difficilement soutenir une conversation d'un quart d'heure sans divaguer. Il ne fait plus que de rares apparitions au tribunal. Il vit surtout de charités et reçoit des aumônes de fort loin, soit de Banamba, soit de Oualata. Ses amulettes sont fort prisées. On a reconnu ses services de jadis en l'exemptant d'impôt.

Comme tous les Chorfa de la région, Bachir a le pouvoir d'apprivoiser les lions et les panthères. A un administrateur qui mettait en doute sa puissance, il l'a un jour démontrée, en domptant et caressant une panthère farouche que la femme de cet administrateur tenait enfermée.

Bachir, qui a quelque peu étudié auprès du grand cheikh Ousman Soh, précité, a été par la suite le professeur de ses enfants. Il regrette le temps où les écoles Glagma étaient les séminaires de tout le Sahel oriental. « Aujourd'hui, dit-il, les Glagma s'occupent de beaux chevaux, de chameaux rapides et de belles chevelures d'hommes, comme le font les hassanes. »

Il a deux fils qui subviennent à son entretien : Bou Bakar Ceddiq et Omar, dit Dani Sandi, c'est-à-dire « le départ aux semailles après les premières pluies ».

B. — *Le Kourmary*.

a) *Les Bambara*. — En dehors des Peul, le Kourmary, province même de Sokolo, est peuplé de Bambara et de Sarakollé.

Ces Bambara sont d'extraction mianké et descendent d'un nommé Kafollo, originaire de Koutiala, venu s'installer, au milieu du dix-septième siècle, dans le pays. Son fils Dangounou se fixa à Kourouma, actuellement village de culture de Farabougou. Il eut deux fils, Sémougou et Mamourou. Ils ne s'entendirent pas et durent se séparer. Mamourou s'en alla dans la région de Nampala et fonda le groupement d'Alatonna, devenu celui de Sokolo. De l'aîné sont issus les gens de Farabougou. La branche aînée donna donc naissance au groupe de Farabougou ; la branche cadette à celui de Sokolo. Il a été dit plus haut, à propos de l'histoire de Sokolo, les aventures par lesquelles passèrent ces deux groupes.

Aujourd'hui le commandement des sédentaires bambara du Kourmary est exercé en fait par le chef des Bambara de Sokolo-ville.

Le chef était, à notre arrivée, Abdour-Rahman, qui se faisait seconder par Mamari Koulibali, le chef de ses captifs. Ce furent les plaintes de ce dernier au fama qui déterminèrent l'envoi de cavaliers de Sansanding. Ces cavaliers ne furent pas reçus, et c'est ce qui détermina le mouvement d'effervescence auquel prirent bientôt part les nomades et

qui sera raconté *infra*. A la suite de ces faits, Mamari fut
interné un an à Siguiri. Il n'avait pas pris part personnellement à la révolte ; mais, de peur de se compromettre aux
yeux des siens, avait refusé de recevoir les cavaliers.

Abdour-Rahman. atteint d'aliénation mentale, se faisait
suppléer depuis plusieurs années par Mamari. A sa mort
(1910), Mamari l'a remplacé officiellement.

Il est et se dit fétichiste. observe son droit coutumier, et
préside en cette qualité le tribunal de subdivision fétichiste.
Il fait parfois néanmoins la prière à la mosquée.

Cette province de Kourmary, qu'il dirige effectivement,
sans en avoir le titre. comprend :

1° Des villages, colonies de Sokolo, et peuplés de Bambara et de Sarakollé, auxquels se sont joints quelques captifs maures libérés. Ce sont : Barikoro, Massaransana et Tio,
qui sont Bambara ; Chékoubougou. Diourdako, Kandiourou, Koloni et Soungalobala. qui sont Sarakollé ; Falimana
et Famabougou, qui sont mixtes, et enfin Sonko, qui est
peuplé de haratines.

2° Des villages qui sont tous d'origine bambara, mais
d'extractions les plus diverses et autres que celle ci-dessus
donnée. Ils sont entièrement fétichistes.

Une mention spéciale est due au village indépendant de
Farabougou. La rivalité qui séparait les deux frères,
ancêtres des deux groupements de Farabougou et de Sokolo,
a persisté dans leur descendance. Sokolo-bambara s'est
quelque peu islamisé au contact des Marka. Farabougou
n'a jamais accepté, même minimement, la loi du Prophète,
et n'a jamais voulu reconnaître l'autorité de Sokolo, alors
qu'elle fut parfois très puissante. Farabougou n'a pas pris
part à la révolte de Sokolo contre le Fama de Sansanding,
précisément sans doute parce que cette révolte était le fait
de leurs frères ennemis.

Le chef de Farabougou est aujourd'hui Baba Koulibali, né
vers 1860. Il a succédé en 1913 à son oncle Guèye, qui fut

un excellent chef, tout dévoué à notre cause, et par esprit
de réaction voulant toujours faire mieux que Sokolo. Baba
témoigne du même esprit.

Aucune personnalité religieuse, même modeste, n'apparaît à l'heure actuelle dans l'élément bambara du Kourmary.

On ne saurait quitter ces intéressantes populations bambara du Sahel oriental, sans exprimer un regret sur le
morcellement entre Banamba, Ségou et Mourdia du canton
de Ségala. S'il y a bien ethniquement une race bambara,
l'unité politique générale de ce peuple n'a jamais existé.
En revanche, il y a une véritable unité politique dans les
divers petits cantons ou provinces bambara. C'est ce cadre
qui constitue l'armature de cette société. Il faut nous défendre avec soin de la détruire. Le Ségala, dit aussi Séné-
bala, est un de ces pays. Il a une histoire locale depuis plusieurs siècles, des chefs héréditaires depuis plusieurs dynasties, des liens sociaux et matrimoniaux, des institutions
coutumières depuis plusieurs générations. C'est une nation
et une patrie. Sa destruction est une faute politique, et les
résultats s'en font déjà sentir par l'invasion de l'Islam.

Six marabouts marka y sont installés depuis peu et font
du prosélytisme. Ils ont peu de succès, c'est évident; mais
ici le seul exemple est contagieux. Ce sont : Mostafa Doukouré et Sékou Kamara, tous deux tidianïa, à Dakadadji,
et élèves de Touba (Banamba). Demba Amara, qadri, élève
de son père Maham, et de Marikoulé Doukouré, à Niaré.
Boun Daouda Diakité, Demba Silla et Soumana Silla, à
Toubakoro-Daramé et Toubakoro Silla, tous trois maraboutaillons ignares, mais tenant école et attirant les enfants
du voisinage. Bakadadji (Bagdad) et Touba-Koro (la nouvelle Touba), premiers sons d'Islam sur un terrain jusqu'à
ce jour obstinément bambara et fétichiste.

Le chef du canton était Dada Koulibali, né vers 1862. Il
était le représentant héréditaire de l'autorité et s'occupait

surtout de cultures. Au demeurant un brave homme et un bon chef, fort dévoué, très aimé de la population. Il était souvent secondé par son cousin Demba Diatourou Koulibali, qui fut jadis envoyé à Nioro en résidence obligatoire et s'y convertit. En 1914, Dada commet une faute. Il détourne une partie du mil qu'il avait été chargé de distribuer aux villages de son canton en vue de semailles, et se voit condamné de ce fait, le 6 septembre, à la dure peine de six mois de prison.

C'est à la suite de ces incidents regrettables que la province a été disloquée.

b) *Les Marka.* — Si les Bambara du Kourmary sont obstinément rebelles aux invites de l'Islam, les Marka en sont au contraire les fidèles sectateurs. En plusieurs villages, on trouve des personnalités pieuses, et quelquefois instruites, qui dirigent la prière, font l'école et donnent le bon exemple des vertus islamiques.

Les principales sont :

A *Chékoubougou* : Amadou Taraoré, né vers 1872, élève des Glagma et des cheikh marka de Sokolo. Il est qadri par affiliation du cheikh Bachir. Tabouré, précité. C'est son père Chékou qui a fondé le village qui porte son nom et construit en même temps la mosquée. Amadou est chef et imam du village.

A *Diourdako* : Baba Cissé, né vers 1840 et qui est mot en 1915. C'était aussi un qadri, disciple des Kounta de Tombouctou, où il avait fait la plus grande partie de ses études. Suffisamment instruit, très considéré, Baba Cissé a exercé pendant les trente dernières années l'imamat à la mosquée de Diourdako.

On n'oubliera pas que le Kourmary est aussi habité par de nombreux marabouts peul qui sont étudies au chapitre suivant.

C. — *L'Akor*.

La province d'Akor comprend, enchâssée dans les villages des Peul, à demi nomades, cinq villages de sédentaires mi-marka, mi-Kagoro : Guiré et Bou Dyiguiré sont nettement marka ; Guida, Gadougou et Bengo sont surtout des Kagoro, mêlés à quelques éléments marka.

Leur création remonte au milieu du dix-neuvième siècle. Elle est contemporaine de l'arrivée des Peul dans le canton et est due à la même cause : le désir de se soustraire à l'emprise d'Al-Hadj Omar, et par-là même, pour les Marka-Kagoro au moins, d'échapper à l'Islamisme.

Le premier village fondé fut Guiré : une famille marka, les Koïta, originaire de Samba Boubou (Mourdia), fuyant les bandes foutanké, vint s'installer en ce point vers 1850. A cette famille se joignirent dans les années qui suivirent, de 1865 à 1868, d'autres Marka de Kabida, Kaloumba (Goumbou) et du Digna (Ballé), surtout Doukouré et Dembélé, et originaires dans un passé assez éloigné du Diafounou, puis d'autres marka des États de Sansanding ; et enfin des Kagoro du Sud de Mourdia.

Ces dernières migrations ne se fixèrent pas à Guiré, où la place disponible était occupée par les premiers arrivants ; elles allèrent, dès que la paix fut revenue, à la recherche d'un nouvel emplacement : ce fut la naissance de Bou Dyiguiré (vers 1875).

Les Marka se fixèrent définitivement dans le nouveau village avec leur chef Kambé Doukouré. Les Kagoro, non encore satisfaits, allèrent s'installer pour leur compte à Guida. Le nouveau centre ne tarda pas à donner naissance à deux villages de cultures : Gadougou et Bengo, qui avec le temps se sont transformés en villages fixes.

Tous ces immigrés, Marka et Kagoro, étaient fétichistes. Avec le temps et par l'exemple des Peul voisins et la prédication de certains de leurs congénères, déjà attachés à la loi du Prophète, l'islamisation s'est dessinée chez eux ; on peut suivre, cette curieuse évolution chez les différents chefs de Bou Dyiguiré a titre d'exemple.

Kambé Doukouré, le fondateur et premier chef du village, est fétichiste. A sa mort, en 1882, il est remplacé par le chef de la famille des Dembélé, Ahmadi, qui, le premier, fait salam. Il meurt en 1889, et Bassi Doukouré, frère de Kambé, fétichiste, lui succéda. On ne voit plus la prière dans le village. Bassi meurt en 1895 et est remplacé successivement par les deux fils d'Ahmadi, portant tous deux le nom de Diatourou Dembélé, le premier révoqué en 1915, le second actuellement en fonctions. Le fils de Kambé Mamadou Doukouré, petit vieux alerte, intelligent et travailleur, leur a servi et sert encore, en qualité d'héritier présomptif, d'adjoint et de représentant. Or tous les trois en sont au même point : sur les chemins de la croyance, pourrait-on dire. Ils cèdent à l'ambiance. « Nous sommes fatigués, disent-ils, de voir faire le salam sans le faire). Notre marabout le fait, et aussi les gens de passage. Alors, nous le faisons, aussi parfois, mais nous ne sommes pas musulmans. » Et il est de fait que leurs connaissances catéchistiques sont plutôt minimes, car ils ne connaissent même pas l'existence du Prophète.

Il en est de même pour Badoumbé Keïta, chef du village de Guiré depuis 1905, date où il a remplacé le dernier de ses oncles. Son père Sambourou était fétichiste. Badoumbé déclare ne pas savoir ce qu'il est.

Deux noms, marka tous deux, méritent de retenir l'attention, plutôt comme missionnaires et représentants de l'Islam, que comme des saints et des savants.

A Guiré : Pamara Koumma, né vers 1850, fils de Mamadi Sirifi. Il a quelque peu étudié à Koloba (Bamako), avant de venir se fixer à Guiré ; il a reçu l'ouird qadri d'Amadou Bembel, poullo de Bourdiadye, mort récemment en voyage dans le Farimaké. Ce poullo se rattachait par son père, Dembel Abdoullahi Ba, au Qaderisme des Kounta. Pamara dirige l'école du village, abritant 10 enfants, et est l'al-mamy de la deuxième mosquée bâtie de la subdivision de Sokolo, qu'il a édifiée lui-même.

A Bou Dyiguiré : Al-Hadji Mamadou Daramé, né vers 1870, fils de Bala, qui eut quelque renom en son temps, Al-Hadji a bâti lui aussi sa mosquée et en est l'imam. Il a quelque temps donné l'instruction coranique à 4 ou 5 enfants ; mais parents et enfants s'en sont lassés. Al-Hadji n'est d'ail-leurs lui-même rien moins qu'un lettré.

Bou Dyiguiré n'a pas essaimé comme Guiré, mais à côté du centre marka s'est constitué, à l'abri du poste militaire qui y vécut quelques années, un village de liberté. Un pre-mier apport de captifs maures y a laissé quelques traces d'arabe parlé : ces Maures noirs étant en grande partie allés s'installer ailleurs, à la suite de dissentiments avec leurs voisins Marka, ont été remplacés par des captifs peul de Bourdiadyé. Aussi le poul-foulé tend-il à se substituer à l'arabe dans ce village de liberté. Les uns et les autres n'en sont pas plus musulmans, quoique se prétendant tels.

La migration des Kagoro se produisit à la suite de dis-sensions avec les marka, en 1881, l'année qui suivit la mort, à Bou Dyiguiré, de Guimba, le chef qui les y avait amenés. Conduits par Sirima leur nouveau chef, frère de Guimba, ils s'installèrent en pleine brousse dans un cam-pement convenable, qui fut le village de *Guida*.

A Sirima, mort en 1883, ont succédé ses cinq fils : Gué-ladié, mort en 1889 ; Manga, mort en 1898, Guimba, mort en 1906 ; Kardégui, mort en 1915 ; et Demba, actuel-lement chef du village. Tous ont été fétichistes, sauf Demba qui, à l'instigation de quelques Maures noirs Id Eizan, venus s'installer chez lui, a fait édifier une petite mosquée, la quatrième et dernière de la subdivision de Sokolo. Cette mosquée ne consiste d'ailleurs qu'en un mur de pisé, recouvert d'une paillotte, et Demba n'est musulman que dans le goût des chefs marka précités, moins encore si possible. Ses gens ne le suivent pas au salam, quand il juge à propos de le faire.

Deux petits groupements sont partis de Guida, l'un en 1891, sous la conduite de Diagui, l'autre en 1906, sous la conduite de Sirima Debé, pour fonder Gadougou et Benga.

Ces Kagoro, dont nombre sont déjà à la deuxième et même troisième génération, perdent peu à peu l'usage de leur langue maternelle et tendent à ne s'exprimer qu'en sarakollé. Ils appartiennent aux clans : Kamissoro, qui fournit les chefs des trois villages précités : Goumané, Silla, Débé, Koumma. Ils ont conservé leurs croyances traditionnelles, leurs tana et leur droit coutumier; mais l'Islam est à leur portée.

Au point de vue administratif, ces villages marka Karoro du canton d'Akor sont des villages indépendants, s'administrant par leur chef réciproque, sous l'autorité directe du résident de Sokolo. Une tentative pour les grouper sous l'autorité de Badoumé Keïta, chef de Guiré, a échoué. L'hérédité ne suffisait pas à Badoumbé pour se faire reconnaître par ces colonies moralement indépendantes, où le respect atavique s'est perdu. Les chefs peul d'Akor ont d'autre part essayé, à plusieurs reprises, de les faire placer sous leur commandement. Ils ont échoué aussi. Il appert nettement que cette autonomie administrative est la meilleure des solutions, et doit être maintenue à tous les points de vue.

IX. — SUBDIVISION DE GOUMBOU-NARA.

Encadré entre le territoire de Nioro, à l'ouest, et celui de Sokolo à l'est, le cercle de Goumbou-Nara est le cœur même du Sahel Soudanais. Il est administrativement divisé en trois subdivisions : Ballé et Mourdia, qui seront vus plus loin ; Goumbou-Hara proprement dit, objet de ce paragraphe.

La subdivision de Goumbou-Nara comprend vers le sud le Ouagadou et le Kolon. Au nord, s'étend le Hodh, où nomadisent les Oulad Mohammed, les Mechdouf, et une poussière de fractions maraboutiques.

Le fond de la population est Soninké, ou comme on dit sur place, « Sarakollé », ou encore comme les appellent, les Bambara, « Marka ». Mais dans cette région de transition entre le Sahara et le Soudan, les races sont très mêlées et on y trouve, outre les Sarakollé et Maures déjà nommés, des Peul, des Kagoro, des Guirganké et enfin des haratines et captifs maures en voie de sédentarisation.

Dans cette étude sur l'Islam, le Kolon doit être écarté dès le début. Il était jadis peuplé exclusivement de Bambara. A la suite de dissensions intestines, il s'est vidé d'une partie des tenants de ce peuple pour se repeupler de Diawara. Les uns et les autres sont également fétichistes.

Les Peul seront étudiés dans le chapitre suivant. Les Maures nomades dans un autre ouvrage. On verra donc ici : A. — Les Sarakollé. B. — Les villages de haratines maures. C. — Les Guirganké.

A. — *Les Sarakollé.*

Les Sarakollé de Goumbou relient les Soninké des cercles de Nioro et de Kayes aux Marka de Sokolo, de Dia et de Dienné. Ce peuple s'étend en longueur, sur 800 kilomètres, à cheval sur le 15ᵉ parallèle, comme s'il avait été écrasé entre le Sahara maure et le Soudan malinké-bambara. Il semble en effet que jadis il remontait vers le nord beaucoup plus haut. L'histoire et la tradition nous apprennent que Oualata, alors Birou ou Kabirou, Tichit, le Tagant et peut-être l'Adrar Tmar étaient peuplés de Soninké. Les invasions berbères, puis arabes, les rejetèrent vers le sud et les rabattirent sur le Haut-Sénégal et le Moyen-Niger. Acculés à la masse impénétrable des Malinké et des Bambara, ils s'effilochèrent, par paquets plus ou moins compacts, du Guidimaka au cœur du Mossi.

En même temps, et à ce contact, ils s'islamisaient au moins partiellement. On peut dire que, sauf quelques groupes de peu d'importance, tous les Sarakollé du Sahel sont aujourd'hui musulmans et on ajoutera par l'expérience que leur degré d'islamisation, leur science et leur piété ne le cèdent en rien aux qualités de ce genre qu'on retrouve chez les frères de l'est et de l'ouest, vus et étudiés précédemment.

Les Sarakollé en effet, les Peul et ce produit métis de Sarakollé et de Peul, que sont les Toucouleurs, sont, on peut l'affirmer aujourd'hui, les races noires les mieux douées pour la réception de l'Islam, pour sa compréhension et pour son prosélytisme.

Les artisans de cette islamisation, au moins dans le dernier état de choses, sont les petites fractions maures du Sahel qui gravitent dans le Hodh en hivernage, mais qui en saison sèche descendent vers les mares du Sahel et jusqu'au Niger. Propriétaires de bœufs et de moutons, avides donc de pâturages toujours verts et d'eau permanente, elles ont vécu en contact personnel avec les Noirs Sarakollé, s'infiltrant parmi eux, prenant femme chez eux, ce qui les a colorées du plus beau teint, mais leur passant en revanche leurs croyances, pratiques et sciences religieuses, et attirant les plus intellectuels ou les plus pieux d'entre eux dans leurs universités nomades pour parachever leur éducation et en faire de savants marabouts.

L'arrivée des conquérants toucouleurs (1850) et leurs randonnées incessantes à travers le Sahel entre leurs capi-

tales de Nioro et de Ségou troubla la quiétude les Sarakollé. Ils ne firent jamais bon ménage avec les Foutanké,
encore qu'admirant leur ferveur et leurs talents, ils aient
plus d'une fois subi leur influence morale.

D'ailleurs Al-Hadj Omar prétendait que les Marka « étaient
comme un champ, et qu'il faut de temps en temps les
dépouiller de leurs biens, de même qu'on coupe les épis,
quand on fait la récolte ». Et comme il mit plus d'une
fois cette théorie à exécution, et comme ses successeurs en
firent autant et plus, sans aucune théorie, les rapports restèrent très tendus.

Les dîmes très lourdes que les nouveaux maîtres préle-
vèrent sur les Diawara contraignirent ceux-ci, classe diri-
geante du peuple soninké, à s'éloigner vers l'est. Nous les
trouvâmes vers 1890, réfugiés chez les Sambourou, avec
lesquels ils ne sont pas d'ailleurs sans affinités. Quant aux
Kagoro, restés dans le Bakhounou, ils en suivirent les destinées.

Peu après et dès que la chute de Tombouctou s'annonça
prochaine, les Marka, leurs alliés forcés, firent appel aux
Français. L'élément maraboutique de Goumbou restait
toutefois hostile.

Goumbou est, depuis plusieurs siècles, la capitale du Ouagadou et avec ses 4.000 habitants la ville la plus importante
du Sahel soudanais. Elle a succédé dans cette primauté à
Koumbi Salah, qui paraît lui avoir donné son nom. On
sait que certains ont voulu voir dans Koumbi Salah, dont
les ruines se trouvent à une centaine de kilomètres au
nord-ouest de Goumbou, l'antique Ghana.

Elle a été fondée, dit la tradition, par deux frères ger-
mains, Toumané et Boubou, de la famille Doukouré, et
fétichistes. Les Qoreïchi, qui vinrent d'Orient se joindre
à eux, quelque temps après, furent leurs tolba et les islamisèrent. Ces Qoreïchi prétendent, par la bouche autorisée

de leur chef, Sadio, que Goumbou fut fondée, ou tout au moins revivifiée par le goum de Koussata, guide des Sarakollé; qui venaient du Bornou (15ᵉ siècle), Mohammed le Qoreïchi, ancètre du clan actuel des Qoreïchi, accompagnait Koussata, Par la suite, arrivèrent les familles Cissé et Sarro.

De ce jour Goumbou a toujours été un très actif foyer d'Islam. La plupart de ses habitants y parlent peu ou prou l'arabe hassanïa, ce qui est une preuve de l'influence intellectuelle considérable des Maures, et de l'emprise de l'Islam sur ces Noirs. Les écoles coraniques y furent et y sont toujours florissantes. Des divers côtés du Sahel, c'est à Goumbou qu'on venait achever ses études. Il est donc regrettable que l'esprit de la société maraboutique de Goumbou ne nous ait pas été toujours sympathique.

Lenz, qui passait dans la cité en 1880, sous le capuchon d'un médecin turc et accompagné d'un chérif blanc, y reçut un cordial accueil du Cheikh de la ville, qu'il ne nomme pas et qui était Barkari, et surtout de son frère Bassaro, qui poussa le zèle jusqu'à l'accompagner luimême à Bakouinit. C'est chez le marabout Mennentya Doukouré que Barkari avait installé Lenz.

Après la chute de Nioro, les Soninké qui composent la population de la ville de Goumbou envoyèrent une députation au commandant supérieur pour le féliciter et prendre ses ordres ; ils s'engagèrent à payer l'impôt, toutefois leur mauvaise volonté ne devait pas tarder à se montrer.

Un poste de perception de l'Oussourou devait être installé à Guigné, dès la conquête de Nioro, et placé sous le commandement du lieutenant indigène Sadioka ; mais Guigné se trouve assez loin de la frontière et les transactions pouvaient se faire librement au nord du poste de perception. Envoyé en mission sur les lieux, le capitaine Gouget reconnut la nécessité d'installer la perception à Goumbou ; en passant dans cette localité, il trouva des gens assez mal disposés à notre égard, et crut devoir faire un exemple, en faisant passer par les armes un notable du nom de Sani ; ce dernier avait fait partie des contingents levés par le lieutenant Marchand, vers la fin de 1890, pour menacer le Kaarta par l'est, et en avait profité pour emmener en captivité des personnes libres de Nioro.

Après le passage du capitaine Gouget à Goumbou (mai 1891), le transfert de la perception de Guigné fut décidé.

Le lieutenant Sadioka reçut l'ordre de quitter Guigné et de se joindre au lieutenant Martelly, parti de Nioro avec quelques spahis. En juillet 1891, le lieutenant Martelly installa le lieutenant Sadioka à Goumbou et le laissa avec cinq tirailleurs. Les habitants avaient paru accepter paisiblement le nouvel état de choses ; mais la situation ne tarda pas à devenir de plus en plus mauvaise. Au commencement de 1892, le lieutenant Sadioka se trouvait littéralement bloqué dans sa perception ; il en était réduit à attendre la nuit pour envoyer deux de ses tirailleurs chercher de l'eau dans la mare de Goumbou ; l'accès pendant le jour leur eût été impossible. Quant à l'Oussourou, les gens de Goumbou le percevaient pour leur compte.

L'animosité des habitants contre le percepteur ne paraît pas devoir être attribuée à de mauvais procédés de ce dernier. La nourriture de la faible garnison de Goumbou avait été, il est vrai, laissée à la charge du village ; mais les petites exactions dont les habitants se plaignirent ensuite au commandant supérieur n'auraient pu exciter chez eux un tel mauvais vouloir. Leur révolte fut préparée par des émissaires venus du Macina et envoyés par Ahmadou. Les traitants noirs, qui représentaient à Goumbou les négociants de Saint-Louis et de Médine, rendirent à la cause française les plus mauvais services, en promettant aux rebelles l'appui du gouverneur de Saint-Louis et surtout en les tenant au courant des événements qui se passaient dans la région de Ségou et de Sansanding. Ahmadou avait réussi à soulever sur ces points les populations, et l'absence presque complète de troupes françaises et l'approche de l'hivernage semblaient devoir favoriser cette insurrection et en rendre la répression plus difficile.

L'escadron de spahis soudanais se trouvait à cette époque à Dianveli ; un lieutenant européen reçut l'ordre de se rendre à Goumbou avec un détachement comprenant un brigadier européen et vingt-trois indigènes. En passant à Danghéli, le lieutenant commandant le détachement fit arrêter le chef de village pour avoir trafiqué avec une tribu hostile à notre cause ; une certaine agitation se manifestant chez les habitants, le lieutenant fit passer le chef du village par les armes. Cette exécution d'un homme que les gens de Goumbou n'avaient pas pu entraîner dans leur révolte et qui fut, suivant l'expression du commandant supérieur, « une déplorable erreur » précipita les événements. Arrivé à Goumbou, le lieutenant Canrobert n'y trouva pas Sadioka et le percepteur de Kassakary, qui étaient en tournée. Il voulut conférer avec le chef du village, Barkary Doukouré : mais celui-ci, qui, sans être l'artisan principal de l'insurrection, laissait faire, se refusa à toute entrevue ; les choses traînèrent en longueur pendant trois jours. Pendant ce temps, des émissaires rassemblaient la population des villages voisins : et le quatrième jour au matin, une foule menaçante en armes occupait les abords du campement des spahis. Canrobert dut se retirer. Sadioka, qui n'avait pas voulu quitter la perception, y subit une sorte de siège qui dura vingt heures, en compagnie du percepteur et de ses cinq tirailleurs. Deux coups de fusil seulement furent tirés, sans que Sadioka répondit. Finalement les révoltés laissèrent se retirer Sadioka et ses hommes ; la retraite fut protégée par le chef de village, Barkary Doukouré. Le percepteur retourna à Kassakary : Sadioka se retira à Guigné pour y rassembler du monde, et venir ensuite attaquer Goumbou (juin 1892).

Pendant ce temps, les gens du village pillaient le magasin de la perception et se partageaient les produits de l'Oussourou ; les chefs du mouvement étaient Bassirou Doukouré, Badara Doukouré et Samba Soumaré. Des tentatives furent faites pour entraîner dans la révolte le Kolon ; mais deux villages seulement répondirent à ces sollicitations, et la population vint s'établir à Karonga, près de Goumbou ; c'étaient le village de Danghéli, dont le chef avait été passé par les armes par les spahis, et le village de Dossébougou. Le chef du canton du Kolon, Sambou Coulibaly, suivit ces deux villages dans leur défection.

Quant aux Peul Sambourou, sous la conduite d'Alpha Bouga et d'Alpha Sonka, et aux Mechdouf, aux ordres de Mokhtar Cheikh, ils avaient pris, sans faire ouvertement cause avec les révoltés, une attitude plutôt hostile.

Nioro s'occupa, dès le premier jour, de faire protéger les villages du Kolon restés fidèles, en attendant de pouvoir prendre l'offensive contre Goumbou. Ne disposant pas de troupes régulières assez nombreuses, il réunit des cavaliers et des fantassins (Bambara, Diawara et Diawambé) et s'assura le concours de Gossi Koulibaly et de Diama Diawara. Ce dernier en particulier fut envoyé à Dilli et se préparait même à marcher sur Goumbou, quand il reçut de l'interprète de Bamako l'ordre de n'en rien faire et de rentrer à Nioro ; les gens de Goumbou se montraient disposés à se soumettre. Ce brusque revirement était dû aux succès du commandant Bonnier en juin 1892 dans la région de Ségou et de Sansanding. De plus, le partage des produits de l'oussourou avait semé la discorde chez les révoltés ; enfin un notable de Goumbou, N'guiri Doukouré, nous était favorable.

Le commandant de Bamako avait voulu profiter de cet heureux concours de circonstances, et avait envoyé son interprète Boubou Bakili pour préparer à Goumbou le retour d'un percepteur ; Alassane Bodji arriva en cette qua-

lité à Goumbou en août 1892, avec un caporal et cinq tirailleurs ; il fit rendre par les habitants une partie du sel et des
moutons pillés, mais ne réussit pas à vaincre le mauvais
vouloir des habitants. « La perception ne donna aucun
revenu et la garnison vécut péniblement. Les Soninké de
Goumbou vivaient dans l'espoir qu'entretenaient leurs marabouts que jamais une colonne de blancs de quelque importance ne pourrait venir jusqu'à eux. Musulmans fanatiques,
travaillés par les envoyés d'Ahmadou, ils avaient fini par
croire que nous ne resterions pas dans le pays, — et où
Ahmadou pourrait revenir en maître ». (Colonel Archinard.)

En mars 1893, le colonel Archinard arrivait à Goumbou
avec la colonne : le village fut frappé d'une amende en
chevaux, or, argent ou guinées, représentant une cinquantaine de mille francs. Les biens de Bassirou Doukouré, un
des notables les plus acharnés contre nous, furent donnés
à Aguibou.

Diéri, dit aussi N'Guiré Doukouré, frère de Barkari, qui
s'était montré favorable à notre cause, fut nommé chef de
village ; il fut convenu qu'il toucherait 1/20ᵉ sur les percep-
tions de douane, à charge pour lui de nous signaler et de
nous aider à réprimer les fraudes. Goumbou dut payer un
impôt annuel de 6.000 francs, nourrir sa petite garnison,
terminer et entretenir les constructions du poste. Le capitaine Mamadou Racine fut nommé percepteur à Goumbou ;
cette perception avait d'ailleurs été rattachée au cercle de
Nioro à la date du 1ᵉʳ février 1893.

Barkari mourut en fin 1893, laissant un fils, Oumarou,
né vers 1885, qui fut mis à l'école des fils de chefs de Kayes
vers 1896 et qui dut être renvoyé en 1903 à cause de son
mauvais esprit. C'est aujourd'hui un individu insignifiant.

N'Guiré devait se laisser entraîner à son tour dans le
mouvement insurrectionnel de 1896, et fut fusillé avec le
chef des Peul, Alfa Sonka.

Depuis cette date et suivant la coutume locale, les chefs

se sont succédé de frère en frère et de cousin en cousin, c'est-à-dire de plus vieux en plus vieux. Cette loi d'hérédité n'amène au commandement que des individus gâteux et provoque par leur mort successive de nombreux changements. Il n'y a donc aucun intérêt à les nommer. Leur influence est d'ailleurs en grande partie effacée par la gent maraboutique locale qui tient le haut du pavé.

Dans une société qui compte beaucoup de marabouts distingués, la personnalité la plus remarquable est, sans contredit, Sadio Qoreïchi, almamy et cadi de Goumbou, moqaddem qadri, président du tribunal de subdivision, né vers 1860. Il a fait des études complètes près de divers marabouts locaux : d'abord son père Youssouf, ensuite Fodé Saloum Badiaka, Fodé Harouna Silla, Cheikh Mohammed Doukouré de Gagny (Kayes). Ayant reçu l'ouird qad-i de ce dernier, il alla faire un séjour de plusieurs mois successivement dans les campements de Cheikh Sidïa à Boutilimit, et de Cheikh Saad Bouh à Bou Dyaïbé. Il reçut du premier le titre de moqaddem des Qadrïa et, pour plus de précaution, se le fit confirmer par le second. Revenu à Goumbou, il ouvrit une école coranique qui fut dès le premier jour florissante. Elle ne compte jamais moins de 25 à 30 élèves. Sadio fait en outre un cours d'enseignement supérieur à une dizaine d'étudiants.

Sa notoriété, sa science, les fonctions de cadi qu'il exerçait par l'assentiment général le désignaient à l'attention de l'administration pour la présidence du tribunal. Elle lui a été conférée le 1er janvier 1902, et il l'a toujours exercée depuis cette date. Sa réputation de magistrat est bonne, et il nous paraît dévoué.

C'est en tout cas un homme fort distingué, instruit, intelligent, très ouvert. Il est fort documenté sur les traditions historiques du pays et possède une bibliothèque d'une soixantaine de volumes.

Parmi ses nombreux disciples et élèves disséminés à
Goumbou même et dans la région, un seul mérite une mention : son cousin Kaka Qoureïchi, né vers 1866, marabout
fort savant de Nima.

Outre le moqaddem qadri qu'est Sadio, Goumbou compte
deux moqaddem tidianïa, nommés tous deux par un marabout marka du Diafounou : Alfa Hassan Niakaté, de Diagana. Celui-ci se rattachait par Abdallah ould Al-Imam des
Larlal (Nioro) ; puis par Mohammed Chérif, le Djaouni, à
Chérif Tahar Bou Taïba, missionnaire du grand Cheikh
Ahmed Tidjani.

1º Kissima Mangané, né vers 1860, dont l'influence locale est considérable. Son école est toujours achalandée. Il
a plusieurs télamides, marka comme lui, qui tiennent aussi
des écoles. Ce sont : Karamoko Mahmoudou, Karamoko
Ibrahima, Karamoko Hassana, à Goumbou même ; Cheikh
Doukouré près de Goumbou ; Ahmadou Diabi, à Sansanné.

2º Khalilou Diangana, né vers 1860, élève des écoles de
Goumbou et de Mourdia. C'est un homme politique qui,
malgré son attitude de chef religieux, s'occupe beaucoup
plus de ses cultures et affaires commerciales que de prosélytisme.

A Goumbou encore : Boussika Dialigué, vieillard respecté qui vient de mourir en 1916. Quoique aveugle, il
faisait, aidé par un des siens, un petit cours d'enseignement supérieur. Ses enfants ont abandonné l'enseignement
et font du commerce.

Moussa Traolé, né vers 1848 ; Guimé Gakou, né vers 1850,
tous deux tidianïa et maîtres d'écoles coraniques. Le premier est un élève de Touba (Banamba) ; le second de Sou-
mankidy (Kayes). Enfin Samba Soumaré, né vers 1852,
actuellement écrivain d'arabe au poste de Nara, petit vieillard finaud et intrigant. Le petit-neveu du chef de la ville,
Mamadou Samba Aïssa, né vers 1875, intelligent et ouvert,
bon lettré arabe, méritait une mention.

A Kassakaré : Mamadou Silla, né vers 1883. Il a fait ses études à Sarmati dans le Guidimaka auprès d'Ibrahima Dangana, qui lui a donné l'ouird. Cet Ibrahima se rattachait par son maître Idrissa, de Bokidiavé, à Al-Hadj Omar. Kassakaré est un village de Kagoro, de Diamou Lantioro. Il a été fondé ou rénové vers 1880 par ces Kagoro venant de Ouaïnka, à la recherche de nouveaux terrains. L'Islam y est peu florissant et la mosquée consiste en un simple carré de terrain. Les villages voisins, comme Daouda Koulé, sont entièrement fétichistes.

A Bassaka : Alioun Fofana, né vers 1868, almamy du village et moqaddem tidianïa par affiliation de Mamadou Diamé, élève et disciple d'Ahmadou Chékou. Il est mort en 1915. Son frère et disciple, Mamadou Fofana, l'a remplacé dans tous ses titres.

A Kassambara : Mamadi Samoura, né vers 1860, imam du village, qui par son maître Mamadou Binton Doukouré, de Mourdia, se rattache au Taleb Ahmed, missionnaire de l'Afrique du Nord. Son frère Mamadou est un qadri qui, par Ramdan ould Maré, marabout local aujourd'hui défunt, se rattache à Mohamdi Bollé de Sansanding et par lui aux Kounta. Les gens de Kassambara sont des Sarakollé, originaires de Diongoye, qui, ayant émigré vers 1850, vinrent, après un court séjour à Agouinit et Médina, fonder le village de Kassambara vers 1875. Avant leur migration, ils étaient déjà musulmans.

B. — *Les villages de haratines.*

Bien avant notre occupation, plusieurs tribus maures, et notamment les tribus maraboutiques, avaient commencé à descendre vers le sud et à y prendre pied, plus solidement que par la transhumance de leurs troupeaux sur le passage rapide de caravanes commerciales. A la lisière du Hodh et du Sahel, ils choisissaient un point convenable, où les conditions d'eau et de terres cultivables se trouvaient réunies et y envoyaient, à l'époque des labeurs agricoles, leurs captifs et haratines, accompagnés souvent de troupeaux de bœufs et de moutons, dont le lait était nécessaire à l'alimentation des travailleurs. Eux-mêmes venaient les rejoindre au moment de la récolte. Quelquefois les maîtres envoyaient simplement leurs hommes s'installer auprès des villages noirs de la bordure saharienne et se faisaient concéder des terrains. C'est ainsi que les tribus sahariennes cherchaient à se procurer le peu de grain nécessaire à leur existence, et qu'il n'était pas toujours possible d'aller chercher dans les pays du sud.

Avec le temps, certains — peu nombreux d'ailleurs — des maîtres eux-mêmes ont fini par se joindre à leurs gens, et par s'installer quasi définitivement dans ces villages de cultures. La chose leur était d'autant plus facile qu'étant fortement métisés, ils se trouvaient par leur atavisme portés autant vers la vie sédentaire que vers la nomadisation. Ils entremêlaient donc les deux genres de vie, habitant plusieurs mois dans des cases de banco ou de paille, ou dans des tentes qui, à la lisière du village, ne se déplaçaient plus, et nomadisant le reste du temps sur une très petite échelle.

C'est de ces cas trop généralisés qu'on a conclu à la sédentarisation des nomades. On voit à quelle juste proportion il faut ramener la chose. Les tribus nomades, grandnomades comme les tribus à chameaux, petit-nomades comme les tribus à bœufs, sont et resteront telles, tant que le Sahara restera ce qu'il est, tant que le milieu où elles évoluent sera absolument impropre à la culture, partant à la fixation au sol.

Les principaux villages agricoles maures sont :

Médina. — Médina a été fondée par des Oulad Abd Er-Rahman. Cette fraction faisait partie de la tribu des Oulad Younès, qui, comme on le sait, ont été, au milieu des premiers Oulad Daoud, les conquérants arabes du Hodh ; les invasions successives rejetèrent les Oulad Daoud vers le sud et vers l'est. Les Oulad Younès proprement dits étaient poussés vers Sokolo, les Oulad Zaïm, les Keharat vers Boundoubadi et la région lacustre du haoussa nigérien ; les Oulad Abd Er-Rahman devaient se réfugier à *Tenedié*, ou Tenja, comme ils prononcent, à 18 kilomètres à l'est de Nara, à la lisière des pays noirs. Ils y forèrent des puits et créèrent aux alentours, dit la tradition, 25 villages.

L'invasion des Oulad Mbarek chassa plus avant vers le sud les Oulad Abd Er-Rahman défaits. Ils durent se replier vers le Ségala, d'où Ndo, chef des Bambara de Ségou, les chassa encore. Ils revinrent alors vers le nord et, après un petit séjour à Karounga, projetèrent de s'installer à Médina, dont ils avaient jadis foré le puits. Y ayant trouvé fixés les gens de Sougouni, ils demandèrent leur expulsion à Goumbou, capitale de la région. Satisfaction leur fut donnée. Les gens de Sougouni évacuèrent les lieux et Médina fut reconstituée dans sa première forme (vers 1860).

Le village comprend aujourd'hui 50 feux et 168 imposables.

Trois tentes nomadisent la plus grande partie de l'année, deux avec les Talaba ; une avec les Derakla. Elles reviennent près du village au moment de la récolte. Elles sont d'ailleurs représentées à Médina, toute l'année, par des gens chargés de travailler les lougans.

La personnalité la plus notoire de Médina est Yahia ould Omar ould Yahia ould Taleb Othman ould Taleb Ahmed. Yahia se croit de lointaine origine aroussi, la grande tribu du Sud marocain, qui mettait jadis à contribution le Hodh, comme l'ont fait les Regueïbat jusqu'à nos jours. C'est son aïeul Taleb Ahmed qui serait venu le premier se joindre aux gens de Médina. Il venait de chez les Oulad Mbarek, où il avait pris femme et gagnait sa vie en faisant l'école aux enfants. Avec lui marchait un Sidi M'hammed, qui est l'an-

cêtre d'autres tentes Aroussïin, soit de Médina, soit de Ber-
guénari. Yahia est moqaddem qadri et détient ses pouvoirs
d'Al-Hadj Omar Diko ould Brahim, des Id Eizan, mort
vers 1890, et qui, établi quelque temps à Goumbou, y a
laissé de nombreux télamides. Ce Hadj Omar, qui a laissé
le souvenir d'un grand cheikh, était le disciple de Mohammed Lamin ould Taleb Abd Al-Ouahhab, le Foulali, qui, par
Taleb Ahmed ould Mohammed Rara des Tinouajiou, se
rattachait aux zaouïa marocaines. Yahia a été l'imam du
village ; mais, devenu quasi aveugle et sourd, il a dû abandonner ses fonctions. Il dirige encore une école d'une dizaine d'élèves.

Kassambara-Adabaï est un gros bourg de Sarakollé,
principalement de diamou Samoura. Un adabaï de captifs
maures et de haratines en rupture de ban s'y est constitué
vers 1895, dès notre apparition dans le Hodh, et s'est constamment accru par des apports nouveaux. On y distingue
des Jouman de la fraction Ahel Mohammed ; des Larlal
des fractions Ahel Taleb Brahim et Oulad Moussa, des
Tanouajiou, de la fraction des Ahel Habib ; des Ida Ou
Blal, de la fraction Ahel Aba ould Sidi.

L'arabe-hassanïa est couramment parlé dans ce village
d'ex-Maures ; mais le voisinage du village sarakollé con-
tribue à répandre l'usage de la langue soninké.

Le sentiment religieux paraît bien attiédi, maintenant
qu'on s'est dégagé de la tutelle des maîtres maraboutiques.
Il n'y a ni imam ni mosquée. Il y a cependant quelques
affiliations, soit tidianïa, données par Mostafa ben Ahmed,
des Roulam ou Mohammed Sarir ould Oubba, des Tanouajiou, soit qadrïa, données par Mohammed Lardaf des Jouman, Mohammed Fadel ould Sidi Mohammed ould Minni,
des Ida Ou Blal.

Les relations ne sont pas entièrement rompues entre
maîtres de jadis et serviteurs émancipés. Ceux-ci font encore

des cadeaux sinon au maître, du moins au marabout. Ils
vont pèleriner à leurs tentes, en cas de détresse morale.

Tichilit Al-Renem. Les habitants sont d'origine Oulad
Mezzouq. Cette tribu des Oulad Mezzouq paraît extrêmement ancienne dans le Sahel et doit remonter aux plus
hauts temps des invasions berbères. Il y a des Mezzouq un
peu partout entre l'Océan et le méridien de Tombouctou,
dans l'Adrar, le Tagant, chez les Oulad Mohammed, les
Mechdouf (Abollat et Jenabja) et même; fait significatif, chez
les Ladem, qui eux comptent manifestement parmi les premiers Berbères soudanais.

Il y a encore des Mezzouq dans les pays noirs du Sud :
à Diébougou (Mourdia) ; à Kernia, à Tirou, à Kanabougou
même (Niamina), à Taroutalla, village de cultures d'Alasso.

Le *Tarikh* de Oualata dit que l'askia Al-Hadj, fils de
l'askia Daoud, envoyait ses troupes mezzouq Tadmekket
et Tadaamert à la fin du seizième siècle contre les Arabes
déprédateurs du Hodh.

Cette union et action commune des trois tribus berbères
indiquent bien l'identité de leurs origines, et permet de
croire que les Mezzouq ne sont pas autres que les Imaziren,
ou Berbères de l'Afrique Mineure et du Sahara, les Maziques
des historiens anciens. Les intéressés savent d'ailleurs qu'ils
viennent de loin et disent que leurs ancêtres habitaient
Zemmour, nom berbère qu'on retrouve maintes fois au
Maroc, mais qui peut aussi n'être que leur première étape
en Mauritanie : le Zemmour du Nord de l'Adrar Tmar.

En ce qui concerne Tichilit Al-Renem, les Mezzouq de ce
village sont originaires de Diabougou. Ils y habitaient depuis fort longtemps, et y avaient été rejoints par la suite
par une fraction Oulad Mharek · les Ahel Khreïja. Chassés
de Diabougou, vers 1885, par Wa, chef bambara, ils vinrent
les uns et les autres à Tichilit alrenem, déjà village de culture des marabouts du Hodh.

Trois tentes nomadisent en permanence avec les troupeaux du village et suivent les Tafoulalet dans leurs déplacements. Elles ne séjournent à Tichilit qu'au moment de la récolte.

Karounga, ou comme disent les Maures « Reringa », est d'origine arma. Le village aurait, d'après la tradition, été créé dans les conditions suivantes. Le chef ou un chef des Arma de l'est, de Tendirma sans doute, d'où les Marocains du fleuve surveillaient le Takrour, étant parti combattre les gens du Fouta à la tête d'une forte colonne, fut complètement battu et mis en fuite. Quelques-uns de ses captifs et suivants restèrent dans le Sahel sur le chemin du retour. Ils s'établirent à Samba d'abord, entre Moeïdia et Tinedié. Ils en furent chassés par la suite par les Laẟlal, et allèrent s'installer à Dabaï, près de Karounga, puis à Karounga même.

Ces origines arma sont très vivaces dans le village, et plusieurs notables peuvent donner leur arbre généalogique jusqu'à l'ancêtre qui se fixa dans le Sahel. Leurs voisins les désignent d'ailleurs sous le nom facilement reconnaissable d'Arrouman.

Une vingtaine de tentes nomadisent à petite distance entre Karounga et Djégui ; elles font paître la plupart du troupeau du village ; les autres y restent avec leurs maîtres. Elles rentrent au village à la récolte.

Kamaniouma est un village dont la fondation, assez ancienne, doit être attribuée aux Peul, soit Sambourou, soit Ouwarbé. Ces deux fractions y vivaient paisiblement avec quelques débris des Oulad Younous, quand vers 1890, un peu avant l'occupation française, une fraction des Ahel Omar ould Hennoun (Oulad Mbarek) vint s'y établir. Les Peul ne tardèrent pas à vider la place, les Sambourou s'en allant vers l'ouest, les Ouwarbé vers l'est. Sur l'ordre du capitaine Mamadou Racine, chef de Goumbou, les Maures ne bougèrent pas.

Quatre tentes nomadisent en permanence avec les troupeaux à la suite des Ikherougen : l'une est maure Ahel Omar ; les trois autres sont peul, qui marchaient d'abord avec les Gouanin, et qui s'en sont détachées pour venir chez les gens de Kamaniouma, dont ils sont les parents par alliance. Ces tentes reviennent au village à la récolte, puis en saison sèche descendent vers le sud.

Moussaoueli, que les Maures prononcent Moïssa, est une création de haratines Oulad Mbarek, « les Habacha ». Ces Habacha, nationalisés Oulad Mbarek, sont d'ailleurs, dans le lointain, d'origine Oulad Delim. Quand les Oulad Mbarek furent chassés du Hodh occidental par les Mechdouf, au milieu du dix-neuvième siècle, les Habacha demandèrent des terrains aux autorités sarakollé de Goumbou, et se fixèrent, sur leurs indications, la plupart à Moussaouéli, et quelques autres au village déjà existant de *Keïbané*, à 10 kilomètres au nord de Nara.

Le village comprend aujourd'hui 65 feux et 225 imposables.

Quelques habitants ont conservé leurs coutumes nomades, et leurs tentes. au nombre de douze, suivent les Zemarig (Oulad Mohammed) dans leurs déplacements. Ce sont tous des Habacha proprement dits. Elles ont d'ailleurs leurs représentants au village et y viennent elles-mêmes camper lors des récoltes.

Telles sont les agglomérations de sédentarisés maures qui ont quelque histoire et quelque importance. Mais il y a en outre, dans différents villages noirs, des quartiers maures constitués suivant les données précitées.

Ce sont : *Souleyman*, dont les habitants sont Oulad Mbarek, zenaga de la fraction même du chef Ahmed ould Al-Lab.

Tirou, peuplé de Kaïma, zenaga d'Oulad Mbarek et d'Oulad Younès.

Dougouni, peuplé de Mezzouq.

Berguenari et *Msiguili*, peuplés de captifs et haratines
Ahel Taleb Mokhtar et Taliba.

Guirel, où l'on retrouve des Arrouman de même origine
qu'à Karounga.

Et enfin *Khir Algagny*, dit aussi Douaïeh-bougou Koura,
où vivent des descendants d'Oulad Younès, avec un afflux
d'Oulad Mbarek et d'Id Ou Aïch. Enclavé dans le canton
de Digna, il est habité par des haratines, qui ont rompu
toutes relations avec leurs tribus d'origine. Ce village
semble être appelé à un certain essor, du fait que chaque
année des captifs Oulad Mbarek viennent s'y réfugier.

Tous ces villages sont dans la province du Ouagadou et
étaient plus ou moins sous l'autorité des gens de Goumbou.

D'autres continuent à dépendre de leurs suzerains maures,
tels Laorch, village des Oulad Mbarek, et Trounbani, village des Roulam. Ils sont étudiés ailleurs avec les tribus
auxquelles ils ressortissent. Certains jouissent de leur autonomie intégrale, tel Douaïch-bougou, vu ailleurs.

C. — *Les Guirganké.*

Les Guirganké ou Guirga sont un rameau de la grande
famille maure. L'usage a dénommé maure ce conglomérat
d'arabo-berbères du Sahara nigritien, dans lequel entre une
proportion de 5o p. 100 de sang noir, des races les plus
diverses, et de sang peul. Les Guirganké sont à l'extrême
lisière de la race maure, tels ces mollusques primitifs qu'on
classe avec incertitude dans le règne animal et pour leur
faire honneur, mais qui, à vrai dire, seraient aussi bien à
leur place dans le règne végétal. C'est dire qu'ils ne sont
guère maures ni blancs.

Les traditions des Guirganké eux-mêmes et de leurs voisins sont confuses et minimes.

Ils se disent d'origine arabe et même *Ansar*, c'est-à-dire

descendants des premiers compagnons du Prophète. Les Noirs voisins et spécialement les Soninké les appellent Guirga et Guirganké. Les Maures les dénomment Tagdaoust, ou Tagdaous, ou Tagdaouïch, dans lequel on serait té de voir une réminiscence de la vieille ville d'Aoudagnost. Il serait d'autant plus plausible de rattacher nos Guirganké aux sujets de l'ancien empire d'Aoudaghost que Saadi attribue la fondation de Chingueti aux Azer, celle de Tichit aux Ahel Macin, et celle de Birou-Oualata aux Ahel Taghdaost (transcrit et lu fautivement Tafrasset), et que nous savons que ces trois noms désignent le fonds commun de la population de ces trois villes, c'est-à-dire les Guirganké.

La langue qui leur est propre est l'azer, mélange de mots berbères et soninké; mais ils parlent et surtout comprennent à peu près tous l'arabe, et plus encore le soninké. L'azer tend à disparaître au profit du pur soninké dans les villages du Sahel, au profit de l'arab hassanïa à Tichit et Aghreïjit. Il n'y a guère que dans ces deux villes qu'on parle encore couramment l'azer aujourd'hui. Il a à peu près disparu à Néma et à Oualata.

La première indication, donnée par la tradition guirganké ou tagdaouïch, est que deux Arabes, descendant des Ansar et frères en la tribu d'Aous, vinrent de Médine dans le Hodh, aux temps les plus reculés. L'un, non dénommé, devait être l'ancêtre des Ahel Tichit. L'autre, du nom de Lamin bel-Hadj, fut l'ancêtre des Guirganké. C'est cette origine ethnique de la tribu arabe d'Aous qui aurait valu à leurs descendants le nom de Tagdaous ou Agd Aous, c'est-à-dire fils d'Aous. On peut signaler ici, à toutes fins utiles, un passage d'Ibn Khaldoun, relatif à l'Ansari Mohammed ibn Aous, qui accompagnait Oqba ibn Nâfi dans sa conquête de l'Afrique Mineure, et qui fut fait prisonnier lors de la défaite et de la mort d'Oqba près de Biskra. Racheté par l'émir de Gafsa et renvoyé à Kairouan, ce compagnon du Prophète paraît être resté dans l'Afrique du Nord. La

venue d'un de ses descendants dans le Hodh en serait plus
facilement expliquée.

D'autre part, une tradition kounta, qu'on doit rapp cher
de la première, dit que les conquérants arabes du Sahel, et
notamment Oqba ibn Nàfi, leur ancètre, ou son fils Al-
Aqeb, ou tel de leurs descendants qu'on voudra, conqu rent
le Takrour et atteignirent Saqa Boura, « où se trouvaient
alors les Berbères Aourba ». Saqa Boura était la capitale du
Macina, ou peut-ètre des Masna. Ses habitants, les Aourba,
auraient été alors tout simplement les Peul, soit Ouwarbé,
qui nomadisent à l'ouest du Macina et vivaient, il y a un
siècle encore, entremèlés dans le Sahel aux Masna, soit
Ourourbé, qui nomadisent dans le Macina même. Vaincus
et réduits en captivité, nombre d'entre eux furent emmenés
à Tichit et dans l'Aoukar.

C'est à la suite de leur afflux que Tichit, l'ex-Chétou des
Soninké, se serait élevée au rang de grande ville. Cette
tradition parait bien fantaisiste.

Une troisième tradition enfin, celle-ci concernant les
Peul Ouwarbé (Aourba des Kounta), et recueillie chez eux-
mêmes, veut qu'ils descendent, contrairement à tous les
autres Peul, d'Oqba ben Nàfi et non d'Oqba ben Amir.

C'est ainsi que nous constatons, de la synthèse de ces
traditions et à s'en tenir à un schéma, qu'à l'origine des
Ahel Tichit et autres Ahel Aoukar, qu'on dira aussi Macin
ou Ahel Macin ou Masna, en souvenir de leurs origines,
et qui formeront pendant plusieurs siècles une partie des
habitants de Chingueti, Tichit, Tigba, Oualata, Néma, et
même des fractions autonomes, il y a un amalgame : 1° et
surtout de Soninké, fond de la population locale ; 2° de
Peul, peut-être conduits ici de vive force : 3° par la suite,
de Berbères envahisseurs ; 4° enfin d'Arabes conquérants,
ceux-ci très rares.

Qu'il y eut quelque descendant d'Ansar ou tout au moins
quelqu'un qui revendiquât cette descendance parmi l'élé-

ment arabe, c'en fut assez pour que le corps nouveau tout entier se réclamât, deux générations plus tard, de cette origine. C'est là un phénomène ethnique qu'on constate journellement chez les Maures comme chez les Noirs, et notamment à propos d'extraction chérifienne.

Mais il faut retenir que ces Macin, qu'on ne retrouve plus aujourd'hui qu'à Tichit sous ce nom et dans le Sahel sous le nom de Guirganké, sont surtout des Noirs. C'est leur islamisation d'abord, puis leur berbéro-arabisation par la langue et le sang qui en fera des Maures, et leur donnera ces prétentions ansariennes. C'est l'opinion de Barth et, de nos jours, celle de Gaden ; mais ce n'est qu'à moitié celle de Delafosse, qui voit surtout en eux « un mélange très ancien de Berbères et de Peul ou Proto-Peul », qui n'admet que dans une faible proportion l'adjonction de l'élément soninké, et qui fait donc nettement des Macin « des Blancs ».

Tichit, qui au début est Chétou, qu'on ne berbérisera en Tichit que plus tard, est donc fondé vers le huitième et neuvième siècle de notre ère : c'est sur les indications d'un vieillard aveugle que fut choisi l'emplacement, après qu'il eut flairé l'odeur de la terre. De Tichit, les Macin se répandirent dans le Tagant, où ils se mêlèrent aux luttes des Berbères.

Pour reprendre la tradition guirganké, Lamin bel-Hadj fonda Togba, dit ausi Togouba, entre Kiffa et Nioro, et ses descendants y prospérèrent pendant de nombreuses générations. La ville était florissante et des Ahel Macin étaient aussi venus l'enrichir, quand un conflit entre les maîtres et la classe servile en amena la destruction. La légende rapporte qu'une captive s'était parée un jour de fête et s'était notamment enduit les mains de henné. Sa maîtresse lui ayant ordonné de laver le linge de la maison, elle refusa en montrant ses mains. Mais la maîtresse n'en tint aucun compte et lui bouleversa la chevelure. La captive ulcérée alla trouver ses sept frères et leur dit : « Je ne savais pas ce qu'était l'esclavage avant ce jour. » Toute la classe servile se solidarisa alors pour cet affront fait à un des leurs, et ils jurèrent d'exterminer leurs maîtres. Ceux-ci étaient sortis pour la prière de la fête, qu'on croit être la rupture du jeûne du Ramadan. Les captifs se précipitèrent sur eux et les tuèrent jusqu'au dernier. Rentrés au village, ils tuèrent tous les enfants, y compris ceux qui étaient encore dans le sein de leur mère. Une seule femme libre des Tagdaous fut épargnée : c'est parce qu'elle était d'origine servile et sœur des révoltés.

Cette femme mit au monde deux jumeaux : l'un blanc et l'autre noir. Quelques captifs vinrent alors à Diara (Nioro) avec la mère et ses enfants. Les autres s'en allèrent dans le Guidimaka et fondèrent entre autres le village de Diabiné. Ce sont les actuels Gangari.

Les gens de Diara, qui étaient des Soninké, désignaient l'enfant blanc sous le nom de « Guirga Kollé » « l'homme blanc », et son frère jumeau sous le nom de « Guirga Binré », c'est-à-dire « l'homme noir ». Les descendants des uns et des autres, que plus rien ne différenciait dans leur teint, furent des Guirga, qui pluralisé à l'indigène donne aussi Guirganké.

Au cours des luttes intestines, qui par la suite divisèrent les Diawara, les Guirganké se scindèrent suivant leurs amitiés respectives. Les Noirs prirent le parti des Diawara de Sogouni, et les Blancs celui des Diawara de Dabba.

Les Noirs restèrent d'abord à Diara ; ils rejoignirent par la suite leurs frères et vinrent à Akor et Alasso. Les Blancs partirent tout de suite sous la direction de Mahaman Sogouni ; ils s'établirent dans le Bakhounou, puis dans le Ouagadou, et auprès des Kagoro, à Digué, Diangoudié, et Alasso, Mahaman aurait acquis du chef des Tanouajiou le droit de s'établir à Digué.

Au cours du dix-neuvième siècle, les uns et les autres

restèrent longtemps à Kassakéré et à Diongoyo, et de ces deux points rayonnaient en nomadisant dans tout le Sahel.

A notre arrivée, nous trouvâmes les Noirs à Akor et Moussaouéli, où ils s'étaient réfugiés sous la pression des bandes foutanké d'Al-Hadj Omar. Leur chef était Mohammed ould Bou Yezid, brave homme, qui se prêtait trop facilement à la fraude de l'oussourou, et qu'un ordre du colonel Archinard fit déménager.

Aujourd'hui les villages et centres de rayonnement des Guirganké sont : 1º pour les Guirganké, dits Noirs : Alasso et Akor Tagdaous (subdivision de Goumbou-Nara) ; 2º pour les Guirganké, dits Blancs : Dinakoura et Taoutalla (Goumbou-Nara), Sékello et Kanika (Mourdia) ; Dioutedégué (Ballé) ; mais, en réalité, dans ces villages, les Guirganké de pure origine sont rares et la plupart de ceux qui vivent auprès des chefs sont des étrangers, surtout maures, nationalisés Guirganké.

Leurs captifs, qu'on appelle Tafarankobé, sont concentrés à Sékello et Kankia.

Ce sont les Guirganké blancs qui ont toujours joui dans ces villages du Sahel de la suprématie morale.

La tradition a conservé, au cours des dix-huitième et dixneuvième siècles, de père en fils, les noms de leurs chefs : Taleb, puis Al-Habib, puis Hammad, tous de Diamou Bérété.

Le dernier des chefs de l'ancien temps, Ahmadou Ousman, avait pris le commandement vers 1875. C'est à lui que nous eûmes affaire, lors de l'occupation du Sahel. Il mourut en septembre 1895 et fut remplacé par son cousin, Habib ben Hammad Bérété.

Habib Bérété, né vers 1857, était depuis plusieurs années le cadi des Guirganké et des Peul voisins, quand l'élection de la djemaa fit de lui le chef du groupement tagdaous. Il a fait de fortes études à Nioro, auprès de différents maîtres, et a reçu finalement le titre de moqaddem tidiani de Chérif

Hamallah. Il jouit depuis vingt-cinq ans d'une grosse influence sur tous les Guirganké et même sur la plupart des Sambourou, parmi lesquels les Guirganké vivent entremêlés. L'attitude de Habib Bérété n'a jamais été bonne. On a de bonnes raisons de croire qu'en 1898, lors du grand complot entre Alfa Souka, prédécesseur et père du chef actuel des Peul, Guiri Doukouré chef des Sarakollé de Goumbou, et Mokhtar, chef des Mechdouf, pour l'enlèvement du poste du Goumbou, Habib Bérété, cadi et conseiller d'Alfa Souka et ami des deux autres chefs, fut un des principaux artisans de l'effervescence. Alfa Souka et Guiri furent fusillés. Habib, l'astucieux marabout, moins nettement compromis, put échapper au châtiment. Par la suite, il n'a pas toujours fait montre de beaucoup de bonne volonté.

Habib Bérété, qui était en dernier lieu installé à Fogoti, chez les Peul Sambourou, dont il est toujours le cadi officieux et qui ont pour lui une très grande considération, vient de passer, vers 1912 chez les Guirganké de Dinakoura. Il paraît assez paisible aujourd'hui et vit en mauvais termes avec son frère Baboye Bérété. Son école compte une quinzaine d'enfants, dont deux ou trois font un peu de droit. Il est l'imam de Dinakoura, « la nouvelle religion », comme il était celui de Fogoti.

Habib Bérété n'a qu'une bibliothèque de peu d'importance. Il rapporte que ses ancêtres avaient amassé des livres nombreux et précieux ; mais ils furent détruits lors de la ruine de Digna par les Bambara de Ségala. Ceux-ci en effet, révoltés contre les Peul du Macina, attaquèrent Digna où s'était réfugié le chef borro Mamadou bel-Hadj Ibrahima, représentant de l'amirou Hamadou, fils de Chékou Hamadou Lobbo, et brûlèrent la ville. Dans l'incendie périrent la plupart des livres accumulés depuis des siècles. La ruine fut consommée par l'incendie de Dingoudié, survenu lors de la rébellion des Bambara de Mourdia et de

Damfa contre l'autorité d'Ahmadou Chékou. Le cheikh Guirganké Najem ben Ismaïl y perdit d'ailleurs la vie. C'était un Berbouchi d'origine, mais il avait été nationalisé guirganké et était devenu chef du village.

A *Kassakaré*, village de Kagoro, la direction spirituelle islamique est assurée par Abdi ould Najem ould Ismaïl ould Othman ould Lembada ould... Agdaoussi, né vers 1862. C'est le fils de l'ex-chef de Dingoudié précité. Imam du village, il y dirige en outre une petite école de 4 élèves. Il est qadri par son père Najem, disciple de Taleb ould Sidi, marabout guirganké d'Alasso.

Alasso comprend plusieurs personnalités guirganké notoires : Mohammed Ahmed ould Malik, né vers 1872, élève de Bouna Bouté d'Alasso ; Gagni ould Abeïti, né vers 1860 et qui vient de mourir en 1915, élève de son père Abeïti ; Mohammed ould Khalil, né vers 1880, élève de son père Khalil ; Mohammed Boun ould Salik, né vers 1865, élève de son père Salik, et qui vient de mourir en 1915, ils sont tous quatre maîtres de petites écoles de 3 à 5 élèves et relèvent tous de l'obédience qadrïa.

A *Akor-Tagdaous*, qu'il faut distinguer d'Akor-peul, sur la route de Goumbou à Sokolo, quatre personnalités guirganké méritent une mention : *a*) Bou Yazid ben Mohammed ben Bou Yazid ben Brahim Khalil ben Ismaïl ben Bou Qouç, né vers 1850, fils de vieux chef du début et marabout influent et directeur d'école. Il est le disciple qadri de son père Mohammed ould Bou Yazid qui a laissé le souvenir d'un saint ; *b*) Mohammed et *c*) Hadrami, fils de Mahmoud ben Bou Yazid ben Ibrahima Khalil ben Ismaïl ben Qouç, nés vers 1880 et 1882, seuls Guirganké de pure origine avec leur cousin précité; *d*) Al-Hadj Omar Diko, né vers 1868. Ces trois derniers sont moqaddem qadrïa par ordre de Mohammed Ahmed ould Cheikhna, de Kabïda (Goumbou), grand marabout d'Ouagadou au dix-neuvième siècle. Le dernier, Omar Diko, semble devoir acquérir une grande influence dans toute la province où il est déjà fort connu, et spécialement à Goumbou, où se trouve le tombeau de son père, Tous deux dirigent des écoles coraniques. Il y a, à Akor, de belles bibliothèques arabes, notamment chez Bou Yazid.

Les Guirganké gardent de leurs origines blanches un très fort sentiment de prosélytisme. Ils se répandent dans les villages sarakollé et kagoro en véritables missionnaires d'Islam. Maîtres d'école sans élèves et imams de mosquées inexistantes, ils n'en continuent pas moins à prêcher par l'exemple, et finissent par attirer à eux un petit noyau de fidèles. Leur qualité de Maures leur donne un grand crédit auprès des Peul, et les principaux d'entre eux sont consultés par ces Sambourou comme cadis et tolba.

X. — Subdivision de Mourdia.

La subdivision de Mourdia, qui comprend tout le Sud du cercle de Goumbou-Nara, s'enfonce déjà dans la masse fétichiste bambara du Bélédougou. L'Islam n'y est représenté que par quelques Peul, étudiés ailleurs, par les Maures de passage et par l'élément sarakollé.

Les Sarakollé ont été islamisés, ou plutôt réislamisés, à la fin du dix-huitième et au début du dix-neuvième siècle, par des missionnaires marocains, maures ou marka de l'extérieur. Mungo-Park, qui y passait en juillet 1796, dit : « Nous arrivâmes à Moorja, grande ville célèbre par son commerce du sel, et par le grand abord des Maures, qui viennent y échanger cette denrée contre du blé (du grain, du mil) et des étoffes de coton. La plupart des habitants sont mahométans, et il n'est permis aux Kafirs (fétichistes) de boire de la bière (*dalo*) que dans certaines maisons ».

Cette situation s'est maintenue jusqu'à nos jours. Actuellement, seul dans la génération qui disparaît, un marabout local, Pamara Doukouré, a réussi à se faire un nom et à constituer un groupement local, qui semble devoir évoluer de lui-même.

Les principaux de ces missionnaires, surtout tidianïa, sont :

Taïeb Ahmed, chérif de l'Est, qui paraît être un missionnaire de Temassin (Constantine). Il se disait disciple du Cheikh Ali de Temassin, fils du Sid Ahmed Tidjani. Au cours d'un voyage dans le Sahel vers 1850, il a conféré l'ouird à Mamadou Bintou Doukouré, Sarakollé de Bagoeli (Balle), né vers 1845, maître d'école à Mourdia, secondé, vu son grand âge, par son fils Tidiani Doukouré.

Ahmed Serier, de Tichit, était disciple de Mohammed Al-Hafedh, des Ida Ou Ali. Mohammed Al-Hafedh, avait reçu de Sidi Ahmed Tidjani l'autorisation de consacrer 10 moqaddem en Mauritanie ; Ahmed Sérier fut un de ceux-là. Il laissa ses pouvoirs à son fils Mohammeddou, marabout très connu dans tout le Sahel occidental et dans le Hodh, et qui consacra moqaddem à son tour Ahmed ould Mbakka, d'origine Tichiti, installé à Mourdia. Parmi les enfants de ce dernier, l'aîné, Ahmeddou, né vers 1890, paraît assez instruit.

Moktar Yourqeï Talfi, de Dienné, disciple de Mohammed Al-Ŗâli, ardent disciple lui-même du Sid Ahmed Tidjani et chef de la zaouïa de Médine. Ce Moktar a conféré l'ouird à Mamadi Keïta, Sarakollé de Sansanna, aujourd'hui décédé, et qui a laissé divers taïibé ; à Sansanna, Cheikh Touré, né vers 1847, almamy du village, peu instruit, mais très vénéré ; Cheikh Kouma, né vers 1855, maître d'école remplacé par son fils Mamadou Mentena ; Lamin Koïta, né vers 1851, maître d'école ; Modi Tagora Keïta, né vers 1870, fils des anciens chefs et marabouts de la région, personnalité respectée.

Cheikh Hamallah, chérif de Nioro et moqaddem tidiani. C'est un disciple de Cheikh Sidi Mohammed ben Abdallah

Al-Djouini, venu d'Aïn Mahdi (Alger). mort dernièrement
à Nioro. Ce Chérif Hamallah, très important, sera étudié
sous le titre de Nioro. Il a comme disciples notoires dans
la région de Mourdia :

Amadi Afo Silla, Sarakollé, né vers 1875, maître d'école
réputé à Mourdia, cultivateur à Médina Silla.

Mariéri Sogoné, né vers 1898, maître d'école à Mourdia,
almamy de la mosquée des Makambiné, qui sont les haratines des Ahel Tichit;

Kisma (Bou Bakar) Mangana, né vers 1870, marka de
Boro, almamy du village, maître réputé qui a formé et
affilié plusieurs des Karamoko de la région, tels que Bakari
Silla, né vers 1884 ; à Boro : Cheikh Wagué, né vers 1882,
à Ortòbila ; Mamadou Silla, né vers 1866, almamy de Mé-
dina-Silla ; Modi Togola Silla, né vers 1890, à Médina Sarakollé ;

Soumaré Dramé, né vers 1875, à Tomboula. Il a étudié
à Sokolo et à Kersignané (Kayes).

Mamadou Abdoulaye Souadou, dont la notice est donnée
ailleurs, a laissé comme principaux talibé dans la région
de Mourdia ;

Soumana Silla, Sarakollé, né vers 1850, à Dossorla dont
il est l'almamy ;

Ba Niané Tambadiou, né vers 1870, à Sansana, disciple
de Mamadou par son neveu, Mamadou Modibbo;

Hamma Diallo, né vers 1865, poullo, à Sansana, maître
d'une école florissante.

La personnalité islamique la plus importante de la région
de Mourdia est actuellement *Pamara Doukouré*. Pamara,
de formation locale d'Omar, né vers 1840, est fils de Ma-
dalla Doukouré. Sa famille vient de Goumbou et son père,
Mamadou Dalla, élève des maîtres de Oualata et notamment de Mérouan ould Abdallah, des Djaafria, était un
Cheikh réputé. Lui-même est né à Dalébougou et a fait
ses premières études chez les marabouts locaux de renom,

notamment à Mogossi chez Marikoulé, dont les fils professent à Touba (Banamba), puis à Sansanding chez Mohammed Boli où il fut le condisciple de Marikoulé, le pieux ascète des Ouro-Boki (Dia). Il avait ouvert une école coranique à Goumbou, quand il vint s'établir à Mourdia, vers 1875, sur la demande du chef Faliki Diara, dont il fut le chapelain.

Pemara tient une école florissante de 25 élèves ; son fils aîné Mamoudou, intelligent, ouvert et lettré assesseur au tribunal de Mourdia, le seconde dans l'enseignement coranique. Il se livre à des pratiques mystiques parfois désordonnées. Le vieux marabout cassé et quasi aveugle fait des petits cours de théologie et de droit.

Personnage fort sympathique, Pamara a toujours mis son intelligence au service de la cause française, notamment lors des divers recrutements et lors de la révolte du Bélédougou.

Il a reçu l'ouird qadri d'Ousman Sosso, marka du Kounari installé à Sansanding. Il a reçu le titre de moqaddem d'abord du même Ousman Sosso, puis de Mohammed ben Al-Habib, des Ahel Taleb Bou Bakar (Larlal) qui était un disciple de Mohammed Fadel, le père des Fadelïa.

Pamara a formé coraniquement la plupart des maîtres d'école de la région. Il a conféré l'ouird à plusieurs de ces maîtres ou autree personnages de marque et notamment :

Mamadou Doukouré, né vers 1872, almamy de Bomandiougou ;

Karamoko Silla, né vers 1875, marka domicilié à Boro, intelligent, instruit et honnête, président du tribunal de Mourdia.

XI. — SUBDIVISION DE BALLÉ.

La subdivision de Ballé, partie intégrante du cercle de Goumbou-Nara, s'étend en profondeur de la Baoulé, affluent

de droite du haut Sénégal, aux limites mêmes du Hodh.
Assez étroite, puisqu'elle ne comprend que 5o à 6o kilo
mètres de largeur, elle est très longue et dépasse 3oo kilomètres.

Ce n'est qu'en novembre 1909 que Ballé fut occupé par le
transfert en ce village de l'ancien poste de perception de
Kassakaré. En juillet 1914, malgré la suppression des droits
d'oussourou et de pacage, Ballé fut conservé et même trans-
formé en poste administratif. Sis en effet dans la zone de
transition des deux Sahel, il est peuplé de Peul, de Soninké,
de Kagoro et de Bambara, qui appartiennent aussi bien aux
familles de l'ouest que de l'est; il est parcouru par de
nombreuses caravanes qui de Nioro vont vers Goumbou ou
vers Tichit; qui de Kayes vont vers Nara. L'esprit général
de ces populations noires a paru agité et souvent frondeur.
Il n'était donc pas inutile d'y maintenir un poste de surveillance et d'administration. On n'oubliera pas que plusieurs tribus maures, étudiées ailleurs, y ressortissent
naturellement.

La subdivision comprend aujourd'hui : le Digna et le
Gomintarabougou, surtout Bambara, le Koussata, peuplé
des Sarakollé de la première invasion ; le Bakhounou, cœur
du vieux territoire de Baghéna des auteurs arabes, et enfin
le Kaarta-Bakhounou, transition entre le Sahel oriental et
le Sahel occidental.

Les Bambara et la plus grande partie des Kagoro sont
foncièrement fétichistes. L'Islam est représenté, en dehors
des Maures et des Peul, par quelques Kagoro et par l'élément sarakollé. C'est donc dans le Bakhounou, le Koussata
et la Kaarta Bakhounou que fleurit la religion du Prophète.
Il ne faut d'ailleurs rien exagérer. Un certain nombre de
ces Sarakollé sont restés fétichistes. Quant aux islamisés
Sarakollé et surtout Kagoro, ils ne suivent qu'avec l'indépendance ordinaire des Noirs les prescriptions religieuses.
Un certain nombre d'entre eux aurait d'ailleurs tendance

à revenir dans le pays qui s'étend au N.-N.-O. de Ballé, qu'ils ont dû quitter autrefois à cause des attaques incessantes menées par les Maures pillards. A la suite de l'occupation de Tichit, les gens du Bakhounou, désormais rassurés, ont repris le chemin du Nord. Il y a évidemment intérêt à encourager cette avancée des Noirs vers le haut pays, cette tentative de reconquête du Sahara.

L'influence de l'Islam s'est traduite ici, comme ailleurs, par la collation de noms arabes et de pieuses appellations à un certain nombre de villages. Par exemple : Missira (le Caire) et Khir el-Gagny dans le Koussata ; Dina, Médina, Ya Salam, Hamdallahi dans le Bakhounou.

Les villages soit sarakollé, soit kagoro, soit mixtes, les plus islamisés sont Ballé, Dina, Barsafé, Dossorla.

Ballé est un gros village de 2.000 habitants, peuplé en grande partie de Kagoro fétichistes. On y trouve 4 ou 5 petites mosquées, ayant chacune leur almamy et sa clientèle religieuse, et ne voulant nullement frayer avec les voisines. C'est tout à fait le régime de la petite chapelle. On remarque que ce n'est pas la question de voie religieuse qui les sépare. Les fidèles sont indifféremment qadrïa, tidianïa ou non-affiliés. Il n'y a pas de diouma, chacun allant à son oratoire le vendredi. Ces mosquées sont toutes sans toiture.

Les principales personnalités sont : *a)* Dyimé Fofana, Soninké, né vers 1870. Il tient une école de 8 élèves. C'est un qadri, disciple de Mohammed Lamin Bayara, de Ballé, décédé vers 1895 et se rattachant à l'école de Nioro. *b)* Brahima Wagué, Soninké, né vers 1870, commerçant ouvert et intelligent. Son école est fermée actuellement. Il a reçu l'ouird qadri de Cheikh Saad Bouh au cours d'un voyage. *c)* Nianguili Touré, dit Ibrahima, né vers 1875, écrivain d'arabe au poste. C'est un qadri, disciple de Mohammed Al-Routh des Tanouajib-Oulad Maintes (Nioro), qui relevait de Mohammed Lamin ould Qoreïchi ould Haouba et, par

ce dernier et son père Qoreïchi, de la vieille école qadrïa
des Tanouajib et Tafoulalet. *d*) Banda Fissourou, né vers
1870, et qui vient de mourir en 1916. Il a été remplacé par
son frère Kandioura Fissourou, né vers 1875, qui dirige une
petite école de 5 élèves, peuplée surtout de ses fils. Ces deux
personnages ainsi que leur frère aîné Fodé Baba et un
marabout local de renom, Fodé Souleyman Sibi, Sarakollé,
originaire de Heïré, relèvent de l'obédience qadrïa.

Quelques autres marabouts de moindre importance relèvent de l'obédience qadrïa d'Abidin ould Sidi-l-Mokhtar,
le père de l'actuel cheikh des Ahel Cheikh (Kounta du
Hodh).

Dina, village créé par les Guirganké, puis évacué par eux,
s'est repeuplé de Sarakollé. Une seule mosquée s'y élève,
ne comprenant d'ailleurs que quatre murs sans toit. Trois
marabouts y méritent une mention : *a*) Mamadou Dramé,
Soninké, né vers 1886, qui dirige une école de 7 élèves. Il
est qadri, disciple de Cheikh ould Youssef, des Tanouajib-
Ahel Sidi Mohammed (Kiffa), qui par Cheikh Al-Mahdi de
la même tribu se rattache à la vieille école qadrïa des
Tanouajib. *b*) Ali Hamadou Diallo, Poullo originaire de
Macina, né vers 1885, disciple qadri de Mamadou Abdoullahi, Poullo macinanké, installé à Demba, qui par ses
maîtres se rattachait au grand cheikh kounti Sidi-l-Mokhtar. *c*) Mamadou Sakho, Soninké, né vers 1845, personnage
très vénéré, imam de la mosquée.

Barsafé, petit village près de Ballé, remarquable surtout
par Mamadou Badyara, né vers 1855, cheikh instruit,
ouvert et intelligent. On en a fait le président du tribunal
de la subdivision. Il dirige entre temps une petite école de
6 à 8 élèves. Par son père Al-Hadji Badyara, il se rattache au
Tidianisme du cheikh Omar. Il a fait une grande partie de
ses études à Nioro.

Dossorla est un petit village de Sarakollé, où il n'y a
qu'un nom à signaler : Ousman Silla, né vers 1850, qadri

AMADOU KOUMBA,
Cadi de Ségou, reïs des colonnes Galliéni, Archinard, etc.

TIERNO DIALLO,
Cadi de Ségou

de l'obédience d'Abdoulaye Souadou, qu'on a vu sous le titre de Monimpé; c'est le maître d'école et almamy du village.

Il ne reste plus à signaler comme élément islamisé sédentaire que trois villages de haratines, ex-captifs maures, qui ont gardé de leur séjour chez leurs anciens maîtres l'usage de la langue arabe et un certain attachement à leur foi. Ce sont : Ballé-Adabaï, aux abords du chef-lieu ; il paie 210 francs de capitation (exercice 1918) et est sous les ordres d'Ahmed Bilali. Sélingoré, qui paie 129 francs d'impôt et a pour chef Sliman Merédié; et enfin Douaïch-bougou, fondé vers 1840 et dont le nom indique bien le caractère mixte : village d'une colonie de captifs des Id Ou Aïcn. Ils prétendent descendre d'un Ousman O. Taleb Maham, venu du Tagant dans le Hodh, il y a fort longtemps. Douaïch-bougou se mélanise insensiblement sous le nom de Dossébougou. Le chef est Khiyar ould Maham. Les gens de ce village tendent à fusionner avec les Peul Sambourou, auxquels ils empruntent leurs coutumes et chez qui ils prennent femmes. Ils entretiennent aussi de bons rapports avec les Soninké et Kagoro voisins. En saison sèche, ils conduisent leurs animaux dans le Rigna, reviennent chez eux, au début de l'hivernage, pour les cultures, puis s'en vont dans le nord nomadiser avec les Roulam. Un marabout s'y est acquis une certaine influence par ses pratiques médicales : Habib Fal ould Jiddou.

Ces villages, et notamment Douaïch-bougou, donnent toute satisfaction par leur bon esprit et leur travail. Ils sont loin de ressembler à ces petites colonies de captifs fuyards des tribus maures, qu'on trouve dans beaucoup de villages noirs de la lisière du Sahel, véritables indésirables, paresseux, abrutis, et au surplus pillards comme leurs anciens maîtres.

CHAPITRE III

L'ISLAM PEUL

A côté des Marka, Kagoro et Bambara, que nous venons de voir, deux grandes tribus peul vivent dans le Sahel oriental : les Ouwarbé et les Oualarbé. Notre division adminis· trative correspond très exactement à leurs zones d'habitat. A l'est, sur le territoire de Sokolo, vivent les Ouwarbé. A l'ouest, le territoire de Goumbou·Nara est peuple par les Oualarbé, dits Sambourou par les Noirs.

A. — LES OUWARBÉ (SOKOLO).

1. — *Traditions historiques communes.*

La tradition ouwarbé attribue à cette famille peul des origines différentes de celles des autres Peul. Ils descendent, disent-ils, non d'Oqba Amir ben Yassir l'ancêtre général de la race, mais d'Oqba ben Nâfi lui-même, le conquérant du Takrour. On a vu plus haut qu'il existe une tradition kounta qui attribue au dit Oqba ou à son fils Al-Aqeb le transfert du Macina vers Tichit et l'Aoukar de Peul Aourba. Il y a dans ce rapprochement quelque chose de troublant, non qu'il faille en déduire l'origine arabe des Ouwarbé, mais parce qu'il semblerait qu'il y aurait donc eu une certaine fusion, lors de la conquête arabe, soit sous la forme d'unions, soit sous la forme d'asservissements. C'est d'ailleurs tout ce que savent les Ouwarbé sur ces prétendues origines arabes.

La tradition reprend plusieurs siècles plus tard. A ce moment, les Ouwarbé sont tous dans le pays d'Eddi, à la lisière du Fouta et du Oualo sénégalais. Ce pays d'Eddi est peuplé par une tribu poullo-foutanké, dit Ednabé. Les Ouwarbé émigrèrent de ces territoires à la suite de leurs démêlés avec le roi de Guédé. Son fils voulut s'emparer de vive force d'un magnifique mouton, sorte de mascotte de la tribu, ou plus exactement sans doute symbole de la richesse pastorale. Le berger, dit Boubou Bâ, offrit au fils du roi tous les autres moutons, mais s'opposa au rapt de cette bête. Comme l'autre l'enlevait quand même, il le tua. Les Peul durent alors s'expatrier pour échapper aux représailles. Les recherches faites dans le bas Sénégal ont établi qu'il existait bien aujourd'hui un village d'Eddi sur la marigot de Doué (cercle de Podor); mais il n'y a plus trace de fraction peule du nom d'Ednabé. Il y a toutefois des Ourourbé. Sous la conduite de l'ardo Bagui Ba, qu'ils élurent chef général, les Peul émigrèrent vers le Bakhounou. Ces faits se passaient il y a trois siècles environ.

La tradition s'éteint encore, puis reprend avec Alfa Guidado au début du dix-neuvième siècle. Les Ouwarbé ont encore émigré et sont installés dans le Ouagadou auprès des Oualarbé. Leur ardo est à Montiogo. Les uns et les autres sont tributaires des Maures Oulad Mbarek, à qui appartient la prépondérance politique. Les deux grandes tribus peul se livrèrent de sanglants combats. Les Oulad Mbarek, sous la conduite de leur chef Mokhtar ould Omar, prirent partie pour les Oualarbé, et les Ouwarbé vaincus durent évacuer le Ouagadou et se réfugier dans le Dioura (ou Karéri), à la lisière méridionale du Macina (vers 1830 .

Ils étaient alors plus ou moins groupés sous le commandement d'Al-Hadji Aliou et d'Ahmadi ould Ahmadi Ba, dit Bougouni Ba, parce qu'il affectionnait de porter un boubou de bandes de coton.

Une partie d'entre eux toutefois resta à Ténedié, à 18 kilomètres à l'est de Nara, et ne quitta ce village que par la suite pour aller dans le Kourmary, puis pour revenir sur leurs pas dans l'Akor.

L'arrivée sur le Niger d'Al-Hadj Omar et de ses Foutanké contraignit les Peul à s'éloigner du fleuve et à remonter vers le nord (vers 1854). Al-Hadji Aliou conduisit les siens vers Alatonna, où il avait creusé un puits. Al-Hadj Omar l'ayant pris et emmené avec la plupart des chefs à Hamdallahi, d'où il ne revint jamais, Ahmadi Sidi, son frère, prit le commandement et vint dans le Kourmary, d'où par la suite il émigra vers l'ouest pour s'établir dans la province d'Akor, où fleurit sa descendance.

Le gros des Ouwarbé resta sous les ordres de Bougouni Bâ. Il eut pour successeurs, d'abord son fils aîné Bou Bakar, puis son cadet Al-Hadji Bougouni Bâ. Al-Hadji Bougouni acheva l'exode du Dioura vers le Kourmary, puis poussa plus loin ces campements Ouwarbé et les conduisit dans la province de Nampala, où ils sont aujourd'hui.

Telle est la situation que nous avons trouvée en arrivant dans le Sahel oriental, et qui est restée telle de nos jours. En dehors des quelques Peul Ouwarbé, qui se sont fixés dans le Dioura et ont, à ce titre, été étudiés ailleurs, cette tribu se répartit en trois fractions, établies dans les provinces de Nampala, du Kourmary et d'Akor, et qui vont être étudiées successivement.

Dans un dernier mot, situons les Ouwarbé dans la société peul, d'après leurs propres déclarations.

Les Ouwarbé (au sing. Boaro) appartiennent à la grande division des Bah, au même titre que les Yalarbé (au sing. Dialalo) et les Sonnabé (au sing. Sonnadio). Dans la région de Sokolo, il n'y a que des Ouwarbé, et à peine quelques Yalarbé et Sonnabé, donc tous des Bah.

Les principales fractions sont : les Tarabé, qu'on trouve à Sogobara, Dounguel, Niakéré Kolima, et dans tous les villages de l'Akor.

Les Soudou-Dyadyé, qu'on trouve à Nampala, Boubou-Modi, Goudrou, Barkérou, Donguel, Dinnweli, Diwambé, Foutankobé, Torobé Rangabé, et dans tous les villages de l'Akor.

Les Ouro-Yoro, qu'on trouve à Kobadi, Dyimbalanké, Kolima, et dans tous les villages de l'Akor.

Les Tindérabé, qu'on ne trouve guère que dans le Kourmary et surtout à Kougoumi.

En dehors de ces fractions, il n'y a qu'une seule famille à signaler : les marabouts Moussankobé, qui habitent l'Akor.

La langue des Ouwarbé, quoique très proche du poulfoulbé des Peul du Macina, leurs voisins, est dite poulfoulbé.

De nombreux Rimaïbé de toute origine cultivaient les lougans des Ouwarbé de Sokolo. Leur libération en 1907 amena de graves difficultés qu'on résolut péniblement, en faisant appel à la coutume même des « Ouwarbé » en cette matière. Cette coutume stipule que tout serviteur doit disposer de deux journées par semaine pour la culture de son champ personnel. Il fut donc convenu que les « Rimaïbé » garderaient en toute prospérité : 1° les biens provenant soit directement, soit indirectement du travail de ces deux journées ; 2° les lougans possédés en vertu de la coutume sus-indiquée, lougan qu'il était facile d'étendre dans un pays où la superficie des terres en friche est considérable. Cette solution fut accueillie avec joie par les Rimaïbé. Quant aux Foulbé, ils ne purent que l'accepter, feignant, en gens méfiants, de se croire convaincus pour éviter un traitement plus rigoureux et parce qu'on avait

l'air de respecter les usages séculaires de leur race. Ils
semblèrent d'ailleurs satisfaits quand ils apprirent que
toutes les actions en revendication qu'ils croiraient devoir
intenter à leurs anciens serviteurs seraient examinées par
les tribunaux indigènes avec la plus grande attention et
solutionnées le plus équitablement possible. Ils espéraient
par là recouvrer la plupart du temps leurs anciens captifs.

Depuis cette époque, les difficultés se sont quelque peu
apaisées ; mais la captivité est trop ancrée dans les mœurs
pour qu'on puisse la croire supprimée par un trait de
plume et pour que ceux des maîtres qui subissent cette
perte ne nous en fassent pas un grief impardonnable.

2. — *Ouwarbé du Nampala.*

L'occupation française trouva *Al-Hadji Bougouni Ba*
à la tête des Peul de Nampala. Après entente avec Abd Er-
Rahman, le chef des Bambara de Sokolo, la résistance fut
décidée. Des émissaires lui furent alors envoyés pour essayer
de traiter ; mais, trompé sur leurs intentions et sans qu'on
ait jamais bien su comment se passa la chose, il prit peur,
leva le masque et se mit à la tête de l'insurrection. Sous
ses ordres, se groupèrent les Peul, des Maures Oulad
Daoud et les Bambara de Sokolo.

Ce mouvement fut facilement réprimé. Il était intéressant, à un quart de siècle de distance, d'avoir des renseignements de la bouche d'un des principaux acteurs de ce
drame, le fama Mademba. Voici son récit :

« Ahmadou venait d'arriver dans le Macina et il se mit
aussitôt à intriguer contre nous ; son ami Al-Hadji Bougouni, chef de Nampala, fut le principal instrument de ses
intrigues. Ce chef se mit en devoir de soulever les populations bambara et de les inféoder à la cause toucouleure. Il
n'eut pas grand'peine à arriver à ses fins. Les Bambara,

ayant toujours vécu de brigandage, ne demandaient qu'à retrouver l'occasion de reprendre leur ancienne profession. Ahmadou d'ailleurs envoya bientôt un fort contingent pour convaincre les habitants : ce contingent avait pour chef Oumariel Samba Doudé... »

Les hostilités commencèrent par l'expulsion des percepteurs du Fama. Celui-ci, sentant la sourde fermentation du pays, résolut de se rendre compte lui-même de l'état des esprits. Il partit en tournée avec quelques cavaliers. Le village de Kolodougou lui ferma ses portes et ouvrit le feu sur son petit groupe (25 décembre 1891). Un coup d'audace était nécessaire, et le Fama se résolut à attaquer le village rebelle le lendemain à l'aube. Mais pendant la nuit il reçut avis que Sansanding était menacé : que la population marka de la capitale était prête à faire défection. Il fallut donc revenir en arrière et se rendre compte de la situation. Au cours de sa retraite, le Fama infligea une défaite aux rebelles entre Fosma et Kala Ynobola. Arrivé à Sansanding, il rendit compte à Ségou et prépara fortement la défense du village.

« Al-Hadji Bougouni cependant s'avançait avec toutes ses troupes sur Sansanding. Les villages bambara qui se trouvaient sur sa route faisaient défection.

« Le Fama reçut des ordres de Ségou qui lui recommandaient prudence et défensive. Le 12 janvier 1892, les sofas de Sansanding bousculèrent un parti d'insurgés à Massala. En représailles de cette action victorieuse, Al-Hadji Bougouni se présenta devant Sansanding et exécuta une attaque qui fut partout et vigoureusement repoussée (12 mars 1892). Le chef des insurgés se retira à Dosséguéla, où il établit son quartier général...

« Dès lors, il n'y eut plus que des actions de détail, parmi lesquelles il faut signaler l'attaque du village ami de Gomakoro, que son énergique chef Bokoba Kouloubaly repoussa avec vigueur.

« Le 1er mai, le résident de Ségou envoie l'enseigne de vaisseau Biffaut avec 12 laptots et 2 canons-revolvers pour concourir à la défense de Sansanding. Mais la situation demeure inchangée jusqu'au 25 juin, date où le commandant Bonnier, envoyé par le commandant supérieur, arriva à Sansanding. Le dimanche 26 sa colonne grossie des Sofas du Fama prit d'assaut le village de Dosséguéla, où était le quartier général d'Al-Hadji Bougouni et de l'émissaire d'Ahmadou, Oumariel Samba Dondé. Ce dernier fut tué ainsi que 500 Bambara. Le chef du village se fit sauter. Ce coup décisif produisit le plus grand effet dans l'esprit des Bambara : tous le chefs firent leur soumission au Fama, et depuis ce temps la tranquillité n'a plus été troublée. »

A quelque temps de là, la smala d'Al-Hadji Bougouni ayant été capturée à Ziadeïa par le lieutenant Mangin, le chef s'enfuit vers le Sahel, chez les Mechdouf (fin 1892). Toute sa vie, il devait rester l'irréductible partisan d'Al-Hadj Omar. Il vécut assez misérablement chez les Maures, et notamment chez les Mechdouf, donnant des leçons coraniques pour vivre. Entre temps, il fit le pèlerinage de la Mecque. L'occupation de Oualata (1912) le contraignit à accepter l'aman, qu'on lui avait maintes fois fait offrir. Il se présentait à Sokolo, le 14 mars 1912, et, après avoir reçu la défense de se mêler des choses publiques, il se retirait à Nampala, qui lui avait été assigné comme résidence obligatoire, mais usé, presque aveugle, il mourait en 1914.

Il fut remplacé en 1892 par son cousin Bougouni Ba. Celui-ci, sans aucun prestige, sans aucune influence, administra fort mal la tribu.

Al-Hadji Bougouni avait un fils, Mamadou Ba, né vers 1878. Arrêté avec sa mère à titre d'otages, il fut envoyé à l'école des fils de chefs à Kayes en 1896. Il en sortit en 1899 et fut pourvu à Sokolo d'un emploi de secrétaire. Demandé à plusieurs reprises comme chef de canton par les notables et chef de fraction, il fut autorisé en 1901 à rentrer chez lui et à seconder Bougouni Ba. Dès lors tout changea : toutes les difficultés s'aplanirent ; l'impôt rentra facilement ; l'administration et la justice ne donnèrent lieu à aucune plainte. Bougouni Ba s'effaça de lui-même, et pendant dix ans fut l'éternel démissionnaire. On finit par autoriser son départ, et, le 8 février 1911, Mamadou Ba était nommé chef.

Ce personnage est sans contredit un de nos meilleurs agents soudanais. Loyal, dévoué et tout à fait sympathique, il s'est rendu utile dans la politique sahélienne tant vis-à-vis des Peul que vis-à-vis des Maures.

Dès 1902, il va chercher Sidi ould Hennoun, chef des Allouch, l'amène à Sokolo et, par sa pression, obtient une sensible amélioration de nos rapports avec cette tribu.

En 1907, il réunissait, à la demande de l'administration et pour faire face à des difficultés possibles, le goum de sa province.

Le 4 juillet 1916, en son absence, sa soukalla était envahie par la première fraction des dissidents Ahel Sidi et sa mère insultée. Il s'empressait d'en rendre compte à Sokolo et conduisait lui-même le détachement méhariste, qu'il secondait de ses gens. Les résultats furent brillants, puisque sur 11 dissidents, 7 furent tués et 2 blessés au cours de deux combats.

Les pourparlers qu'il entama peu après avec Chebboun, aménokal des Tenguéré·lief, jetèrent quelque froid. Emporté par son zèle, Mamadou Ba voulut convaincre Chebboun de l'inutilité de toute révolte contre la France ; mais ses conférences secrètes avec le chef targui, dont on soupçonnait fort et à juste titre la fidélité, firent douter quelque temps du loyalisme du chef peul. Il n'est plus rien subsisté de ce nuage.

Chargé pendant de longues années, outre les Peul de Nampala, des Peul du Kourmary, il a dû, en raison de l'éloignement de ces derniers, les abandonner, en 1917, à son frère aîné Dembel Ba.

Dans l'administration de peuplades aussi dispersées, aussi méfiantes et aussi fuyantes que les Peul, et qui au surplus paraissent animées d'un assez mauvais esprit ou en tout cas du plus vif désir d'indépendance vis-à-vis de notre autorité, Mamadou Ba, actif, intelligent et dévoué, est de toute première utilité. Les Rimaïbé et la classe moyenne des Foulbé lui sont aveuglément dévoués. Seuls quelques individus de l'aristocratie Foulbé-Foro paraissent avoir regretté son frère aîné Dembel Ba. Ses services se sont étendus encore à l'administration des Oulad Daoud ,Oulad Zeïd, Djafara et Oulad Allouch Al-Beguer), qui, depuis la disparition de l'autorité militaire, ont été à peu près complètement abandonnés à eux-mêmes. Ces Maures, qui suivent les Peul dans leurs migrations vers le Dioura et le Macina et sont unis à eux par de nombreux liens matrimoniaux, ont une très grande considération pour Mamadou Ba ; et leur excellente attitude depuis quinze ans procède, la chose est incontestable, de son loyalisme.

Il faut bien mettre une ombre légère au tableau : cherchant à grouper tous les Ouwarbé sous son autorité, Mamadou Ba attire ses cousins d'Akor vers le Nampala, ce qui n'est pas sans provoquer de petits conflits entre les deux provinces et entre les deux chefs.

Mamadou Ba parle très bien le français, connaît fort bien nos usages, et n'est pas sans vernis. C'est de plus un excellent lettré arabe et sa bibliothèque est bien garnie.

Il a été affilié à l'ouird qadri par Modibbo Hamadi Gagny, à Boubou Modi. Ce marabout, mort vers 1906, fut un très grand cheikh local, le ouadi des Peul de Sokolo pendant le dernier quart du dix-neuvième siècle. Il avait été l'élève et le disciple du Foutanké Mamadou Abdoulaye Souadou, vu plus haut, et par lui se rattachait à l'obédience kounta. C'était un savant, mais surtout un Soufi. Tous les maîtres et marabouts de Boubou Modi sont ses disciples ou élèves. Il y a été enterré et sa tombe, que ne recouvre aucun mausolée, est très visitée.

Les personnages maraboutiques peul les plus notoires de la province de Nampala sont :

A *Barkerou :* a) Ibrabima Brahina Ba, né vers 1880, disciple qadri de Modibbo Gagny, précité. Il a fait ses études à Goumbou, et dirige une école coranique d'une quinzaine d'élèves, dont quelques fillettes. Assez instruit, il jouit d'une certaine considération ; b) Mamadou Cheikh Ba, né vers 1865, élève de son père et disciple qadri d'Alfa Hamma Samba Diallo, le vieux marabout le plus instruit et le plus considéré du Dioura. Mamadou, qui dirigeait jadis une école coranique, l'a fermée pour se consacrer au droit, où il est passé maître. Il fait un cours juridique à deux ou trois jeunes gens. Son influence est localisée à Barkérou.

A *Boubou Modi :* a) Hamadou Gagnéré Diallo, né vers 1860 et qui vient de mourir en 1914. Marabout peu instruit, mais d'une grande piété, Hamadou exerçait un grand ascendant sur les Ouwarbé. Il est mort en odeur de sainteté, laissant la direction de son école à son fils Hamadou, qui le suppléait d'ailleurs depuis plusieurs années. Il était le disciple qadri de Modibbo Hamadi ; b) Abd Er-Rahman, né vers 1872, fils de Modibbo Hamadi Gagny, précité. Il n'a pas hérité de la science et de l'influence de son père et se contente de la direction de son école; c) Sidi Gadabaga Dounkara, né vers 1880, disciple de Hamadou Gagnéré, précité. C'est un marabout peu instruit et sans influence.

A *Bourgou-Silatigui :* a) Al-Hadji Hamadi Kébé Ba, né vers 1850, élève et disciple qadri de Bou Bakar Chékou Fofana, le fameux ouali de Dioura (1915). Al-Hadji, qui porte ce nom suivant la coutume locale sans avoir fait le pèlerinage, est aveugle et a à peu près perdu tous les élèves de son école. Mais sa dignité d'imam du village et de moqaddem qadri lui assure le respect de tous. Son principal disciple est Samba Demba Ba, né vers 1882, maître d'école assez achalandé à Bourgou-Silatigui. *b*) Hamadi Kébé Ba, dit Hamadi Demba Ba, né vers 1870. C'est un marabout errant, qui a fait ses études à Nioro, à Kayes, à Dienné, et qui plus tard a continué ses courses du Haut-Sénégal au Moyen-Niger. Il a des femmes un peu partout, à Niafunké, à Nioro, etc. Il gagne sa vie par la fabrication d'amulettes fort appréciées du public. C'est surtout un excellent juriste musulman, coté comme tel par tous les Peul du cercle. Ouvert et intelligent, c'est un homme sympathique. Il a reçu l'ouird qadri d'Alfa Boubou So, de Sossobé Tagoro, dans le Macina, disciple d'Alfa Souleyman, Foutanké de Hamdallahi. Celui-ci se rattache à Alfa Nouhou Tahirou, le pieux missionnaire du grand cheikh Sidi-l-Mokhtar, le Kounti. *c*) Ousman Boukar Kébé Ba, né vers 1883, petit maître d'école, disciple qadri de Modibbo Hamadi Gagny Ba, précité.

À *Dianwéli*, centre maraboutique assez important, mais sans personnalités bien accusées, Hamadou Aliou Fofana, né vers 1890 ; Dandi Koné, né vers 1890 ; Siddati ould Kheina Nati, Maure poullisé, né vers 1890, tous trois petits maîtres d'écoles que fréquentent 5 à 10 élèves.

À *Goudrou*, Modibbo Bohou Ba, dit Modibbou Sala Ba, né vers 1848 à Karé, dans le Dioura. Il y a fait ses premières études et les a achevées à Akor. Il s'est enfin retiré dans le Nampala. C'est un homme fort instruit et très connu parmi les Ouwarbé de Sokolo, auprès de qui il jouit d'une grande réputation d'équité, depuis le temps où il était leur cadi. Il a délaissé son école coranique pour se consacrer à l'enseignement du droit à quelques jeunes gens. Il a une bonne bibliothèque. Imam du village, il fait aussi le mufti et le fabricant d'amulettes appréciées. Il préside les séances de la dahrat pendant le Ramadan. Il est enfin moqaddem qadri, et relève par son frère, Bouya Bohou, de Taïbou Sidi, poullo boaro, qui s'en fut étudier à Tombouctou auprès du cheikh Sidi-l-Mokhtar As-Sarir, le Kounti, et, rentré chez lui, en fut le principal missionnaire. Modibbo Bokou Ba est un homme ouvert et sympathique. Son fils Bouaddi, ainsi nommé en l'honneur des Kounta, fait le cultivateur pour le compte de son père, à qui les cadeaux, nombreux pourtant, de tous les Peul de la région ne suffisent pas pour vivre.

En dehors de ce saint homme, il n'y a guère à citer à Goudrou que Alfa Hamadi Sali Ba, né vers 1878. hafidh réputé chez les Ouwarbé, et disciple qadri de Modibbo Hamadi Gagny Ba, de Boubou Modi.

A *Kobaddi*, l'imam local, Hamadou Modyo Ba, né vers 1850, petit maître d'école.

A *Nampala*, foyer d'Islam très vivace : a) Hamadou Hamadi Ba, né vers 1853, mort en 1914, ancien cadi de Nampala, personnage fort instruit et professeur regretté. Il était qadri de l'obédience de Modibbo Gagny Ba. b) Hamadi Amiri Ba, né vers 1858, marabout tranquille. c) Afla Seidou Samba Ba, Poullo pitado, né vers 1838 à Diengo (Bandiagara). Après une vie orageuse dans les régions de Dienné, Ségou, Niafunké et Sokolo, il était installé à Alatonna à l'arrivée des Français. La pureté de sa foi ne lui permettant pas de respirer le même air que les chrétiens, il s'en fut avec Al-Hadji Bougouni chez les Maures du Hodh et nomadisa vingt ans avec eux. Il vint enfin se fixer à Nampala, en 1913, après l'occupation de Oualata. C'est le plus en vue des marabouts locaux, mais il est aussi très connu dans toute la région et notamment dans le Macina, où il tenta un jour, suivi de ses télamides, de se faire nommer chef du pays en se substituant à Hamadou Hamadou Chékou.

Ce vieil homme fanatique offre beaucoup d'intérêt par les souvenirs de sa vie. qu'il aime raconter. Il est fort instruit, mais n'enseigne plus, son grand âge ne le lui permettant pas. Il fait quelques amulettes et rend, à l'occasion, des décisions juridiques.

Moqaddem qadri par affiliation de Souleyman Sadio de Hamdallahi, il se rattache à Alfa Nouhou Tahirou, le grand missionnaire poullo du cheikh Sidi-i-Mokhtar le Kounti.

Il vit avec son troisième fils Hamadou; le premier est à Kobé (Issa-Ber); le second à Néma.

A *Oudiabé,* qui est le centre islamique le plus important de la région après Sokolo : *a*) Bokar Bouyaté Ba, né vers 1850 à Tenedié près de Néma, marabout fort instruit, juriste consommé et surtout Soufi détaché des choses de ce monde et voué aux œuvres de piété et de mortification. Tous les Ouwarbé de Nampala le considèrent comme un ouali et lui font de nombreux cadeaux de bétail. Il en est de même des marabouts d'Akor, qu'il a attirés à sa Voie lors de son passage en cette cité. Imam du village, mufti et tamsir, il est aussi moqaddem qadri par affiliation de son frère, Dembel Bouyaté Ba. Dembel était le disciple de Taïebou Sidi, déjà vu. Bokar a fermé son école coranique, mais donne l'instruction supérieure islamique à ses deux fils, Hamadi et Birahima, déjà marabouts de renom.

Le neveu de Bokar, Hamadou Dembel, né vers 1872. Ba dirige à Oudiabé une école d'une demi-douzaine d'élèves.

b) Birahima Seïdi Ba, né vers 1870, chef du village et à l'occasion maître d'école. Personnage sympathique et instruit.

c) Bougouni Seïdi Ba, né vers 1850, et Dembel Seïdi Ba, né vers 1872, élèves et disciples qadri de Dembel Bouyaté Ba, précité. Ce sont de petits maîtres assez instruits, mais sans influence.

A *Rangabé,* l'imam du village, Sékou Samboulé Dial, né vers 1865, disciple qadri de Hamadou Guidado Dial.

A *Sognbara,* Sékou Hamadi Oumarou Dial, né vers 1860, imam du village.

A *Torobé,* Hamma Dioumo Fofana, né vers 1850, et Sékou Hamadi Demba Fofana, né vers 1870, tous deux petits maîtres d'école sans importance et disciples qadrïa du père du premier, Hamadi Dioumo Fofana. Hamma est l'imam du village.

3. — *Ouwarbé du Kourmary.*

Les villages peul du Kourmary restèrent indépendants jusqu'en 1916. Cette indépendance tournant peu à peu à l'anarchie et à l'absence de toute administration, il fut convenu, après consultation des notables, que ces groupements seraient placés sous l'autorité de Mamadou Ba.

Cette mesure ne donna pas entière satisfaction. Éloignés de Nampala de plusieurs longues journées de marche, les Ouwarbé du Kourmary continuèrent à échapper à un contrôle sérieux. Un nouveau chef fut donc choisi. Ce fut Dembel Ba, frère aîné de Mamadou Ba et qui, depuis fort longtemps, se morfondait dans l'inaction.

Né vers 1870 à Alatonna, Dembel prit la fuite avec son père en 1896. Au cours de cet exode, il prit part à plusieurs expéditions entre tribus et fut notamment blessé par les Oulad Nacer qu'il poursuivait pour lui avoir volé des chameaux. Il fit sa soumission et revint à Sokolo en 1908. Sa conduite fut toujours correcte, encore qu'au début de 1911, il ait fait quelque opposition à la nomination de son frère cadet comme chef du Nampala. On occupa son désir d'activité en le chargeant en 1916, sous l'autorité de Mamadou Ba, des Peul du Kourmary, et finalement on les lui donna en toute indépendance en 1917. Dembel s'acquitte bien de ses nouvelles fonctions. Ce commandement le rallie définitivement à nous. C'est un homme intelligent, énergique, assez instruit, doué de bonne volonté. Il est influent et très connu chez tous les Peul Ouwarbé et Maures Daoud.

Il est qadri, comme tous les Peul de la région, et a reçu
l'ouird d'Alfa Saïdou Samba Ba, qu'on a vu plus haut.

Le Kourmary peul renferme d'importantes personnalités
maraboutiques.

A *Alatonna* : *a*) Taïebou Yerowel Ba, né vers 1868 à
Pété-Koli (Dioura), de la famille des Moussankobé. Il a
cherché sa voie dans les divers groupements peul du cercle
(Nampala, Akor) et a fini par se fixer à Alatonna, vers 1912.
Peu fortuné, il fait le cultivateur pour vivre. C'est un
homme fort instruit, très souple, le type de Peul qui sait
s'adapter. Il jouit d'une très grande considération parmi ses
compatriotes. Quand, au début de 1916, lors de la réorganisation du tribunal de subdivision de Sokolo, on rechercha
un assesseur peul, Taïebou Yerowel fut désigné par l'ensemble des djemaa de Nampala, d'Akor et du Kourmary.
Sans doute son habitat à proximité de Sokolo guida-t-elle
le choix de beaucoup, mais ses qualités et l'estime dont il
jouit furent la cause déterminante de l'élection. Il s'acquitte
fort bien de ses fonctions judiciaires, et comme il ne demande qu'à faire son chemin, on ne saurait trop le pousser.
Ce sera un excellent auxiliaire.

Taïebou est moqaddem qadri par l'affiliation de Bokar
Chékou Fofana, marabout très influent de Dioura et ouali
reconnu, qui est mort en 1915, laissant un fils, Oumarou,
dit Farou, qui n'a pas hérité de son influence. Bokar se
rattachait par Bou Bakar Fawniendé et Abdoulaye Souadou au Qaderisme des Kounta. Taïebou a plusieurs disciples, maraboutaillons locaux, dont, à Alatonna même,
Sidi Hamadi Ba, né vers 1888, et Birahima Hamadou Ba,
né vers 1868.

A *Bossi-Tomou* : *a*) Hamadi Sidi Ba, né vers 1872, imam
du village, assez instruit et assez influent dans son groupement et aux environs. Il dirige une école de 6 élèves. C'est
un qadri de l'obédience de Modibbo Alfaka Dial, de N'Dou-

kala. *b)* Taher Hamadi Bitiel Ba, né vers 1860, petit maître d'école, de même obédience que le précédent.

A *Kogoni : a)* Hamadi Abdoulaye Dial, né vers 1870, imam du village. Son école a une douzaine d'élèves. Il a fait ses études en diverses localités de Mopti et de Sokolo et a embrassé le Qaderisme Kounti par l'intermédiaire du suivant. *b)* Oumarou Hamadi Diaw, né vers 1850, est très connu chez les Ouwarbé locaux, quoique sans grande influence. Il est moqaddem qadri par ordre de Hamadi Al-Dioumaré Dial, de Kéni (Sokolo), disciple lui-même de Hamadou Alfaka, Poullo du Farimaké, qui vécut dans l'entourage des Kounta et fut affilié à leur Voie.

A *Ndoukala.* Hamadi Alfaka Dial, né vers 1868, élève et disciple de son père Modibbo Alfaka Dial, mort vers 1910 et qui a laissé une très sainte mémoire. C'était un ouali, qui a conservé de nombreux disciples. Son fils est assez considéré, surtout comme héritier de la baraka paternelle. Il dirige une école d'une dizaine d'élèves. C'est l'almamy local.

A *Sokolo* même, l'élément poullo ne donne aucun nom digne de mention. Sékou Hamadou Cissé, né vers 1850, élève et disciple qadri des Glagma, dirigeait une école de quartier, qui jouissait de quelque considération. Il est mort en 1914.

4. — *Ouwarbé de l'Akor.*

On a vu qu'à la suite des luttes entre Oualarbé et Ouwarbé, ceux-ci durent évacuer le Bakhounou-Ouagadou, vers 1830, et se réfugier vers l'est ; et qu'après un séjour dans le Dioura, ils s'en furent, non encore satisfaits, à la recherche de pâturages plus abondants et surtout plus paisibles.

Le groupement des descendants d'Alfa Guidado, serviteurs et captifs, conduits par Hamadi Sidi et Mahmoud ould Al-Hadji, tous deux petits-fils d'Alfa Guidado, arriva dans l'Akor et s'y installa (cf. le tableau généalogique en annexe). Mahmoud devait personnellement continuer l'exode vers Goumbou et aller mourir à Dougouni, mais son fils Ismaïla le remplaça. Celui-ci tâtonna quelque temps vers Bou Dyiguéré, puis revint à Akor.

Hamadi Sidi fut le premier chef de ce groupement peul et le fondateur d'Akor. Il n'y avait alors qu'une épaisse brousse autour de la mare d'Akor, dont le nom signifie « lieu de réunion des bêtes fauves » et que seuls fréquentaient des chasseurs maures. Les Peul conservèrent ce nom, emprunté à l'arabe hassanïa. Hamadi fit mettre le feu à cette brousse, édifier un village qui allait être la métropole des bourgades de la province, et commencer de nombreux lougans. Il mourut vers 1884.

Il fut remplacé par Alfa Guidado, fils de son cousin Hamadi Souka. Alfa Guidado était chef à l'arrivée des Français. Ses intrigues amenèrent sa déposition en 1897 et son remplacement par son cousin Ousman ould Al-Hadji Aliou. Celui-ci était mort l'année suivante, le quatrième chef fut Cheikhna, le fils du fondateur du village. La mort de Cheikhna, en 1903, laissa la place à son cousin Aliou Birahima. Celui-ci, qui est mort en 1916, avait été révoqué dès 1904 pour malversation dans la caisse d'impôt ; il avait été remplacé par Talib Ba, fils d'Ismaïla et chef actuel.

Les dix villages peul de la province sont des colonies d'Akor deuxième, que pour distinguer d'Akor Tagdaous on nomme Akor-Boro : Toubakoro, créé en 1882 par Dembel Kola, qui par la suite, en 1907, vint fonder Sabérémamy, délaissant le premier village ; Bourdiadié, fondé en 1883 par Ismaïla père de Talib Ba. Il y mourut vers 1090. Bangolo, créé par Al-Hadji, frère cadet de Talib Ba en 1909, sur les ruines d'un village bambara. Dikoné, fondé en 1909 par Demba Haourou Ba, cousin de Taleb Ba. Dounguel, créé par Haouba Abdoulaye Ba en 1896 ; il vint ensuite fonder en 1908 Dyoya. La totalité de ce groupement ouwarbé est évaluée à 1.500 personnes environ.

Outre les transhumances ordinaires nécessitées par leurs troupeaux, les Ouwarbé de l'Akor abandonnent tous leurs villages dans la deuxième partie de la saison sèche, de février à juin, quand les mares sont sur le point d'assécher. Ils vont alors dans le territoire de Niamina et de Sansanding, et s'échelonnent sur la rive gauche du fleuve. Ils remontent chez eux aux premières pluies de l'hivernage.

Talib Ba est chef de la province d'Akor. Son quatrième ascendant, Alfa Guidado, est considéré comme l'ancêtre du groupement. Parmi les fils d'Alfa Guidado Birahima, dit Al-Hadji à la suite de son pèlerinage à la Mecque, est l'ancêtre de Talib Ba. Cet Al-Hadji, vivait à Alasso au milieu des Guirganké. Il a eu le bon esprit d'écrire une petite relation de son pèlerinage, qu'il avait entrepris en 1794-1795 par le Touat, le Fezzan, Siouah et le Caire, route qu'il trouva fort dure, à juste titre. Cette petite relation tient en huit feuillets de 8 × 12, d'une écriture assez grossière, et d'un style qui n'a rien d'élégant. Le petit ouvrage, dont le manuscrit m'a été prêté par Talib Ba et se trouve toujours entre ses mains, a été traduit par mes soins et a paru dans la revue du Comité d'études de l'A. O. F.

Al-Hadji a laissé la réputation d'un grand marabout et ce pèlerinage, sans doute rare à ce moment, frappa les esprits. Aussi la coutume s'est-elle introduite de donner en son honneur ce nom d'Al-Hadji aux enfants nouveau-nés. Des Peul elle a passé chez les Marka, et c'est pourquoi cette appellation de Hadji fleurit ici sans que pour cela les intéressés aient été à la Mecque. C'est un simple nom.

On a vu plus haut Mahmoud fils d'Al-Hadji et Ismaïla fils de Mahmoud.

Talib Ba, fils d'Ismaïla, est né vers 1870. C'est un homme intelligent, assez instruit, très ouvert et dévoué. Il manque un peu d'énergie, partant d'autorité, mais, bien soutenu, peut faire un bon chef. C'est une belle tête peul, à la grande barbiche grisonnante. Il a montré beaucoup de sagesse et de zèle dans la reconstitution des éléments peul de l'Akor, dispersés, méfiants, fuyants. Il jouit d'une grande considération chez tous les Ouwarbé, ce qui n'empêche pas plusieurs d'entre eux, attirés, dit-on, par les intrigues de Mamadou Ba, chef du Nampala, de se diriger vers cette dernière province.

Talib Ba a deux frères, sympathiques aussi : Al-Hadji, né vers 1875, fondateur et chef de Bangolo ; Abba né vers 1877, chef de Bourdiadié. Ils relèvent tous trois, comme l'ensemble des marabouts d'Akor-Boro, du ouali d'Ouadiabé, Bokar Bouyaté Ba, qui les a attirés à sa Voie lors de son séjour dans ce village. Ce Bokar, qu'on a vu plus haut dans le Nampala, se relie au Qaderisme des Kounta.

Les principales personnalités maraboutiques de la province sont :

A *Akor-Boro* même : a) Alfa Ousman Dial, né vers 1872, imam du village, instruit et aimé de la population. Il dirige une petite école de 8 élèves ; b) Hamadi Ousman Dial, frère du précédent, né vers 1860, peu instruit, mais hafidh réputé. Il est l'élève et le disciple de son père Ousman, qui est mort à Sabéré-Badi vers 1880, laissant la réputation d'un grand savant. Il se rattachait aussi par Hamadou Koro, poullo de Ténenkou (Macinao aux Kounta. c) Aliou Birahima Ba, chef révoqué du village et ancien imam, qui est mort en 1916, laissant la direction de son école à son fils aîné. Propre neveu de Taïebou Sidi Ba, il avait directement reçu de lui l'ouird et les pouvoirs de moqaddem sans passer par Bokar Bouyaté ; d) Birahima Oumar Ba, né vers 1870, maître d'une école d'une dizaine d'élèves, et qui a fréquenté divers marabouts à Goumbou et dans le Kourmary; *e)* Hamadou Khalil Ba, né vers 1860, aveugle, et *f)* Hamadou Boukari Ba, né vers 1862, petit maître d'école sans science ni influence.

A *Bangolo* : *a)* Youssouf Yorowel Ba, né vers 1850, qui vient de mourir en 1914, disciple qadri de Aliou Birahima, précité ; *b)* Al-Hadji Bou Bakar Ba né vers 1870, disciple par son maître Alfaka Boukari Ba de Ndoukala, de la même obédience.

Dyoya, Habibou, Modi Ba, né vers 1850, imam et moqaddem qadri. Né chez les Id Eïzan, où son père Brahim s'était rendu pour étudier et mourut, Habibou a été élevé dans cette fraction maraboutique maure et y a acquis une science arabe de première valeur. Il fut l'élève et le disdiple qadri du cheikh Ahmed Djiddou, qu'on verra à propos des Eïzans, et en reçut les pouvoirs de moqaddem. Il est l'imam du village et son école est florissante. Elle comprend de 10 à 20 élèves suivant la saison. Il a toujours auprès de lui deux ou trois jeunes gens, qui suivent un cours de droit ou de catéchisme théologique. Il est très populaire dans l'Akor, où les Ouwarbé reconnaissent sa supériorité intellectuelle sur les autres marabouts.

A *Sabéré-Mamy* : *a)* Boukar Demba Ba, né vers 1858, maraboutaillon ignorant et sans importance ; *b* Hamadi Daye Ba, né vers 1870, marabout de second plan qui, en novembre 1915, informé du prochain passage de l'administrateur dans l'Akor, céda à une crise de défiance maladive et se mit à inciter les jeunes gens à la fuite, à organiser l'exode vers le sud et à provoquer l'abandon de plusieurs villages. Il fallut plusieurs jours de recherches dans la brousse et de palabres pour les ramener. Hamadi a été condamné a un an de prison et cinq ans d'interdiction de séjour.

B. — Les Oualarbé (Goumbou-Nara).

1. — *Traditions historiques.*

Comme toutes les tribus peul, les Oualarbé ont leur Tarikh concernant les origines de leur peuple. En voici le passage le plus intéressant, qui est versé au débat sans être accompagné d'une critique, pour l'instant impossible.

« Voici ce que j'ai trouvé concernant l'origine des Peul. C'était au temps du Khalife Omar ibn Al-Khattab. Il mit Amr ibn Al-Aci à la tête d'un contingent de troupes qui devaient aller en occident, et les embarqua sur un navire maritime. Il dit au chef : « Quand tu trouveras un roi sur la route, tu lui enverras dire ces mots : « Dis, ô gens du Livre (Chrétiens et Juifs), venez entendre une parole.

« Lorsque Amr arriva au pays de Toro, il envoya Oqba ben Amir aux habitants. Ceux-ci acceptèrent partiellement ses paroles et se firent musulmans. D'autres prirent la fuite. Quand Amr ibn Al-Aci voulut s'en retourner, le sultan lui dit : « Donne-nous quelqu'un pour nous mon- « trer la vraie religion d'Allah. — Choisis qui tu voudras, « dit le chef arabe. — Je veux Oqba. »

« Amr s'en alla donc vers Médine, où il trouve le Kha- life Omar, qui mourut peu après.

« Quant à Oqba, il épousa la fille du Sultan, nommée Bijouma, et elle lui donna quatre enfants : Daat, Oueï, Nasser et Raaba, qui sont les ascendants des quatre tribus peul : Diallo, Bari, Soh, Bah. »

Cette légende se trouve à peu près identique dans tous les groupements peul de l'Afrique occidentale.

Par la suite, la tradition orale reprend et peut-être y a-t-il là quelque schéma de vérité historique. Les ancêtres des Oualarbé sont les Peul Saybobé, qui habitaient le

Fouta-Toro, et dont leurs cousins, les Déniankobé, peuplent toujours la région de Matam.

Leurs migrations les amenèrent d'abord en pays mandé. Ils s'obstinèrent dans le refus de verser au roi du pays, nommé Samba, les cadeaux d'usage, et furent exilés. Alors l'un d'eux, au cours d'un tam-tam, planta sa lance dans la poitrine de Samba. Les quatre fractions, qui composaient ce groupement peul, durent se disperser aussitôt pour éviter des représailles. L'une d'elles, composée de cinq chefs de famille, vint dans le Diko chez l'ardo Yabel Gadiaga. Ces cinq individus, de la fraction Bidal (ou Guidal) Nbobi, sont : Hamadi, Bogoli, Da (Ousman), Maham et Almamy. La descendance des trois premières a dû émigrer par la suite en grande partie et le reste se fondre dans la descendance des deux autres, car on ne la retrouve plus aujourd'hui nominativement.

Les traditions rapportées par Delafosse, sans différer sensiblement de celles ci. recueillies à Goumbou, présentent pourtant quelques divergences. En 1255. Soundiata. sultan de Mali, est tué involontairement par le poullo Maham Boli. Celui-ci et les siens. craignant des représailles, fuient vers le Sahel, auprès des Peul Yalabé qui s'y trouvaient déjà et que commandait Illo-Diadé Galodio. A la mort de celui-ci. Maham remit les trois clans sous son autorité.

Je reprends la tradition locale : Maham, vaillant guerrier, se mit au service de l'ardo et devint le chef de ses troupes et, comme il convient, son gendre. Il est l'ancêtre des gens de Fogoti et Bakhabakha ; Almamy resta pasteur et accrut ses troupeaux ; il est l'ancêtre des gens de Diébougou et de Palol. Les habitants de ces quatre villages forment aujourd'hui la fraction des Saybobé ; le commandement appartient à la descendance de Maham, mais le choix du titulaire à celle d'Almamy.

Maham avait succédé à son beau-père et résidait à Diara,

ainsi qu'à Niamé, chez les Diawara, quand survinrent les invasions arma. Ils « cassèrent » ce pays de telle sorte que les habitants durent se disperser. Les uns allèrent au Macina, d'autres à Aiorbiwol, dans le Fouta-Toro. Les ancêtres des Oualarbé étaient de ceux qui partirent pour Diorbiwol, sous le commandement de Bounambé, fils de Maham.

Par la suite, les événements se résument ainsi : Sambouné, fils de Bounambé, revient à Niamé. Moussa, fils de Sambouné, vient à Joumara, dans le Kaarta. A la suite d'un conflit avec les Peul Dial de Ségou, il les vainquit. Moussa mourut près de Goumbou, où les Sarakollé étaient déjà installés. Il eut pour fils et successeur Mamadou.

Mamadou eut pour fils et successeur Hamadou, dit Yalali.

Yalali eut pour fils et successeur Mamadi.

Mamadi eut pour fils et successeur Galad.

Galad eut pour fils et successeur Sambourou.

Sambourou régna soixante ans, dont quarante en paix et vingt en guerre. Ils crûrent en nombre et en richesses et s'imposèrent au respect des Maures, qui finirent par les désigner sous le nom d'Ahel Sambourou. C'est depuis cette date que chez les Maures et les Noirs ce nom de Sambourou a fini par prédominer sur celui de Oualarbé (dix-huitième siècle.)

Sambourou eut pour fils et successeur Mamadou Bolaro, dit Bouïa, qui est mort vers 1800 et est l'ancêtre de la famille régnante actuelle, dite Ahel Boubou, des Sambourou. On pourra se reporter au tableau généalogique de cette famille donnée en annexe, pour avoir le relevé de ses divers membres et les principaux événements auxquels ils ont été mêlés. Bouïa a été enterré à Kassambara. Il laissait trois fils : Abbi, Bou Bakar et Alfa Bouïa.

La descendance d'Abbi est écartée du commandement. Celui-ci s'est partagé entre les fils de Bou Bakar et d'Alfa

Bouïa (cf. en annexe l'arbre généalogique des chefs Oualarbé).

Bou Bakar, fils de Bouïa, succéda à son père vers 1800 et régne jusqu'en 1825 environ, année où il mourut et fut enterré à Touldori (Mourdia).

Il eut comme successeur son fils Sambourou, qui mourut vers 1860 et fut remplacé par son fils Mamadou Sambourou (vers 1865).

A la mort de ce dernier, le pouvoir revint à un autre fils de Bou Bakar, Falilou Bakari. Son règne n'est que le récit des malheurs des Oualarbé, pris entre les luttes des Touçouleurs et des Bambara. Il habitait Hoforo dans le Bakhounou, puis vint dans le Kingui (Nioro). Chassés par Ahmadou Chékou, ils durent, les uns s'en aller vers le Ségou, puis émigrer partiellement vers le Macina, pour entrer finalement dans le Kingui et le Ouagadou ; les autres dans le Ouagadou, au nord de Nara, où ils se construisirent des cases autour de Keïbané, la résidence du chef.

Il finit lui-même par périr au cours d'un combat contre les Foutanké d'Ahmadou, vers 1883, non loin de Nioro.

Son cousin, Mamadou Alfa Bouïa, lui succéda et envoya, au début de 1891, des messagers à Marchand, alors à Damfa. Il rappelait les causes de haine entre lui et les Foutanké ; il se proclamait l'allié des Français.

« Comme preuve de la sincérité de ses déclarations, je lui conseillai, dit Marchand, de me livrer Abioulaye Silla, grand marabout du Bakhounou, qui s'était réfugié à Moussaouéli. Il s'y employa, mais les Diawara, qui tenaient encore pour Ahmadou, s'y opposèrent. »

Il donna, d'ailleurs, plusieurs fois, des gages plus heureux de sa bonne volonté à l'autorité française

C'est sous son commandement que se produisit l'exode de la majeure partie des Oualarbé du Sahel vers la région de Ségou et surtout de Bamako. Depuis un demi-siècle déjà, un certain nombre de familles sambourou avaient émigré vers Bamako, essayant d'échapper aux Bambara du Nord, et plus tard aux Toucouleurs. En 1891, à la suite de dissenssions intestines et de l'état troublé du pays, partagé entre les Français et les Toucouleurs, de nombreux campements les suivirent. Tous les efforts des commandants supérieurs, de 1891 à 1900, usèrent à reconstituer dans leur habitat du Sahel cette malheureuse, mais toujours méfiante tribu Ouaïarbé, qui fit la plus tenace obstruction.

Le colonel Archinard donna d'abord l'ordre à ceux qui vivaient aux confins nord du Bakhounou de venir s'installer dans le Bakhounou même. Mamadou Alfa Bouïa y consentit assez facilement, et on put opérer cette migration avec une peine relativement minime.

C'est à ce moment qu'apparaît Alfa Souka, petit-cousin du chef. Les services qu'il rend, à cette occasion, attirent l'attention sur lui et on l'utilisa pour ramener vers le Ouagadou et le Bakhounou les campements qui nomadisaient lamentablement sur les territoires de Bamako et Ségou. Il se rendit partiellement utile et en fut amplement récompensé par le don des familles et biens des révoltés et insoumis, qui s'étaient joints à Ahmadou Chékou, mais pilla et vola les autres et jeta quelque perturbation dans la tribu. Sa rivalité avec Mamadou Alfa Bouïa, que de Ngalabougou il essayait de supplanter, ne fut pas heureuse non plus.

Il lui succéda enfin, à sa mort, en 1895, mais ne réalisa pas les espérances qu'on avait fondées sur lui. Bien mieux, en 1898, il prit la tête d'un violent mouvement d'effervescence, dirigé contre notre autorité et où entraient les marabouts sarakollé de Goumbou, des Maures Oulad Mbarek et jusqu'à des Bambara du Bélédougou, qualifiés depuis longtemps de « turbulents », batailleurs indisciplinés, à la fois amis et ennemis des Toucouleurs, pillards de caravanes, mal soumis, et nous donnant encore du souci en

1915 par leurs vertus guerrières. Alfa Souka fut fusillé avec le chef sarakollé de Goumbou en avril 1899, et la révolte fut aussitôt apaisée.

On lui donna comme successeur, à la tête des Oualarbé, son frère Chékou, de son vrai nom Sidi-l-Mokhtar, et plus connu sous le nom d'Alfa Boli.

Chékou Alfa Boli, dont le loyalisme s'était manifesté en 1898-1899, nous a toujours servi avec une grande correction. Il administre sa tribu avec doigté, mais ne jouit pas d'une considération extrème.

Le retour des Peul dans le Bakhounou et le Kolen fut terminé en 1900, après de nombreuses fuites de campements. Deux petites fractions sont seules restées à Mourdia, dans le sud du Bakhounou. Ils appartiennent aux tribus Feroïbé et Fitobé. Lors de la conquète française, ils s'unirent aux Bambara de Ségou pour résister aux colonnes d'Archinard. Battus, ils se réfugièrent chez les Minionka, d'où ils furent contraints d'entrer dans le Ouagadou sous l'autorité du chef général, Alfa Boli. En 1915, leur tranquillité et leur situation isolée, loin d'Alfa Boli, leur ont valu l'octroi de l'autonomie administrative.

On ne peut pas ne pas dire un mot de la libération des captifs, dont ici comme ailleurs les Peul ont certainement le plus souffert. Cet affranchissement fut provoqué, bien avant les premières tentatives françaises, par le brusque exode des maitres vers le Sud. Beaucoup de captifs se retrouvaient chez eux, en pays bambara et malinké, et reprirent d'eux-mèmes leur liberté. D'autres, restés seuls dans le Kolon et le Bakhounou, s'émancipèrent partiellement et mème rejoignirent leurs frères vers le Sud. C'est ainsi que ces deux provinces, déjà peu peuplées, furent presque abandonnées.

Il semblerait que la libération officielle, apportée par les Français, allait porter le dernier à l'esclavage et consommer

la ruine des maîtres et la misère des captifs. Il n'en fut
rien. Le gouverneur Grodet, qui supprimait officiellement
la captivité, envoya des instructions secrètes pour expli-
quer que sa circulaire était faite pour la galerie et que rien
n'était changé. Le général de Trentinian, son successeur,
agit plus loyalement, et son intervention eut aussi plus de
résultats efficaces. Il ordonnait de ne procéder qu'avec in-
finiment de prudence à cette émancipation servile et, en
tout cas, de ne jamais la provoquer. Au contraire, il conve-
nait de lier par des contrats nouveaux et d'un ordre diffé-
rent les Rimaïbé, qui se croyaient tout permis, à leurs
maîtres d'hier. Contrats de location de terrain, contrats de
louages de services, contrats réels de toute nature et non
plus contrats personnels. Il n'y avait qu'un inconvénient.
C'est que, dans le Sahel, la terre appartient généralement
non pas aux Peul, mais aux Bambara, et que ces divers
contrats ne pouvaient pas résoudre la question servile
comme ils le faisaient dans d'autres contrées, tel le Macina, ou bien alors il fallait admettre en tiers les Bambara,
ce qui compliquait terriblement la question.

C'est dans cette voie — il n'y en a d'ailleurs pas d'autre
— qu'on a marché de 1895 à nos jours, et notamment à
partir de 1907, quand le gouverneur Ponty eut supprimé
officiellement l'esclavage.

Entre temps, l'autorité militaire du Sahel s'était employé
à faire de l'émancipation individuelle et occasionnelle.
Elle créa auprès de chaque commandant de cercle ou de
poste un « village de liberté ». Y étaient admis tous les
captifs portant des traces de coups, des blessures, la marque
de privations ou de sévices, tous ceux qui étaient mal
nourris, tous ceux que leurs maîtres ne venaient pas ré-
clamer dans un certain délai, tous ceux enfin qui venaient
des tribus maures du Sahel et du Hodh. Plusieurs de ces
villages sont devenus florissants. En même temps, la vente
des captifs était interdite sur les marchés.

Aujourd'hui, la situation s'est stabilisée : quelques Rimaïbé restent encore, dans une demi-dependance, au service de leurs anciens maîtres ; la plupart les ont quittés.
Nous y avons gagné leur animosité, et une animosité qui
ne disparaîtra pas avant plusieurs générations. Quant aux
Rimaïbé, ils sont généralement paresseux, insupportables,
insolents. Sous prétexte qu'ils sont libres, ils ne veulent
plus faire aucun travail.

Il est à souhaiter que nous ne continuions pas des expé-
riences démocratiques de ce genre dans la société maure
voisine : les résultats en seraient encore bien plus fâcheux.

2. — *Familles et personnalités actuelles.*

A la différence des Ouwarbé, qui sont à peu près tous
Bah, les Oualarbé se partagent indistinctement entre les
quatre grandes tribus classiques de la race peul : Bah,
Soh, Bari et Dial. Ils sont donc très mêlés.

On compte parmi eux 22 fractions :

1. — Les *Saybobé* (au sing. : Tyababo), fraction princière, descendants de Nkobé de la première heure. Ils ont
peuplé les villages dits guerriers de Fogoti et de Bakhabakha ;
les villages dits pasteurs de Diébougou et Palol.

Les personnalités les plus remarquables de ces villages
sont :

A *Bakhabakha*, foyer islamique vivace ; a) Soulé Oumar
Gando, né vers 1888, et qui a remplacé son père, décédé
en avril 1911, sans hériter de sa science ni de son prestige. Il est tidiani par son père, qui fut affilié à cette Voie
par un chérif de Marrakech, de passage dans le Sahel, au
début du siècle ; b) Bokar Hamadou Modibbo, né vers 1850.
Il a fait ses études dans le Macina et le Sahel, et a hérité,
auprès des Sambourou de la vénération qu'ils avaient
pour son père, Modibbo Hamadou Diallo, marabout de re-

nom, dont le tombeau, à Dina, est un lieu de pèlerinage. Avec ses deux frères plus jeunes, il préside les *hadhra* et les lectures pieuses, fait des conférences, perçoit officiellement le zakat, ce qui lui valut quinze jours de prison en 1912, et enfin dirige une école coranique d'une douzaine d'élèves. Il est connu dans tout le Sahel, et même quelque peu dans le Fouta sénégalais oriental. Il a reçu l'ouird et le titre de moqaddem tidiani du Chérif Ahmed, des Larlal de Tichit; c) Souleyman Aliou Diallo, né vers 1840, disciple qadri de Mamadou Abdoulaye Souadou, vu plus haut dans le Monimpé. Il dirige une école d'une douzaine d'élèves, dont la moitié suit des cours d'enseignement supérieur. Son grand âge, sa science et le prestige de sa famille lui ont valu une extrême considération de la part de tous les Oualarbé; *d*) Mamadou Tierno, né vers 1860, almamy du village. Il a fait ses études dans le Macina et y a reçu l'ouird qadri de son maître, Cheikh Zin ad-Din Hamadou Soh. Son école coranique est généralement fermée. Il se dit moqaddem qadri; *e*) Mamadou Brahima, né vers 1860, petit maraboutaillon de même obédience que le précédent; *f*) Bou Bakar Alfa Ousman, né vers 1861, moqaddem chadli par le cheikh Ali ould Abd Allah, des Afa. Il ne jouit d'aucune influence. Il fait un petit cours de droit à trois jeunes gens; *g*) Mamadou Abdoulaye Diadié, né vers 1848 et qui vient de mourir en 1912. Il avait fait ses études à Ségou, ainsi qu'à Dougoucire (Kayes), où il avait reçu de Mamadou Alfa Daoudo Soh l'ouird et le titre de moqaddem tidiani omari.

A *Fogoti* : *a*) Hamma Cina Diallo, né vers 1840, almamy du village, vieux maître d'école qui, par son maître, Alfa Hamma, se rattache à Mamadou Abdoulaye Souadou; *b*) Hamadou Hammad Seïdi, né vers 1860, de la même obédience; *c*) Hammad Seïdi Diallo, né vers 1865, qui dirige une école d'une dizaine d'élèves et a été, dans le village, l'introducteur du Qaderisme de Mamadou Abdoulaye

Souadou. Il connaît, dit-il, sa généalogie, mais elle présente bien des lacunes. Hammad, fils de Seïdi, fils de Melik, fils de Seïdi, fils d'Ahmed, fils d'Alfa Ahmed Cina, fils d'Ahmed, fils de Habib, fils de Moad, fils de Koudyé, fils de Iéro, fils de Diadié, fils de Çarir, fils de Botoul, fils de Maqam, fils d'Oqba, fils d'Amir, fils de Yassir, fils de Moad.

A *Diégougou* : Brahim Omar Diallo, né vers 1850, almamy du village et petit maître d'école, disciple par son père du Souadou, précité.

2. — Les *Diguilankobé*, à Demba Siguila. Les principales personnalités sont : *a*) Baba Ousman, né vers 1860 et son frère Hamadou Ousman, né vers 1865, le premier, almamy du village, le deuxième, savant très considéré, tous deux maîtres d'école. Leur père et maître en Qaderisme, Ousman Tierno, fut un marabout très populaire ; *b*) Mamadou Abdoulaye Cissé, né vers 1860, et qui est mort en 1915. Par son père il se rattachait au Qaderisme des amirou du Macina. Il avait une école très florissante.

3. — Les *Dembakobé*, à Mamaribougou Dembakobé. Deux personnalités sont à signaler : *a*) Mamadou Bou Bakar Soh, né vers 1870, qadri par son père ; *b*) Moussa Mamadou Soh né vers 1872, qadri Macinanké. Ce sont deux petits marabouts sans importance.

4. — Les *Malikankobé*, à Folon.

5. — Les *Charkifalli*, à Demba Marka.

6. — Les *Tarabé*, à Demba Tyerkitara et Diallaye.

7. — Les *Irlaïbé*, à Dilly. Les personnalités notoires sont : *a*) Bou Bakar, Mamadou Diallo, né vers 1842, petit maître d'école ; *b*) Aïssa Oumar Diallo, né vers 1850, chef du village ; *c*) Mamadou Modibbo Abdoullahi, né vers 1835, maître de l'école la plus florissante (20 élèves). Son père, Modibbo Hamadou, fut, dit-on, le plus saint des Oualarbé de son temps. Sa mère Oumou était la fille du grand Mamadou Abdoullaye Souadou. Par elle, il détient les pou-

voirs de moqaddem et jouit de l'extrême considération qui s'attacha à son grand-père. L'influence dudit Souadou s'est exercée à Dilly comme à Fogoti et, dans ces deux grands centres Oualarbé, elle est restée prépondérante ; *d*) enfin Mamadou Habib Diallo, né vers 1860, qui a fait ses études à Guidibiné (Nioro) et dans le Macina. Il est aussi qadri de l'obédience kounta par son père.

8. — Les *Sarreyero Kobé*, dont la moitié est à Dilly et l'autre moitié à Bakhabakha.

9. — Les *Dialloubé*, qui passent ici pour être d'essence maraboutique. La moitié est à Dilly, l'autre à Fogoti.

10. — Les *Adiwankobé*, à Palol.

11. — Les Oualarbé *Ganda*, à Bakhabakha.

12. — Les *Modiankobé*, à Bakhabakha.

13. — Les *Tiouftikobé*, à Dilly.

14. — Les *Tioumalankobé*, à Ganki.

15. — Les *Torobé*, à Karankoullé, Mamaribougou-Torobé, Velingara, Kaloumba-peul et Diébougou. A Karankoullé, il n'y avait qu'un seul personnage notoire, Brahim Diallo, né vers 1875, almamy du village et petit maître d'école. A Mamaribougou-Torobé : *a*) Kandé Fofana, né vers 1860, élève et disciple qadri de Kao Maïram Diallo, missionnaire et cousin de Mamadou Abdoulaye Souadou ; *b*) Brahima Mamadou Siré, né vers 1860 ; *c*) et Ousman Moussa Oumar, né vers 1870, tous deux tidiani et maîtres d'école.

16. — Les *Doroyekobé*, à Mamaribougou-Doroye. On trouve plusieurs campements de cette fraction à Ségou et sur la rive gauche du Niger.

17. — Les *Féroïbé*, à Mamaribougou-Feroïbé et Kanika. A Mamaribougou-Féroïbé, l'almamy et marabout local est Aïssa Mamadou Haïré Soh, né vers 1858. Il est tidiani et jouit sur ses compatriotes d'une grande influence.

18. — Les *Titobé*, à Sobougou, Sayo et Moribougou.

19. — Les *Bolonkobé*, à Kaloumba.

20. — Les *Anarabé*, à Dilly.

21. — Les *Sallabé*, à Diébougou. On les trouve aussi dispersés dans la plupart des villages.

22. — Les *Komogankobé*, à Kaloumba.

Toutes ces fractions sont partagées en familles, dont le chef ou mahoundo correspond exactement au kabir du douar maure et entre dans la composition du conseil des notables. Le président en est naturellement le chef du village, élu par ce conseil et agréé par l'autorité française.

Il ne reste à signaler, pour être complet, que deux villages peul du Bakhounou, dépendant de la subdivision de Ballé, alors que tous ceux que nous avons vus ressortissent à Goumbou-Nara. Ce sont: Ouéssébougou, dont le chef est Chékou Boaro Boli et qui paie 165 francs d'impôt de capitation : Kobola, petit hameau de Riamaïbé, qui paie 42 francs d'impôt et a pour chef Aldiouma Koulibali.

CHAPITRE IV

ISLAMISÉS BAMBARA ET ZÉLATEURS ÉTRANGERS

La conquête du pays banmana par Al-Hadj Omar avait amené l'islamisation contrainte d'un certain nombre de familles bambara.

Il est certain que pour des causes, soit positives, soit négatives, l'Islam a toujours eu de grandes chances de succès dans les pays fétichistes : milieu favorable d'abord. Le Musulman est pour ces peuples, souvent agités par le besoin religieux, l'homme de la divinité. C'est aussi l'homme du culte avec ses mosquées, ses salams publics, ses ablutions, ses boubous, ses chapelets ; c'est l'homme de progrès qui lit, écrit, tient école, commerce, et se proclame l'égal des Blancs ; c'est enfin l'homme de l'audace et du prosélytisme, et c'est là un puissant moyen de succès, car le Noir est rarement sûr de lui, tant dans ses affaires de ce monde que devant les dangers de l'inconnu et de l'au-delà.

Le fétichiste va à l'Islam, même quand il n'a aucune velléité de conversion, comme à toute autre religion nouvelle, pour avoir des talismans nouveaux, amulette écrite et spécialisée à un danger déterminé, remède nettement prévu et préparé contre un mal singulier. C'est dans le même ordre d'idées que souvent les confessions chrétiennes, qui s'occupent d'évangélisation, ont du succès. Il acquiert un chapelet et l'égrène ostensiblement, pour faire comme ses voisins et amis, mais sans réciter de formule. Le jour du sacrifice, quand la communauté musulmane voisine égorge ses moutons, suivant une rite déterminé, et célèbre ses cérémonies impressionnantes, souvent le fétichiste veut prendre sa part du sacrifice et s'en attirer les mérites. Il va égorger lui aussi un mouton derrière l'almamy, et ses voisins, peu fanatiques, font à sa bonne volonté un accueil engageant. Les noms eux-mêmes deviennent communs. Le nom islamique et arabe est devenu d'un usage courant chez les Bambara fétichistes.

Causes négatives, ensuite et particulièrement absence générale de points de friction entre l'Islam et les sociétés fétichistes. La plupart de leurs institutions juridiques ou sociales : polygamie, divorce, répudiation, etc., se ressemblent par plus d'un côté, et quand la dissemblance est trop forte, l'Islam, qui sait se faire « tout à tous », atténue ses prescriptions, fait des concessions, transige, s'adapte. C'est ainsi que, pour le mariage, les coutumes traditionnelles subsistent chez les islamisés. Le karamoko remplace seulement le chef du village dans la présidence de la fête, mais le vieux forgeron vient toujours formuler à haute voix ses vœux de bonheur pour les jeunes époux. Le chiffre de la dot est maintenu le même aussi chez les uns et les autres.

C'est ainsi encore que les karamoko tolèrent la mise en gage des enfants, cette vieille coutume, qui tombe en désuétude, mais, malgré nos efforts, résiste encore et a repris un renouveau de vigueur dans les années de la famine, 1914-1915. Les faits de traite familiale sont courants chez les Bambara islamisés. On a vu maintes fois des oncles recueillir leurs neveux et nièces orphelins, puis les mettre en gage. La fille est rachetée par son fiancé ; le garçon par ses camarades cotisés, ou par d'anciens serviteurs de la famille. On en a même vu recommencer à plusieurs reprises cette fructueuse opération, qui consiste à se faire payer ses dettes par le fiancé de sa nièce ou les camarades de son neveu.

Enfin, sur certains points particuliers, des renforts inattendus arrivent à l'Islam. La femme bambara, dont la condition est si dure dans cette société, demande à bénéficier de la loi islamique, plus douce, pour desserrer son étreinte. Elle se réclame de l'Islam devant les tribunaux, pour avoir par exemple, quand elle a déjà été mariée. le droit d'échapper à la contrainte matrimoniale et la liberté de se remarier à sa guise. Elle se dit encore musulmane au prétoire, alors que manifestement elle ne l'est pas, pour pouvoir bénéficier de certains cas de divorce prévus par la loi du Prophète. Les femmes se répètent en effet entre elles ces innovations du droit musulman.

Ces causes favorables ont nettement joué pour assurer à l'œuvre d'Al-Hadj Omar, ruinée au lendemain de la chute des Toucouleurs, quelques vestiges de succès.

La contrainte disparaissant. les Bambara, irrémédiablement fétichistes, sont revenus en foule à leurs pratiques d'antan. La suppression de l'esclavage, effectuée par nos soins, a porté encore un coup funeste à l'Islam : beaucoup de maîtres bambara et même marka sont obligés de s'adonner eux-mêmes au travail, de se disperser dans les hameaux de culture ; ils n'ont plus le temps, ni l'entraînement, ni l'édifice pour faire les prières. Les enfants doivent plus que jamais s'employer aux lougans paternels, et l'école coranique en souffre.

En résumé, le peuple bambara est nettement fétichiste à l'heure actuelle, mais peut-être, malgré tout, sa force de résistance s'est-elle amoindrie. Les karamoko et dioula musulmans s'infiltrent, prêchent d'exemple. Des individualités, encore inférieures, se convertissent. Un mouvement d'ensemble ne paraît pas imminent. Peut-être le

verra-t-on, pour les causes sus-indiquées, avant une génération, si la propagande des missionnaires d'Afrique
n'est pas suivie d'un succès plus rapide.

Les quelques personnalités bambara acquises à l'Islam
sont dans le pays banmana même, trop peu nombreuses et
trop peu notoires pour mériter une mention. Mais leur
obscurité et leur ignorance ne les empêchent pas souvent
d'être de fervents apôtres, leur apostolat s'accompagnant,
à la manière nègre, de coups de fusil et de conquête du
pays à main armée.

Un exemple illustrera la thèse : c'est une épisode curieuse de l'islamisation des Bambara en temps de paix et
sous notre domination.

Tiémé Mariko est un Bambara de Déguékoro. En 1907,
âgé de 40 ans environ, il était traduit devant le tribunal
de cercle de Ségou avec une vingtaine de complices, pour
avoir « pris part comme auteurs ou complices à des in-
cendies volontaires et à des troubles à main armée ayant
causé la mort de six individus et une dizaine de blessés au
village de Déguékoro (Baninko) ». C'est son beau zèle pour
l'Islam qui était la cause de ces graves événements.

Fils d'un riche fétichiste, Tiémé fut instruit dans la
nouvelle religion par Mamori, un esclave de son père. On
se croirait à Rome, au début du Christianisme. Et alors,
de l'aveu de Tiémé : « J'ai libéré ce saint homme. J'ai
voulu en libérer d'autres aussi, mais les maîtres n'ont pas
voulu que je les rachète. » Le salam quotidien et public de
Tiémé lui attire des jeunes gens. Les parents viennent les
chercher et font des reproches à Tiémé. Celui-ci se déclare libre d'agir à sa guise, disant qu'il ne force personne
à venir le trouver. La lutte s'accentue. Tiémé, voulant
faire une mosquée, envoie Mamori chercher de la terre.
Les gens se liguent alors pour l'empêcher de travailler.
On n'aime pas ces nouveautés, on ne veut pas de cette case

de malheur, on veut que les jeunes gens fassent comme leurs pères et leur restent soumis. En conséquence, « chaque fois que Mamori veut travailler pour moi, dit Tiémé, le chef l'appelle pour lui faire faire un autre travail. Quand il y avait une corvée dans le village, c'était toujours mes hommes qu'on prenait. Dans ces conditions, j'ai eu de la peine pour construire ma mosquée... Il y a un an, la natte que je mettais devant la porte de la mosquée m'a été volée, sans que je puisse savoir par qui. Il y a quelques mois, pendant la saison sèche, on a coupé un morceau de la peau de mouton avec laquelle je fais salam dans la mosquée, et on l'a emporté; j'ai entendu dire qu'on l'avait porté aux fétiches ». On en fait autant à deux peaux de bœufs qu'il avait dans sa maison et sur lesquelles on l'avait vu accroupi et marmonnant. Il proteste, mais on le tourne en dérision, et les gens l'appellent « le roi du village », faisant allusion à ses projets de prosélytisme.

Ces avanies n'empêchaient pas d'ailleurs Tiémé d'aller de l'avant, d'achever sa mosquée et d'apprendre le salam à de nouveaux néophytes.

Il jugea alors que l'heure était venue de procéder avec plus de vigueur et de s'attaquer aux fétiches eux-mêmes, cause de tout le mal. Pour se faire la main, il envoyait un de ses jeunes et plus zélés néophytes, Dounamaké, brûler les fétiches de Béniéna.

Enfin ses fidèles de Déguékoro, étant trop peu nombreux (9 seulement), il convoqua pour un vendredi matin tous les musulmans des environs. Il s'agissait d'entreprendre la destruction méthodique des fétiches du Bani. Ils accoururent à son appel, au nombre d'une trentaine et de six villages différents. Tiémé leur fit part d'abord d'une « phrase du Coran », communiquée à lui quelques jours auparavant et qui, publiée partout, avait la vertu d'attirer des prosélytes. Puis il leur annonça qu'une grande maladie allait arriver de l'est et que, pour la conjurer, les hommes devaient verser 23 cauris et les femmes 24. Après quoi, il envoya Dounamaka avec un détachement garder la mosquée, et lui-même, à la tête de ses gens, se rendait aux cases des fétiches, au lever du soleil, et les consumait entièrement. Ils commencèrent ensuite à démolir le mur d'enceinte et à occuper le bois sacré. Les gens étaient aux champs. Cinq ou six vieillards s'entremirent, mais furent accueillis à coups de fusil. On leur cria d'abandonner le village ou de se faire Musulmans, Dieu ayant tout donné à Tiémé. Aux coups de feu, les cultivateurs rentrèrent précipitamment et criblèrent de leurs flèches les agresseurs. Ceux-ci durent reculer lentement sur la mosquée et les cases voisines de Tiémé, qui leur servirent de réduit et où ils résistèrent huit jours aux attaques incessantes des fétichistes exaspérés et perdant du monde.

A cette date, les gardes de Ségou arrivèrent, arrêtèrent les perturbateurs et rétablirent l'ordre. Il y avait eu six tués et une dizaine de blessés.

Par jugement en date du 11 octobre 1907, le tribunal de cercle de Ségou condamnait Tiémé Mariko et Dounamaké Sankaré à 20 ans de prison, leurs principaux talibés à 5 ans; les autres à des peines diverses allant d'un an à 15 jours d'emprisonnement.

Dans le cercle de *Bamako*, deux personnalités bambara sont relativement notoires.

A Bamako même : *Al-Hadji Boa Kanté*, né vers 1850, mi-bambara mi-malinké. Il est originaire de Kita, et pratique depuis plusieurs années le négoce à Bamako. C'est à peu près le seul Bambara qui ait fait le pèlerinage et possède quelques données sérieuses sur le salam. Encore est-il devenu à moitié Malinké. Il a été à la Mecque, en 1910, par Las Palmas, Marseille, Alexandrie, Beyrouth et la voie ferrée de Syrie. Il n'en a pas rapporté un très bon esprit, car il s'est plusieurs fois compromis par des propos déplacés. Il ne fait pas de prosélytisme dans la société bambara locale. Il semble pourtant que quelques jeunes niaré, famille de Bamako, où le commandement s'exerce héréditairement, évoluent vers l'Islam. L'ambiance générale, plus que l'influence d'Al-Hadji Boa Kanté, en est la cause. Il serait regrettable que cet exemple, venu de haut, entraînât les jeunes générations bambara de Bamako vers la loi du Prophète.

A Koulikoro : Noumou Dio, né vers 1878, à Moriba (Bamako), petit maître avec ses 4 élèves, qui n'apprendront pas grand'chose auprès de ce professeur de fortune. Noumou a reçu l'ouird qadri d'un fils de Bou Kounta de Tivaouane, Mohammed Khalifa, de passage à Koulikoro en 1911, et qui se rendait de Guinée à Tombouctou. Comme il n'avait pas de permis de circulation, il fut arrêté à Koulikoro et renvoyé à Tivaouane.

A Sokolo, en juillet 1914, un Mossi-Bambara de Ouahigouya, du nom de Salifou Taraoré, se jetait sans motif sur trois gardes de cercle, les frappait à coups de sabre et les blessait grièvement. Il parcourait ensuite les rues du village en criant : « La ila ill'Allah. » C'était d'ailleurs tout ce qu'il savait en matière d'Islam. A l'interrogation, il répondit : « Mon père était fétichiste; moi je suis musulman. Allah m'est apparu en rêve et m'a dit de chasser les chrétiens du pays. C'est ce que j'ai essayé de faire. » Dans cette intention, il était venu de Ouahigouya à Dienné, puis à Dia et enfin à Sokolo, pour tuer un Blanc. En s'éloignant de son pays, il espérait pouvoir plus facilement passer inaperçu et prendre la fuite pour revenir chez lui. Malheureusement pour lui, le succès de sa première aggression le perdit. Dans l'ardeur de son fanatisme, il ne songea pas à fuir, et son exaltation le trahit et le fit arrêter. Invité à se défendre, il répondit simplement qu'il regrettait de n'avoir pas rencontré de Blanc.

Il fut condamné à 20 ans d'emprisonnement. Illuminé et malade, Salifou mourait quelque temps après à la geôle de Bamako. Il est un exemple curieux entre beaucoup d'autres des résultats néfastes que la prédication islamique produit chez les néophytes bambara.

En dehors de ces ardents néophytes locaux, la résistance des Bambara à l'islam et le désir de les convertir ont suscité un certain nombre de marabouts zélateurs étrangers, tous Chorfa suivant leurs dires, tous infatigables propagateurs et quêteurs et qui se signalent souvent par des extravagances, destinées, la chose est hors de doute, à attirer et à forcer l'attention de ces Bambara indifférents. Ce sont souvent en réalité de véritables griots d'Islam.

Il faut signaler les principaux d'entre eux, dont la conduite exige une surveillance spéciale.

Lancina Touré est le fils d'un marabout connu, Abdoullahi Haïdara, de Sansanding. Ce Lancina se promène sur les places publiques, gesticulant, hurlant, tombant à la renverse et se livrant à toutes sortes de contorsions. On le relève, on lui demande ce qu'il a. Revenu à lui, il dit : « Je priais pour vous, pour tout le monde. » Il se promène avec un grand bâton à la main, le chef enveloppé d'un énorme turban. Cet illuminé à froid n'oublie pas d'extorquer des cadeaux à tout le monde.

Sidi Ibrahima Haïdara, dit Karamoko, se prétend d'origine chérifienne comme l'indique son nom, et paraît être en réalité Marka. Il est né vers 1855 et s'installa avec sa famille vers 1880 à Niaro (Sansanding).

Au début de 1911, il vient s'établir à Togou avec quelques-uns de ses meilleurs agents appelés Toubindi, et commence une intense campagne de prosélytisme dans les milieux fétichistes.

Les Toubindi volent pendant la nuit les fétiches du village. « Les jeunes gens, rapporte le fama de Sansanding, ne respectent plus ni leur père ni leur chef. Ils les couvrent d'insultes, chaque jour, parce qu'ils n'on. pas voulu embrasser la religion musulmane. » Convoqués devant le fama, ils « tiennent une attitude arrogante et insolente vis-à-vis de leurs parents, en disant qu'ils n'aiment pas les infidèles».

L'emprise de Karamoko s'étendait de plus en plus; il ne tarda pas à faire brûler tous les tam-tam de Togou, faisant ainsi « marquer par les habitants qu'ils renonçaient aux vains plaisirs de ce monde ». Ses partisans néo-islamisés s'accrurent des musulmans de vieille date, qui, chez les Noirs, courent toujours au succès maraboutique le plus tapageur.

La situation devenait inquiétante. Les avertissements, prodigués au Karamoko restent sans effet. Traduit devant le tribunal de Ségou, il fut condamné à trois mois d'emprisonnement et envoyé, pour les subir, à la geôle de Bamako (juin 1911).

A la même époque, le tribunal de Sansanding condamnait à plusieurs mois d'emprisonnement 65 de ses disciples, qui brisaient les fétiches dans les villages et jetaient la perturbation dans les familles.

Karamoko a laissé deux fils dans la région de Ségou; ils sont nés tous deux dans le cercle de Koutiala, au cours des tournées de prosélytisme du père: Mokhtar, né vers 1880, quelque peu lettré et qui paraît fortement illuminé. Il a conservé ses relations avec les marabouts de Markadougouba et Togou. Mamadou Larabi, né vers 1886, relativement lettré, a été maître d'école. Ils habitent tous deux Ségou et y font du commerce et de la culture.

Karamoko a reçu l'ouird tidiani à Nioro de Mamadou Ba, Toucouleur, qui était un des fidèles d'Amadou Chékou. Il l'a conféré à ses deux fils.

Yahia Haïdara est métis de maure et de noir. Il est né vers 1873, à Sansanding, et doit naturellement à ses demi-origines blanches d'être un chérif.

Après quelques tournées d'aumônes au Soudan dans les cercles de Ségou et de Bamako, sa carrière de quêteur l'amena en Guinée. Il s'installa deux ans à Kankan, un an à Farana, cinq ans à Timbo. Il résidait depuis une dizaine de mois dans une marga de Sumbalako, quand il fut arrêté par l'administrateur de Mamou, en octobre 1911, et condamné à six mois d'emprisonnement.

A l'expiration de sa peine, il a été renvoyé dans son pays d'origine, où il n'a plus donné signe d'agitation.

C'est un homme peu instruit, et qui vit d'un peu de travail agricole et surtout du produit de ses amulettes et gris-gris.

Mouktar Haïdara, fils d'Al-Hadji Ousmane, né vers 1876, d'origine chérifienne, suivant ses dires, et en réalité, semble-t-il, d'origine diakanké, est le type du marabout ambulant, qui excelle à tromper la surveillance des autorités, à rendre toute enquête impossible et à continuer envers et contre tout à parcourir les régions les plus diverses, en extorquant des cadeaux aux habitants tant musulmans que fétichistes.

Arrêté en dix endroits différents, il se déclare tantôt né en un village du Maroc dit Marhadina, tantôt à Koutiala, tantôt à Nioro, tantôt à Sérifoubougou (Ségou). La chose est toujours reconnue fausse. Il est puni disciplinairement, pour vagabondages et pratiques de charlatanisme, successivement dans les cercles de Timbo, de Dinguiraye et de Kouroussa (Guinée), de Nioro, de Bamako et de Ségou (Soudan). Sans plus de gêne, il passe de cercle en cercle, continuant sa vie errante et ses pratiques frauduleuses.

Il est maintenant en résidence obligatoire à Ségou, sous la surveillance du chef de la ville, qui l'occupe aux travaux des lougans et le garde sous une étroite surveillance.

Mouktar Haïdara a fait le pèlerinage de la Mecque (1904-1906) avec son père, qui mourut au retour, à Tombouctou.

Il est affilié aux Tidianïa.

CHAPITRE V

LES MOSQUÉES ET LIEUX DE PRIÈRES

Si l'on ne savait pas les Bambara fétichistes, on pourrait croire, à suivre le fil du Niger, de Bamako à Diafarabé, qu'on se trouve en un pays entièrement islamisé.

Ibn Batouta n'a-t-il pas été victime de cette illusion quand, visitant le royaume de Melli en 1352-1353, il dit :

« Ils font exactement les prières ; ils les célèbrent avec assiduité dans les réunions des fidèles, et frappent leurs enfants, s'ils manquent à ces obligations. Le vendredi, quiconque ne se rend point de bonne heure à la mosquée ne trouve pas une place pour prier tant la foule y est grande. Ils ont pour habitude d'envoyer leurs esclaves à la mosquée étendre leurs nattes qui servent pendant les prières, dans le lieu auquel a droit chacun d'eux, et en attendant que le maître s'y rende lui-même. Ces nattes sont faites avec les feuilles d'un arbre qui ressemble au palmier, mais qui ne porte pas de fruits.

« Les nègres se couvrent de beaux habits blancs tous les vendredis. Si, par hasard, l'un d'eux ne possède qu'une seule chemise, ou tunique usée, il la lave au moins, il la nettoie, et c'est avec elle qu'il assiste à la prière publique.

« Ils ont un grand zèle pour apprendre par cœur le sublime Coran. Dans le cas où les enfants font preuve de négligence à cet égard, ils leur mettent des entraves aux pieds et ne les ôtent pas qu'ils ne le sachent réciter de mémoire. Le jour de la fête, étant entré chez le juge, et ayant vu ses enfants enchaînés, je lui dis : Est-ce que tu ne les mettras pas en liberté ? » Il répondit : « Je ne le ferai que lorsqu'ils sauront par cœur le Coran. » Un autre jour, je passais devant un jeune nègre, beau de figure, revêtu d'habits superbes, et portant aux pieds une lourde chaîne. Je dis à la personne qui m'accompagnait : « Qu'a fait ce garçon? Est-ce qu'il a assassiné quelqu'un ? » Le jeune nègre entendit mon propos et se mit à rire. On me dit : « Il a été enchaîné uniquement pour le forcer à apprendre le Coran de mémoire. »

Quoi qu'il en soit, ces régions paraissent avoir été jadis beaucoup plus islamisées qu'aujourd'hui par le fait sans doute de la conversion des souverains et par le prosélytisme de nombreux commerçants maures et marocains. Mais, à l'heure actuelle, l'Islam est concentré sur les rives du fleuve dans les villages somono, pêcheurs et cultivateurs de tabac.

Chaque village a sa mosquée (missidi), construction en banco, ou case de paille, sa petite école coranique, son petit marabout, à la fois imam de la mosquée et karamoko des enfants. Matin et soir, le sable des bords du fleuve s'imprime sur les fronts agenouillés.

A l'intérieur, les villages ou hameaux marka représentent seuls le « sel de la terre », pour employer la forte expression que l'Écriture applique à ceux qui ont la foi.

Les mosquées marka du pays banmana n'ont rien de la finesse et de l'élégance de celles du Macina ou du Pondory. Fait assez curieux, elles sont l'œuvre des maçons bambara, qui sont fétichistes, et les Marka n'interviennent que pour donner la bonne orientation et pour surveiller les travaux. Pour sauvegarder les apparences toutefois, un musulman vient tous les jours pendant la construction porter une pierre, ou remuer un peu de banco, espérant que ce geste sanctifiera le reste du travail pour la journée. Les maçons bambara leur donnent donc le cachet de leur race, c'est-à-dire un aspect lourd, écrasé, massif : plus de cintres ou d'ogives, plus de colonnes légères, plus de motifs de sculptures ornementales.

Les mosquées somono, encore plus alourdies et dénuées de toute grâce. ne sont plus que des cases quelconques, un peu agrandies.

Toutes ces mosquées se valent : seules quelques-unes, comme celle de Sansanding, qui a été bâtie par Al-Hadj Omar, ou de Ségou, qui est très fréquentée, jouissent de ce fait de quelque prestige.

Ségou, où dès 1796 Mungo Park constatait « qu'il y avait des mosquées dans tous les quartiers de la ville », est fière de ses six mosquées. Trois sont somono : Diréla, Dembéléla, Tierola, et tirent leurs noms de trois grands clans de cette nation qui peuplent la ville. La quatrième est marka : missidi markalla ; elle est peu fréquentée et sans almamy depuis trois ans. La cinquième est peul, et est encore plus délaissée ; elle consiste simplement en une petite case de 4 mètres de long sur 1 m. 5o de large, devant laquelle les fidèles se plaçaient jadis.

En dehors de ces mosquées de quartiers, la diouma missidi ou grande mosquée est entièrement dans les mains des Somono. C'est un grand édifice carré, qui s'orne sur une face d'une haute tour non entièrement conique, car la face qui regarde du côté du corps de bâtiment est plane.

Dans la subdivision de *Barouéli* on compte 32 mosquées de banco, et 35 enclos, entourés d'un mur et d'une palissade. Boiadé compte 4 mosquées ; Kamba 3 ; Siémona-Marka 3 ; beaucoup d'autres villages 2.

Sansanding s'orne de ses trois mosquées marka, dont l'une est l'œuvre d'Al-Hadj Omar.

La grande mosquée voyait, en 1796, Mungo-Park amené

La grande mosquée de Ségou.

La grande mosquée de Ségou.

de vive force par les Maures fanatiques, qui voulaient contraindre le voyageur à prononcer la formule islamique. Il résista, mais on le fit quand même « asseoir sur un siège élevé, à la porte de la mosquée afin que tout le monde put me voir. La foule était prodigieuse et les toits couverts de spectateurs, comme s'il eût été question de voir exécuter un malfaiteur. Je demeurai exposé de la sorte jusqu'au soleil couché ».

Les sofa toucouleurs ont aussi leur petite mosquée ; mais elle tombe en ruines et n'est plus fréquentée. Il n'a plus été construit de mosquées depuis l'occupation française.

Sénenko possède deux mosquées. Partout ailleurs, il n'y a qu'une mosquée.

Dans la subdivision de *Koulikoro*, il n'y a au total que deux mosquées bâties : l'une à Koulikoro, l'autre à Koula-Marka.

Bamako compte trois mosquées. La plus ancienne, et aussi la plus petite, remonterait à la fin du dix-huitième siècle ; elle a dû être l'œuvre des premiers immigrés Touré ; c'est une petite construction en banco, simple case avec une petite coupole sise à 5o mètres au sud du marché. Elle était autrefois spécialement affectée au quartier des Maures du Touat, ou Baladyi Bli. Elle est actuellement peu fréquentée et a pour almamy Gaoussou Kouramaka (qadrïa).

La deuxième est située en bordure de l'avenue du Commerce. Plus spacieuse que la première, elle est également construite en banco, est surmontée d'un dôme et comprend plusieurs cases d'attente et de lecture. Elle est affectée au quartier de Baladji Aliou Touré (Maures du Dra). Elle est assez bien fréquentée et a pour almamy Bassola Taraoré (Tidianïa).

LA GRANDE MOSQUÉE DE SÉGOU.

La troisième est la grande mosquée diouma.

La grande mosquée de Bamako a été édifiée en 1907-1909, avec l'aide de l'Administration, qui alloua une subvention à l'almamy Fama Siré. Elle est des plus fréquentées, le vendredi. C'est un beau bâtiment, vaste, bien dégagé, construit en briques séchées et surmonté d'un dôme assez élevé et d'un minaret. Elle a actuellement pour almamy le vieux marabout Bakari Kalé.

Les Ouolof de la ville se doivent à eux-mêmes de ne pas se compromettre avec les musulmans locaux. Aussi ne fréquentent-ils pas les mosquées. Ils se contentent de leurs carrés de terre battue, entourés ou non de petits murs en banco, ou de pierres ou de piquets.

Les grands villages islamisés de la région de *Banamba*, à savoir Banamba, Touba, Kiba, Kérouané et Niamina, comptent tous une mosquée diouma, grande case de banco, avec terrasse, minaret et tous autres accessoires.

A Niamina, il y a même trois mosquées diouma, ce qui est contraire à toute orthodoxie. Elles sont nées à la suite de conflits entre les marabouts locaux, où la vanité personnelle et la rivalité de confrérie tenaient la première place. Il y a en outre six petites mosquées.

Ces missidi, comme celles des villages de la brousse environnante, ne sont constituées que par une petite case en banco, souvent même non recouverte, ou plus simplement encore par une paillotte ou un carré de sable, entouré de pieux.

L'actuelle unité administrative de *Sokolo* ne comprend que trois mosquées bâties : Sokolo, dans le Kourmary, Bou Dyiguéré et Guiré, dans l'Akor. Depuis quelques mois, une quatrième, mais qui ne consiste qu'en une simple case, s'élève à Guida (Akor). Toutes ces mosquées sont marka.

Les autres villages marka et les villages peul n'ont que

des emplacements sacrés, entourés de grands piquets : tels Nampala, Néré, Barkérou, Diawambé, qui sont les plus vastes, etc. Ces mosquées sont souvent très vénérées.

La mosquée de Soloko, vaste construction en banco, avec minaret, cour intérieure, nefs spacieuses, mérite une mention spéciale. C'est la seule diouma de la région.

Les mosquées du cercle de *Goumbou-Nara* ne se différencient pas des mosquées du Sahel occidental ou des pays bambara du fleuve.

Les plus notoires, construites en banco, sont : dans la subdivision de *Nara :* Goumbou et Nara ; dans la subdivision de *Ballé :* Dossorla et Bassaka ; dans la subdivision de *Mourdia :* Mourdia, Sansanna, Boro, Damfa, Toubakoro-Silla et Toubakoro-Daramé. Ces deux dernières sont situées dans l'ex-province de Ségala.

Les autres villages ne comportent que de petites missidi de sable, entourées de piquets.

Les Peul, même à demi sédentaires, ne construisent jamais de mosquées de banco.

Le prône du vendredi consiste généralement en une petite lecture d'un texte arabe, que fait l'imam, sans traduction ni commentaire. A la grande mosquée de Ségou toutefois, il donne quelquefois des explications en somono ; ailleurs, soit en marka, soit en poul-foulé.

Depuis la disparition de la puissance politique des Toucouleurs, on ne fait plus la prière au nom du prince.

Les cérémonies n'ont rien ici que de traditionnel. A signaler toutefois que le fama de Sansanding se rendait jadis à sa mosquée, précédé d'une cloche qu'un serviteur agitait à toute volée et qui indiquait, avec l'appel du muezzin, l'heure de la prière. Cette apparition de la cloche en pays d'Islam est assez originale. Elle servait d'ailleurs dans des fêtes plus profanes.

Dans la plupart des mosquées, on peut voir à droite et à gauche de la porte d'entrée, encastrées dans le mur, deux plaquettes de schiste de o m. 20 de côté. Quand les fidèles n'ont pas le temps de faire leurs ablutions à l'eau ou au sable, ou qu'ils sont malades, ils appliquent, avant d'entrer, leurs mains à plat sur l'ardoise et cet attouchement a la même valeur que les ablutions. Il faut ajouter qu'ils font la plupart du temps ainsi leurs ablutions par paresse.

Si les Peul, qui vivent plus isolés, sont plus défiants et se gardent mieux, ont conservé leur Islam dans une pureté relative, il n'en va pas de même chez les Marka. La proximité des Bambara tend fâcheusement à altérer leur orthodoxie. On trouve des traces nombreuses de cette influence délétère, et sans entrer dans de multiples exemples, on en signalera deux : l'un tiré du monde animal et l'autre du monde végétal.

Dans tous les villages marka, de Ségou à Diafarabé, on croit que certains arbres, et notamment le palmier fourchu de Lybie et le jujubier sauvage, sont le séjour de prédilection des djinn.

A Sansanding, on élève avec soin une sorte de poulets sacrés, dont dépend la prospérité et même l'existence de la ville. Il est curieux de voir les marabouts développer cette thèse, à la porte même du sanctuaire de Moulay Abbassi, où ces familiers et hérétiques poulets viennent picorer.

Les Marka se font remarquer par une certaine vénération pour les tombeaux des saints ; la chose n'est pas commune chez les Noirs. Ils visitent volontiers le tombeau du marabout qui leur a enseigné le Coran, ou qui leur a donné l'ouird. C'est surtout le vendredi que cette visite a lieu. Ils n'y font pas de lecture, mais récitent la prière classique que voici : « Salut sur vous, ô gens des maisons des musulmans et des musulmanes. Vous êtes nos prédé-

cesseurs, et nous sommes vos suivants. Et nous, s'il plait
à Dieu, nous vous rejoindrons. »

Le tombeau, célèbre dans toute la région, est celui de
Moulay Abbassi, de Sansanding.

Moulay Abbassi était originaire de l'oasis de Roggan
(Touat). C'était, dit la tradition, un commerçant blanc,
qui vint s'installer à Sansanding, au dix-huitième siècle,
et y fit montre d'une grande piété et d'une charité inépui-
sable. Il prenait part à toutes les prières de la mosquée de
son quartier, à côté des Noirs, ce qui est un fait des plus
rares pour un musulman blanc. Aussi la mosquée a-t-elle
gardé son nom. Comme il se disait chérif, on lui a conservé ce titre. Vers la fin de sa vie, il voulut revoir son pays
natal et gagna le Touat. Il revint à Sansanding pour y
mourir peu après. Il ne laissa pas d'enfants, mais son
frère, qui était venu le rejoindre, eut un fils, qui alla par
la suite s'établir à Oualata, où sa descendance vit encore.
Le chef de cette famille est actuellement Sidati, qui vient
quelquefois à Sansanding.

Moulay Abbassi a été enterré près de sa mosquée. Son
tombeau, un coquet mausolée en banco, qu'ombragent
trois magnifiques arbres: un palmier de Lybie, un jujubier
sauvage et un doubalel, domine la plage du Niger, et les
hautes eaux du fleuve viennent en baigner le pied. Il lui a
été élevé, peu après sa mort, par ses fidèles. Un sarco-
phage de bois, fabriqué à Tombouctou et recouvert d'une
housse multicolore de satin, renferme les restes du marabout, à la façon marocaine. Une lampe de beurre de karité
est allumée tous les soirs ; et le vendredi, quand le sanctuaire est ouvert au public, un brûle-parfums exhale les
odeurs indigènes les plus pénétrantes.

Moulay Abbassi a la réputation de faire rentrer en possession des objets volés. Il suffit de mettre quelques cauris
sur son tombeau pour retrouver dans les trois jours l'objet
disparu. Sinon le malfaiteur se trouve atteint de maux de

ventre qui le conduisent rapidement à la mort. Il suffit plus ordinairement d'annoncer qu'on va tenter l'expérience pour que le malfaiteur inquiet fasse restituer indirectement le produit du vol.

A Bamako, quelques tombeaux sont l'objet d'une certaine vénération : celui d'un pèlerin, Mohammed Lamin, au dehors de la ville et non loin de la mosquée du vendredi ; celui de Taleb Mohammed, l'ancêtre des Touré ; et enfin, mais par les gens du Macina seulement de passage ici, celui de l'amirou Hamadi Abdoul, décédé en fin 1902, à Bamako, où il était en résidence obligatoire.

CHAPITRE VI

LES ÉCOLES CORANIQUES

Les écoles coraniques marka et somono du cercle de *Ségou* sont florissantes. Elles sont au nombre de 100, et comprenaient, au dernier recensement, un millier d'élèves. Elles se décomposent, suivant les subdivisions, en 50 avec 500 élèves pour Ségou, 30 avec 260 élèves pour Barouéli, 20 avec 150 élèves pour Sansanding.

Dans les trois chefs-lieux, un certain nombre d'enfants suivent l'école française : 50 environ à Ségou, et une vingtaine à Barouéli et à Sansanding.

Les centres scolaires les plus florissants sont : Ségou et Markadougouba (Ségou) ; Barouéli-Goulouba et Boïadié (Barouéli) ; Sansanding.

Les écoles marka sont les plus nombreuses et les plus achalandées. Elles sont, pour l'ensemble du cercle, au nombre de 60, contre 25 somono, 5 toucouleurs, 6 peul et 2 bozo.

Les fillettes sont généralement représentées dans les écoles coraniques ; c'est surtout à Sansanding qu'elles sont les plus nombreuses. Il y a dans ce centre tel marabout qui n'a que des filles à son école.

Le cercle de *Bamako* comprend, au recensement de 1913,

8o écoles coraniques et 728 élèves. Le chiffre des écoles coraniques est en progression constante : 67 en 1910 ; 72 en 1911 ; 73 en 1912 ; 8o en 1913. Celui des élèves aussi, de 600 environ en 1910, il est passé à 728 en 1913. Il est d'ailleurs probable que ces chiffres sont inférieurs à la réalité. Dans le nombre des élèves ne sont compris que les enfants qui sont inscrits directement par leurs parents.

La subdivision proprement dite de Bamako comprend 24 écoles et 326 élèves. Sur ces 24 écoles, 19 sont à Bamako même avec 250 élèves dont 41 fillettes. Ces fillettes sont pour la plupart les enfants des marabouts-professeurs. Les autres appartiennent à des familles de Ouolof ou de Toucouleurs immigrés.

On ne signale dans cette subdivision aucun établissement d'enseignement supérieur.

36 élèves des écoles coraniques de Bamako fréquentent l'école française de cette ville.

Un incroyable besoin d'instruction, et spécialement d'instruction française et moderne, se fait sentir dans cette industrieuse cité de Bamako. Ce désir se rencontre surtout dans l'élément ouolof, toucouleur et khassonké, que les chantiers et usines emploient ; mais il s'est propagé aussi dans la population locale. Au début de l'année scolaire 1917-1918, les classes de l'école s'emplissaient d'un coup de 315 élèves, et il fallut repousser les autres. Il faut y ajouter deux classes d'adultes. Les jeunes gens et même les hommes mûrs suivent, au nombre d'une centaine, les cours du soir.

Dans la subdivision de Koulikoro, les écoles sont peu nombreuses. Il y en a cinq ou six à Koulikoro même, dont une à la gare et les autres en ville. Koula-Marka et Sansani n'en ont qu'une chacun : au total, une dizaine d'écoles et une centaine d'élèves.

Un certain nombre d'élèves suivent l'école française. La population de Koulikoro, composée en grande partie d'ou-

vriers, de laptots, d'artisans, d'employés de commerce ou
d'administration, est assez ouverte aux idées modernes et
aux besoins de la vie nouvelle ; elle envoie facilement
ses enfants aux deux écoles à la fois, quand même elle ne
les envoie pas plutôt à l'école française.

Ici comme ailleurs, les enfants désertent l'école pendant
l'hivernage et vont travailler aux lougans. Pendant la
saison sèche, les écoliers vont mendier tous les soirs. Le
butin profite autant à eux-mêmes qu'au marabout. Le
métier ne nourrirait pas son homme sans ces quêtes. Les
parents, qui ne veulent pas que leurs enfants travaillent
ou mendient, doivent donner un moudd de mil par semaine.

La subdivision de Banamba comprend 46 écoles coraniques et 325 élèves. Ce chiffre n'a pas varié depuis cinq
ans ; il oscille toujours autour de 45. Le nombre des élèves
semble avoir quelque peu fléchi et de 425, ces dernières
années, est tombé par petites chutes à 325.

Les villages où l'enseignement est le plus florissant sont
Touba et Niamina, avec 14 et 10 écoles, et 80 élèves chacune en moyenne. Viennent ensuite : Kiba, avec 8 écoles et
72 élèves ; Banamba, avec 6 écoles et 50 élèves ; Kérouané,
avec 7 écoles et 40 élèves. Il y a à Touba, Niamina et Kérouané, plusieurs établissements d'enseignement supérieur. On en a vu plus haut les titulaires.

Le cercle de *Sokolo*, entendu dans sa plus grande accep-
tion, c'est-à-dire non seulement avec les provinces de Kourmary Néré, Nampala et Akor, qui constituent l'actuelle
unité administrative, mais encore avec les provinces de
Monimpé; Dioura et Ségala, qui en ont fait jadis partie et
y ressortirent à nouveau un jour ou l'autre, est constellé
d'écoles coraniques, toutes marka, et peul. A signaler toutefois une dizaine d'écoles maures nomades chez les Oulad
Daoud (Oulad Zeïd et Djaafara) de la région de Néré. Le

recensement de 1913 donne 120 écoles et 600 élèves environ. Il faut certainement augmenter ce chiffre de moitié et compter 180 écoles et 900 élèves. Sur ce nombre, il y a une centaine de fillettes au moins.

La répartition par province donne à peu près les chiffres suivants :

Akor.	15 écoles	50 élèves.
Monimpé. . .	8 —	50 —
Dioura. . . .	30 —	160 —
Kourmary. . .	55 —	280 —
Nampala. . .	54 —	300 —
Ségala. . . .	6 —	20 —
Néré (Maures) .	10 —	45 —

Le cercle de *Goumbou-Nara*, considéré au point de vue de l'Islam marka et peul qui nous occupe et en y comprenant les trois subdivisions de Nara, Ballé et Mourdia, qui le composent, comprend 75 à 50 écoles et 300 élèves environ. Les plus florissantes sont celles de Sarakollé, de Goumbou et de Mourdia ; celles des Peul de Bakhabakha, Fogoti, Dilly, Demba et Diélina, et celles des Guirganké de Dinakoura et Alasso. Dans la plupart de celles-là, les maîtres peuvent faire à l'occasion un petit cours d'enseignement supérieur relativement élevé : rudiments du droit et de la grammaire, exégèse et catéchisme théologique, traditions prophétiques, etc.

LE SAHEL DE NIORO

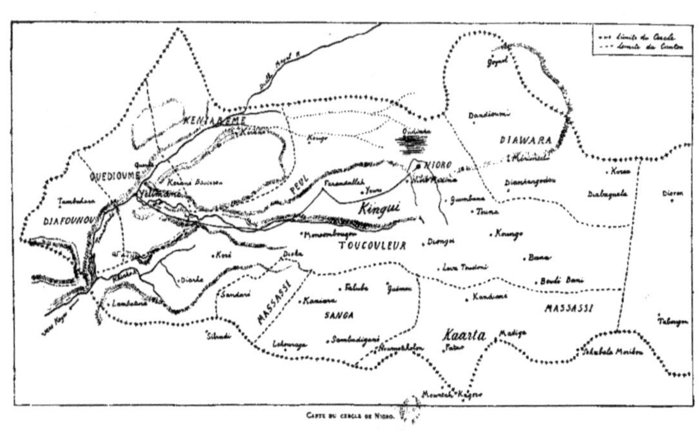

Carte du Cercle de Nioro.

LE SAHEL DE NIORO

CHAPITRE PREMIER

GÉNÉRALITÉS

Le Sahel de Nioro est, dans la terminologie locale, ce vaste territoire compris entre les frontières orientales de la Mauritanie, le Hodh et la région de Kayes. C'est en somme le Sahel occidental. Il constitue, dans notre géographie administrative, le vaste cercle de Nioro, avec ses deux subdivisions de Nioro et Yélimané.

Ce territoire est morcelé en une vingtaine de petites provinces, dont chacune possède une unité géographique bien distincte. Elles sont encadrées dans des limites naturelles, déterminées par un certain ensemble de conditions climatériques, orographiques et hydrographiques. Mais, au point de vue ethnique, chacune de ces provinces est une véritable mosaïque des races les plus différentes. On peut facilement s'en rendre compte par le tableau statistique suivant :

Cantons.	Population globale.	RACES											RELIGIONS	
		Sarakollé.	Diawara.	Maures.	Bambara Massassi.	Bambara.	Kagoro.	Toucouleurs.	Diawando.	Ouolof.	Peul.	Khassonké.	Musulmans.	Fétichistes.
Bakhounou Sud.	2.624	1.405	669	362		188							2.436	188
Diafounou indépendant.	2.436	2.436											2.436	
Diafounou canton.	4.843	4.303						540					4.843	
Diangounté Sarakollé.	5.956	5.956											5.956	
Diangounté Massassi.	2.411				1.501	563	347						2.261	150
Diangounté Bambara Koussata.	779					779								779
Diangounté indépendant.	192					125	67							192
Guidioumé.	6.685	5.717				390		346				232	6.560	125
Kéniarémé.	9.243	9.243											9.243	
Kingui Bambara.	773					773							773	
Kingui Diawando.	4.096								4.096				4.096	
Kingui Diawara.	19.078	624	18.454										12.078	

Cantons.	Population globale.	RACES											RELIGIONS	
		Sarakollé.	Diawara.	Maures.	Bambara Massassi.	Bambara.	Kagoro.	Toucouleurs.	Diawando.	Ouolof.	Peul.	Khassonké.	Musulmans.	Fétichistes.
Kingui Ouolof.	1.054									1.054			1.054	
Kingui Peul.	2.282													
Kingui Peul Rangabé.	4.839										1.446		1.446	
Kingui Peul Toronké.	7.325													
Toucouleurs Foutanké.	15.919			264				15.655					15.919	
Toucouleurs indépendants.	2.165							2.165					2.165	
Sangha Diawando.	362								362				362	
Sangha Khassonké.	4 275	990										3.285	4.275	
Gomitarabougou.	746					746								746
Digna.	1.468					1.156					312		312	1.156
Villages indépendants.	13.685	8.509	587	1 150		3.134					305		12.990	695
	113.236	39.183	19.710	1.776	1.501	7.854	414	18.706	4.458	1.054	15.295	3.285	109.205	4.031

Le territoire sahélien est profondément islamisé. Sur une population totale de 113.000 habitants, il y a 109.000 musulmans et 4.000 fétichistes seulement, soit moins de 4 p. 100. Ces fétichistes sont surtout des Bambara, soit du Massassi, soit du Koussata, du Digna et du Gomintara-bougou, soit enfin des villages indépendants.

Ce sont, comme partout, les Maures (peu nombreux), les Peul, les Toucouleurs et une grande partie des Soninké qui sont les plus attachés à l'Islam. Le reste des Soninké, les Diawara, les Diawanbé, les Kagoro, les Khassonké sont, peut-on dire, des musulmans de deuxième catégorie, peu pratiquants, tièdes observateurs des lois islamiques et invinciblement attachés non seulement à leurs coutumes juridiques et sociales, mais encore à nombre des survivances de leur passé fétichiste.

L'Islam a considérablement progressé dans la deuxième moitié du dix-neuvième siècle avec Al-Hadj Omar, et par la même occasion le Tidianisme du grand conquérant a partiellement détrôné le Qaderisme, seul en vigueur jadis.

Nioro fut, sous la domination toucouleure, plus que le chef-lieu très important d'une grande province. Ce fut l'une des capitales de l'empire, celle qui assurait la liaison entre les États de l'Ouest, berceau de la race, et ceux de l'Est, siège du pouvoir. Elle fut la métropole où l'abondance, la vigueur et la foi de l'élément torodo semblaient assurer pour de longs siècles la domination politique et religieuse des conquérants. Ils n'eurent aucune peine à s'assimiler leurs cousins peul des diverses provinces; ils y furent d'ailleurs aidés par les Peul Toronké, venus avec eux du Fouta. La tâche fut plus malaisée avec les Soninké et surtout avec les Kagoro et Diawara. Elle fut tout à fait difficile avec les Bambara des trois provinces Massassi, Digna et Gomintarabougou. Ceux-ci, vaincus à maintes reprises, durent se soumettre. On leur imposa plusieurs des prescriptions religieuses, auxquelles l'Islam ne soumet pas en principe les peuples qui acceptent le joug et desquelles les Toucouleurs eux-mêmes dispensèrent la plupart des peuples fétichistes qu'ils asservirent. Ils reçurent des cadis, qui firent appliquer les lois d'État, notamment en ce qui concerne le statut familial et le nombre de femmes. Ils durent même prononcer l'acte de foi; mais on n'alla pas plus loin.

Avec les autres populations semi-islamisées, les Toucouleurs montrèrent plus de clémence. Elles reçurent des cadis, mais ceux-ci eurent l'ordre de s'entourer des lumières des marabouts et notables locaux, et d'appliquer le plus souvent possible le droit coutumier.

Par ailleurs tout le monde était soumis au paiement du « dinka » (zaka); les percepteurs toucouleurs le faisaient rentr aux époques canoniques et des détachements en armes venaient montrer aux récalcitrants ce que peut le bras séculier au service de la foi.

C'est à cette date que le Qaderisme, jadis voie dominante dans cette partie du Sahel, doit céder la place au Tidianisme. Al-Hadj Omar ne paraît pas avoir imposé sa voie par la contrainte, mais toutes ses faveurs allaient aux Tidianïa et spécialement à ceux de sa branche. Pour lui faire leur cour, les gens demandèrent l'affiliation nouvelle et délaissèrent le Qaderisme de leurs pères.

Il n'y eut à Nioro, après la mort du conquérant que deux moqaddem officiels : son fils et héritier Ahmadou Chékou et un Maure tichiti, Sidi Abd Allah ould Mohammed Sarir, qui d'ailleurs ne conférait l'ouird qu'en l'absence d'Ahmadou. Deux fois par an, aux deux grandes fêtes, à l'issue de la prière solennelle, le moqaddem distribuait d'un seul coup l'ouird à toute l'assistance, ou le confirmait à ceux qui l'avaient déjà. C'est ainsi qu'Ahmadou en usait pour Dinguiraye, mais plus librement encore, puisque c'était par l'audition de ses lettres qu'on recevait l'affiliation.

Aujourd'hui on s'est relâché de cette unité de direction, et une quinzaine de marabouts au moins prétendent au titre de moqaddem.

Telle était la situation, quand Archinard occupa Nioro en janvier 1891, et mit fin à l'empire théocratique des Torodbé. D'un seul coup, tout l'élément bambara revint à son fétichisme d'antan, et par la même occasion fut pour nous une source très précieuse d'auxiliaires dévoués; quelques-uns seuls ont conservé l'usage du salam, mais conjointement avec l'usage des liqueurs fortes et la consommation des aliments défendus, Il n'y a pas que les peuplades à faire machine en arrière. Nombre de captifs dispersés dans les villages musulmans et restés volontairement au service de leurs maîtres ne se croient plus, sous le nouveau régime, obligés de faire la prière. Ils font toutefois donner à leurs enfants une éducation religieuse. Certains autres au contraire, qui étaient restés rebelles à la violence, résistent moins à la persuasion. En 1912 par exemple, on constatait qu'une dizaine d'ex-captifs de Niagoméra (Yélimané) s'étaient convertis à l'Islam, « pour faire le salam comme tout le monde », disaient-ils, ce qui est exact, mais surtout pour avoir accès dans une société dont leur condition de captifs de la veille leur fermait les portes. La libération des Français les avaient émancipés à leurs yeux; l'affranchissement de l'Islam les émancipe aux yeux de leurs compatriotes.

Comme on le verra plus loin, les gens du Nord (Marocains et Maures) ont fait beaucoup de prosélytisme dans cette partie du Sahel. Mais les Noirs étrangers n'y ont fait, depuis un demi-siècle, que quelques fugitives et infructueuses apparitions. On trouvait en 1912, à Yélimané-Refuge, village d'anciens captifs, surtout Senoufo, restés fétichistes, et le seul centre de la subdivision de Yélimané qui ne possède pas de mosquée, un petit marabout mossi, aussi zélé qu'ignorant, qui réunissait tous les soirs dans sa case pour faire salam les candidats musulmans. En 1914, est arrivé à Nioro un Sidi Baïdara, soi-disant fils de Bou Kounta, de Tivaouane, et appelé d'autre part Sidi Mokhtar Fofana, Bou Bakar Haïdara et enfin Mokhtar Daramé. Chassés de Bakel comme imposteur par les marabouts locaux, expulsé de Bafoulabé après condamnation à une peine disciplinaire pour vagabondage, il était allé chercher fortune en Gambie. En 1914, il prenait pied à Nioro; il y gagne péniblement sa vie en vente d'amulettes et pratiques plus ou moins licites.

CHAPITRE II

NIORO

I. — La ville.

Nioro est une des grandes villes du Soudan, avec ses
3.5oo habitants, auxquels il faut ajouter une population
flottante de 5oo personnes.

Le fonds de la population est hétéroclite. L'élément principal est vieux-soninké, ou marka, comme on dit souvent
ici, par emprunt aux Bambara. Il est constitué par les trois
grandes familles Diakité, Silla et Maguiraga. Cet élément
soninké, le plus nombreux, est aussi le plus influent. Mostafa, le lieutenant d'Al-Hadj Omar, ne faisait preuve que
d'esprit politique, quand il choisit parmi eux son cadi.
Mais l'exaspération des Toucouleurs et les critiques d'Ahmadou Chékou furent telles, qu'il dut, pour se justifier,
prouver, à tort ou à raison, qu'il n'avait que suivi les instructions de son maître.

A ce fond sont venus se joindre, par la vertu d'Al-Hadj
Omar, des éléments toucouleurs, peul, ouolof et soninké,
ceux-ci de deuxième couche, tous inféodés naturellement
au l'idianisme du maître, et très religieux.

Des Maures surtout de Tichit, soit commerçants, soit
pédagogues, soit aventuriers de tous poils, sont venus cher-

cher fortune dans ce brillant makhzen toucouleur et y
ont fait souche, donnant naissance à un nouveau quartier.
Ils ont naturellement pris l'affiliation du maître, mais l'ont
rénové, et ce sont leurs descendants qui dirigent ici, à l'heure
actuelle, les destinées de la Voie.

Restent à signaler quelques Diakhanké, Diawara et Khassonké, moins islamisés, et aussi des Bambara qui, vu l'ambiance, font profession ouverte, au moins extérieurement,
d'Islamisme.

La ville comprend aujourd'hui six quartiers : *a*) Kabala
Kounta ou quartier des Kaba. Il a pour chef Moussa Kaba
Diakité, qu'on verra plus loin. *b*) Silla Kounda, ou quartier
des Silla. Il a pour chef Kandioura Silla, personnage considéré. *c*) Dianwel Kounda, ou colonie du village voisin de
Dianweli. Son chef est Kaoura Kamara, personnage insignifiant. *d*) Maguiraga-Kounda, ou quartier des Maguiraga.
Son chef Fodé Saloum est plein d'allant. *e*) Tichit-
Kounda, ou quartier des gens de Tichit et autres Maures,
tous fortement métissés d'ailleurs. Le chef est Mohammed
ould Aleïa, qu'on verra plus loin. Il y a là une centaine de
personnes de Tichit, une cinquantaine de Oualata, quelques-
unes de Néma et de Sokolo, et même des Tekna d'Oued
Noun. *f*) Diakha-Kounda, ou quartier Diakhanké, dont le
chef, Madi Hawa Nimaga, est un brave homme sans autorité.

La ville de Nioro ne remonte pas à une haute antiquité.
Une tradition locale dit qu'elle fut créée, vers 1672, par un
certain Beïdar, captif de Diawambé. Ces Diawambé, venus
du Diolof, campaient ici pendant la saison sèche et émi-
graient vers le nord en hivernage. Ils laissaient à la garde
de leur dépôt du sud ledit captif, autour duquel vinrent se
grouper divers individus. Ce fut la naissance du hameau,
qui resta près de deux siècles sans grande importance. Une
autre tradition rapportée par Delafosse lui donne un âge
plus avancé : « Vers l'an 1300, la ville de Nioro fut fondée

IV.

par les Peul Diawambé, que Mana-Maghan Niakaté avait
amenés du Kaarta en Kingui, vers 1250. Pourtant le lieutenant de spahis Perraud, qui vint de la part de Faidherbe à
Nioro, en février 1865, dit que, d'après ce qu'il a entendu,
« la ville a été fondée par les Soninké ».

Mungo Park, dont la curiosité est si éveillée, passait non
loin de là en 1796. Il ne fait aucune allusion à cette agglomération.

La chute des Bambara Massassi et l'installation à Nioro
du siège de la puissance toucouleure fut le signal de sa
croissance rapide et brillante. Un nom nouveau : « la lumière » (du mot arabe déformé « Nour »), lui fut imposé
par les conquérants musulmans, et l'éclat de ce « Nioro »
fut tout de suite tel que d'autres Toucouleurs le donnèrent,
quelques années plus tard, à la capitale religieuse du Rip,
l'ancien Badibou, qu'ils occupaient et islamisaient dans le
bas Sénégal, ainsi qu'au village sis près de Velingara, dont
ils essayaient de faire le siège de leur puissance dans le Fou-
ladou de la haute Casamance.

Nioro est toujours le boulevard de l'Islam noir dans la
région du Haut-Sénégal. De Saint-Louis au Niger, c'est le
centre le plus actif de vie religieuse et de propagande ; il
faut arriver ensuite à Dienné et à Tombouctou pour trouver
une pareille manifestation de vitalité islamique, et il n'est
pas sûr que ces deux vieilles villes songaï-poullo du Niger
aient autant d'ardeur et d'exaltation dans leur foi, leur
enseignement et leur prosélytisme. Du foyer de Nioro,
fortifié encore par la proximité des maîtres maures, rayonnée
une influence religieuse permanente et, par ces nombreux
pasteurs et dioula locaux qui circulent dans tout le pays et
sont les hôtes les plus assidus des marchés de Louga et de
Kaolak, elle se répand, à travers les pays malinké du haut
bassin du Sénégal, jusqu'à l'embouchure du Saloum et de la
Gambie.

Métropole commerciale, centre d'études, où viennent se

perfectionner un grand nombre de jeunes Toucouleurs du Fouta des deux rives, foyers très ardents de prière et de mysticisme, Nioro est, à mon sens, le pôle de l'Islam soudanais.

Un simple passager en aura l'impression en entendant au crépuscule l'appel à la prière. Un chœur harmonieux de trois muezzin lance en accord parfait sa pieuse invocation. A l'instant voulu, la cour de la mosquée s'emplit d'une centaine de personnes ; sur la place publique, sur le marché, les conversations s'arrêtent et les longues files tidianïa s'alignent : 200 à 300 personnes sont là, pressées, compactes, hommes, femmes, enfants, Maures et Noirs, libres, haratines et captifs. Les fétichistes eux-mêmes s'y mêlent. On sent — même le chrétien — qu'on n'est pas dans le ton à rester là assis ou debout, et à regarder, même avec sympathie, cette foule recueillie et en oraison. Dans toutes les cases, les fidèles sont en prière. Au crépuscule, Nioro adore Allah, et il se dégage de cette attitude de la ville une troublante impression de foi et de force religieuse. Il est difficile que les Bambara et Kagoro qui y assistent n'en soient pas impressionnés.

Nioro a reçu depuis un demi-siècle la visite de plusieurs missionnaires des zaouïa tidianïa de l'Afrique du Nord : Fez et Aïn Mahdi, curieux de suivre de près le développement extraordinaire de cette filiale omarienne. Les principaux de ces missionnaires ont été : a) Cheikh Sidi Mohammed dit Sidi Mohammed Lakhdar d'Aïn Mahdi. Il venait de l'Adrar mauritanien, où il était installé depuis plusieurs années. Très âgé, il ne vécut qu'un an à Nioro et y mourut. Il était le disciple de Sid Tahar Bou Taïba, d'Aïn Mahdi, qui comptait parmi les télamides mêmes du fondateur de la voie tidianïa ; b) Ahmed ould Çaïh, d'Abdellaoui, missionnaire de la zaouïa de Fez et qu'on verra plus loin.

II. — Personnalités Diakité.

La famille la plus importante de Nioro est certainement celle des Kaba Diakité. Dans l'ensemble du cercle, elle ne cède le pas — en fait de considération — qu'à celle des Tal, famille d'Al-Hadj Omar.

L'origine de son illustration remonte à Alfa Oumar, Sarakollé, originaire de Dioum, dans le Boundou (Bakel).

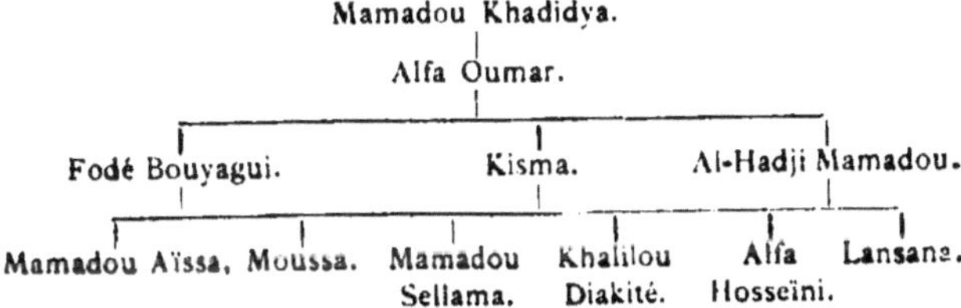

Il fut un des amis les plus sûrs et les plus écoutés d'Al-Hadj Omar. C'est chez lui qu'était descendu le grand homme, lors de son voyage à la Mecque. Revenu à Dinguiraye (Guinée), Al-Hadj Omar le fit venir auprès de lui et utilisa ses services. Vers 1850, Alfa Oumar alla s'installer à Mounia, sur l'ordre de son maître, puis, laissant là sa famille, vint à Nioro, où il fut l'un des plus actifs lieutenants du prince dans ses luttes contre les fétichistes, et notamment contre les Massassi. Ce fut lui qui présida à la nouvelle répartition des femmes Bambara entre les Toucouleurs, et les Bambara qui n'atteignaient pas le chiffre canonique de 4. Il rencontra d'ailleurs de vives résistances, notamment à Kolomina, livra de durs combats et perdit, à la bataille de Karéga, vers 1852-1855, plus de mille hommes, et ne fut sauvé que par l'arrivée d'Al Hadj Omar lui-même. Il mourut vers 1865 en odeur de sainteté.

Il laissait trois fils : l'aîné, Fodé Bouyagui, lui succéda et fut fait cadi du Kingui par Ahmadou Chékou. Il ne resta que neuf ans en place. A la suite de violents conflits avec Mountaqa, il démissionna et alla se plaindre au chef de l'empire, à Ségou. Il y mourut. Mountaqa, pour se venger des Kaba, les exila à Kamandapé, près de Nioro.

Kisma, deuxième fils de Fodé Bouyagui, était chef de la famille, lors de l'occupation de Nioro par les Français (1891). Il fut nommé par Archinard chef, cadi et imam officiel de la ville ; tous les Soninké furent rappelés et les Toucouleurs expulsés. Kisma a rempli cette triple fonction à notre entière satisfaction. Il est mort en 1907, et a été remplacé comme chef par son neveu Moussa Kaba, et comme cadi-imam par le frère de celui-ci, Mamadou Aïssa.

Le troisième fils de Fodé Bouyagui était Fodé Demba, qui, par piété pour son maître, un marabout de Niamina, prit son nom : Al-Hadji Mamadou. Il est mort vers 1887.

La génération actuelle comprend deux fils pour chacun des trois fils de Fodé Bouyagui. Les moins importants sont : Alfa Hosseïni et Lassana, fils de Fodé Demba et maîtres d'école sans grande importance ; Mamadou Sellama, né vers 1880, lettré fort distingué, personnage considéré, écrivain du cercle depuis 1907, et Khalilou Diakité, fils tous deux de Kisma ; et enfin et surtout Mamadou Aïssa et Moussa, fils de Fodé Bouyagui.

Mamadou Aïssa, né vers 1865, a eu pour mère Aïssa Diarissa. Il a été employé comme écrivain d'arabe au cercle dès 1896. Nommé cadi de Nioro, il fut licencié en 1912, mais a conservé ses fonctions d'imam. C'est un homme intelligent, lettré, sympathique et qui nous a rendu les meilleurs services. Il tient une école supérieure, assidûment fréquentée par 20 à 30 élèves, originaires de tous les points du cercle et qui sont la graine de futurs marabouts locaux. Il est l'auteur de deux opuscules arabes, qui ont permis aux administrateurs Adam et Delafosse de rédiger leurs ouvrages : *Légendes du pays de Nioro* et *Traditions historiques et légendaires du Soudan occidental*. Tamsir reconnu, marabout le plus instruit du cercle, il en est aussi le plus loyaliste et, textes en main, il a su maintes fois nous en donner les preuves. Il est moqaddem tidiani de la Voie omarienne. Il a dans ce domaine plusieurs compétiteurs : les Silla, dont l'un l'a suppléé comme président du tribunal, et plusieurs Maures de Tichit, dont notamment Chérif Hamallah. Mais son influence sur les Diakité et plusieurs autres familles soninké est à peu près intacte, et elle lui vaut de beaux cadeaux et une fortune très appréciable. Il a deux femmes, toutes deux de Nioro, et plusieurs enfants en bas âge.

Moussa Kaba Diakité, frère aîné de Mamadou Aïssa, est né vers 1850. Il est chef de la ville depuis 1907. C'est un excellent homme, très dévoué, très bon conseiller pour les affaires du Kingui, un peu faible toutefois pour cette population de Nioro, hétéroclite, potinière et frondeuse. Il a fait preuve d'un grand zèle dans les divers recrutements, de 1914 à 1917, et a donné son fils, le premier, à titre d'exemple. Son neveu maternel, Bakari Silla, caporal, a été tué aux Dardanelles. Moussa a été affilié au Tidianisme par Ahmadou Chékou.

En dehors de ces personnalités, il n'y a guère à citer que quelques marabouts de moindre envergure : *a)* Fodié Bouma Hamadi, né vers 1847, et qui est mort en 1917. Allié aux Kaba Diakité et aux Maguiraga, il jouissait d'une véritable influence. Il fut longtemps cadi de quartier, puis cadi intérimaire de la ville, puis assesseur au tribunal de cercle. Intelligent, honnête et dévoué, il était fort instruit. *b)* Dieïdi Silla, né vers 1873, la personnalité la plus remarquable des Silla, maître d'école en vogue avec 30 à 40 élèves et possesseur d'une belle bibliothèque. *c)* Fodié Saloum Maguiraga, né vers 1860, disciple de Fodié Dioum Tendigora, de Bakel, étudié ailleurs, et par lui de Mamadou Lamin, l'agitateur sarakollé. *d)* Guibrirou Séméga, né vers 1880, assesseur au tribunal de subdivision.

III. — PERSONNALITÉS MAURES DE TICHIT-KOUNDA.

Le quartier maure de Tichit-Kounda date de l'occupation toucouleure. Il s'est constitué à cette époque par l'établissement de quelques marchands et aventuriers, surtout tichiti, dans la capitale des Foûtanké. Le marabout en vedette de cette génération fut Mballé Makan, qui devait, sur la fin de sa vie, émigrer vers Goumbou, où il mourut.

D'autres arrivèrent après lui :

Cheikh Ould Sidi, ouali et moqaddem des Tidianïa ; il ouvrit une école, où se sont formés quelques brillants élèves, entre autres Guibrirou Séméga, assesseur au tribunal de subdivision. Il mourut à Nioro en 1897.

Un peu plus tard, Mohammedou Seydina Oumar, de la secte des Tidjanïa, qui ne fit pas école et dont le fils est Chérif Hamallah dont on parlera plus loin.

A titre documentaire, on peut signaler le passage dans le cercle, au temps d'Al-Hadj Omar, du ouali Sidi Abdallah ould Sidi, frère de Cheikh ould Sidi, venu de Tichit. Il ne séjourna qu'un mois dans la région et se rendit à Ségou appelé par Al-Hadj Omar. Son frère Sidi Mohammed ould Ahmed, de Tichit, est l'auteur de quelques ouvrages, entre autres d'un gros manuscrit sur la mystique tidianïa dont on trouve un exemplaire à Nioro, chez Guibrirou Séméga.

Son fils, Sidi Mohammed ould Sidi Abdallah, est très instruit ; il habite Nioro, mais ne fait pas école et se livre au commerce.

Tichit-Kounda présente aujourd'hui quelques personnalités notoires. La plus remarquable était Aloïa ould Abd Er-Rahman, né vers 1848, et qui est mort en 1916. Il appartenait à une famille qui fut autrefois captive des Maures de Tichit. Venu à Nioro à la suite des caravanes, il s'y fixa, et fit du commerce, ce qui l'enrichit rapidement. A l'arrivée d'Archinard, tous les Maures de la ville s'enfuirent dans le Sahel. Aleïa fut arrêté par les spahis de la colonne, qui réussirent à mettre la main sur un certain nombre de petits groupements. Dans la réorganisation qui suivit, Archinard remarqua son intelligence et son adresse, et le mit à la tête des fuyards qui se reconstituaient peu à peu. Il a été jusqu'à sa mort un chef correct, quoique gêné par ses origines. Il a été remplacé, comme chef du quartier des Maures, par son fils Mohammed ould Aleïa, né vers 1882, qui est aussi assesseur au tribunal de subdivision. Il désire toutefois démissionner pour se consacrer plus entièrement à son commerce. Il relève du Tidianisme de Cheikh ould Sidi et de Hadj Mohammed ould Mokhtar.

Les autres personnalités maures de Nioro sont : a) Hamoudou ould Mohammed ould Sidi Bouïa, mort en 1911. C'était un commerçant en vue. Il avait marié une de ses filles avec Sidi Ahmed ould Abidin, chef des Oulad Mbarek du Kingui. Il entretenait les meilleures relations avec les Mechdouf et les Ahel Sidi Mahmoud. Il rendit ainsi de nombreux services. Après sa mort, ses fils sont répartis chez les Tinouajib-Ahl Adyé, du Sahel. Seul Bouh revient ici faire le commerce du sel et des dattes ; b) Ahmed ould Niaba, le Tichiti, né vers 1878, commerçant ; c) Ahmed ould Lahsen, le Tichiti, né vers 1875, commerçant et disciple tidiani d'Al-Hadj Mohammed Mokhtari ; d) Al-Qadi ould Mballa, le Tichiti, né vers 1840, marabout considéré, disciple tidiani de Moulay Ahmed, le Merrakch ; e) Hadj Balla ould Brahim, le Oualati, né vers 1885, commerçant ; f) Moussa ould Soueid, des Tekna-Aït Moussa, complètement noir comme ses concitoyens de Nioro. Né vers 1870, il est venu ici vers 1892 et se livre au commerce. C'est le notable des Tekna de Nioro

IV. — Hadj Mohammed ould Mokhtar.

Hadj Mohammed appartient, dans ses origines lointaines, aux Ahel Ahmed Chérif, de Ouadane (Mauritanie). Son arrière-grand-père, Chérif Abd Er-Rahman, vint se fixer, vers 1770, auprès de l'almamy Abdoul-Qader, le rénovateur religieux du Fouta-Toro. Il fut un de ses conseillers et amis. Son grand-père Chérif Ahmed et son père Mokhtar furent de grands voyageurs et commerçants, qui étendirent leur négoce jusque dans le Tagant, le Regueiba et le Sahel, mais leur port d'attache fut toujours Kobillo, près de Bokidiavé (Saldé).

Né vers 1860, Hadj Mohammed fit ses études à la zaouïa de Sid Ahmed Tahar ould Sidi Ahmed Al-Jediat, des Id Ou Al-Hadj du Regueïba. Revenu à Bakel, il y vécut quelque temps, puis commença à son tour à voyager. Il parcourut les états de Samory et de Tiéba ; il séjourna quelque temps dans ceux de Ségou, à Baraouéli, où il vécut du produit de son commerce profane et sacré. Remarqué par notre fama, Bodian Koulibali, il ne tarda pas à devenir son directeur spirituel, et peu après, comme il convient, son gendre. Il suivit la fortune de ce potentat et, après la suppression du royaume de Ségou, vint s'établir avec lui dans le Kingui, à Sambagoré, près de Nioro. Bodian mourut en 1899, désignant par testament Mohammed ould Mokhtar comme tuteur de ses enfants et administrateur de ses biens.

Depuis cette date, ce Cheikh s'est fixé définitivement à Nioro, où il s'occupe de la gestion des biens qui lui sont confiés et de ceux de la confrérie tidianïa, dont il est un des moqaddem. Il ne possède rien personnellement, et vit des dons des fidèles et de la mise en valeur des biens de sa femme, fille du fama Bodian. Il n'est sorti de Nioro qu'une seule fois (janvier 1905-novembre 1907) pour aller

en pèlerinage à la Mecque. A son retour, il passa un mois
à la zaouïa tidianïa de Fez. Jadis il allait quelquefois faire
quelques pêches dans le Bakhounou voisin. Il y a renoncé.

D'allure plutôt modeste, d'apparence chétive, noir de
teint, Hadj Mohammed ne jouit que d'une influence localisée. C'est surtout parmi les Peul Toronké, dans quelques
groupements soninké et dans la colonie ouolof que se recrutent ses adeptes. A signaler encore, parmi ses disciples,
le Sarakollé Alfa Sokhna Assa, de Kaédi, personnage important, imam de la mosquée de Gataga, vu ailleurs.
Hadj a reçu l'initiation de Chérif Al-Makki, moqaddem,
du Tagant, et le titre de moqaddem, en 1885, du Cheikh
Mohammed Al-Ouakil, missionnaire de la zaouïa de Fez et
envoyé de Si Mohammed Guennoun, Khalifa des Tidianïa
marocains. Mais ses puissants rivaux Maures et Toucouleurs lui font une terrible concurrence et il végète sans
éclat. Ses relations avec ses cousins, restés au pays natal
(Saldé) sont des plus rares. Il y a encore dans la région de
Ségou de nombreuses personnes affiliées à son ouird.

V. — Chérif Hamallah.

Chérif Hamallah est la figure la plus curieuse de Nioro
et le personnage islamique de premier plan des confins
sahélo-maures. Il n'est encore qu'une source bouillon-
nante, mais une source qui, on peut le prévoir par la force
naissante de son courant, la vertu qui de toutes parts s'attache à ses eaux et la convergence des ruisseaux voisins,
va devenir un grand fleuve.

Il est originaire des Ahel Sidi Chérif de Tichit (cf. sa
généalogie en annexe). Son grand-père, Siyedna Omar,
était un commerçant, qui s'installa à Djégui, à 60 kilo-

mètres au Nord de Nara. Ce point d'eau désert était alors un grand marché. Son père Mohammeddou, également dioula, poussa plus loin ses pas et s'établit à Koumba près de Niamina, sur le Niger. Il y épousa une femme du pays, Aïssa Diallo : c'est d'elle que naquit Hamallah en 1886. Mohammeddou vint se fixer à Nioro avec sa famille. C'est là qu'il est mort vers 1900. Depuis cette date Hamallah, qui était allé faire quelques études chez les Maures du Sahel, n'a jamais quitté Nioro. Renouvelant l'aventure du Prophète Osée, il y avait épousé jadis une gourgandine célèbre, que sa baraka espérait sans doute ramener au bien ; mais l'ange de ténèbres fut plus fort que l'ange de lumière, et Chérif dut, quelque temps après, la répudier. Il est actuellement marié à une femme des Ahel Sidi Mahmoud de Kiffa : Aïcha Mbarek ment Mohammed, et à une femme de Tichit, fille de son ancien Cheikh : Aziza ment Cheikh ould Sidi.

Chérif Hamallah fut d'abord l'élève et le disciple de Cheikh ould Sidi, des Ahel Tichit, ouali et moqaddem tidiani. Ce marabout, décédé en 1897, a été enterré au cimetière de Nioro, et à ses côtés on dépose le père de Chérif Hamallah, et son deuxième maître.

Celui-ci, Chérif du nom de Cheikh Sidi Mohammed ben Ahmeddou ben Abd Allah, arriva du Touat à Nioro vers 1900. Il proclama que les Tidianïa locaux ne suivaient pas la voie droite, parce que dans les prières « ouassifa », ils récitaient douze fois la Djouharat al-Kamâl, ou « perle de la perfection », et que, cette oraison ne doit être prononcée que onze fois. Soutenu par les traitants ouolof, assez nombreux et fort riches, il forma un petit cénacle et lutta contre les Omariens, qui tinrent la tête. L'administration départagea les disputeurs, qui en arrivaient au pugilat, en expulsant l'étranger. Il se retira à Dakar. Après quelque temps, il obtint sa grâce et rentra à Nioro, où sa réserve ne souleva plus les conflits du passé. Il mourut en

1909, ayant désigné Chérif Hamallah, son disciple préféré, comme son successeur.

Chérif Hamallah est donc le moqaddem des Tidianïa réformés. Il se déclare lui-même d'ailleurs non moqaddem, mais Cheikh général. Grand, mince, à figure jeune, rasée ou imberbe et complètement noire, il donne l'impression d'un adolescent. Intelligent et fin, c'est un bon lettré, mais rien n'indique qu'il sera un grand savant. Il avoue lui-même qu'il ne s'intéresse qu'aux ouvrages de mystique, et sa bibliothèque est des plus rudimentaires. Il ne donne aucun enseignement, ni coranique, ni supérieur. Il avait commencé à faire l'école du premier degré, mais il y a renoncé. Quelquefois un de ses disciples ouvre un petit cours de quelques jours ou de quelques semaines dans sa maison. Chérif Hamallah est surtout un mystique et c'est par là que se fonde sa réputation. Il a, dit-on, des visions extatiques, où tout ce qui est dans le ciel et sur la terre passe devant ses yeux ; il se met en communication directe avec Allah ou son Prophète quand il le veut. Il reçoit de nombreuses aumônes, mais il en fait la plus large distribution. Vis-à-vis de nous, son attitude est correcte, mais réservée, et il ne vient au bureau du cercle que sur un appel formel. Il semble qu'avec un peu d'habileté on l'apprivoiserait très vite.

La zaouïa du Chérif Hamallah est une grande maison indigène de Nioro, propre et parfaitement tenue. La dernière de la rue, elle domine la mer des jardins. C'est là que chaque jour se réunissent ses disciples pour réciter les dikr et lire les passages du Coran. C'est là que se pratiquent ces séances de mysticisme, qui se terminent la plupart du temps par des crises nerveuses et autres phénomènes connus. Tous les pèlerins de passage sont reçus à la zaouïa et y reçoivent l'hospitalité.

L'homme de confiance du Cheikh est Bou Bakar Diallo, Poullo-Dangadio né vers 1880, affiné et méfiant, comme tout Peul, mais intelligent, relativement sympathique et susceptible aussi d'être apprivoisé.

L'influence du Chérif Hamallah est déjà considérable ; la vénération dont il jouit est extraordinaire pour un jeune homme. A Nioro même, le quartier des Maures relève de lui ; dans le cercle, un grand nombre de marabouts sédentaires ont reçu l'ouird de sa main. Sur les nomades, son obédience s'étend à un grand nombre de tentes Laṛlal du cercle, soit ressortissant à Nioro même, soit aux Oulad Yabouya de Yélimamé. On la rencontre chez les Chorfa Oulad Zeïn, les Ahel Térenni, les Ahel Togba, chez des ex-zenaga comme les Ladem, et même chez des hassanes comme les Oulad Nacer et Oulad Mbarek. En dehors du cercle, plusieurs notables de Tichit, et un grand nombre de tentes Ahel Sidi Mahmoud et Souaker, soit de Kayes, soit de Kiffa, de Messouma, d'Askeur, et des autres petites fractions maures ou métissées de Kayes se rattachent à son école. J'ai même retrouvé son ouird dans des villages de Sarakollé, aussi éloignés de Nioro que Mourdia, que certains hameaux sis en pays bambara de l'est et jusqu'à Sansanding.

Il a naturellement des ennemis et sur place plus que partout ailleurs. Les Kaba Diakité et Silla de Nioro voient avec peine cette influence s'étendre au détriment de la leur. Très considéré chez les Ahel Sidi Mahmoud de Kiffa, il a failli être pris dans leurs dissensions. Son missionnaire officiel dans cette grande tribu est Mohammed Mahmoud ould Ahmed Taleb. Celui-ci est en conflit depuis longtemps avec le chef de tribu. Sous le couvert du Tidianisme, il n'a pas manqué de lui faire une opposition extrèmement vive. Sur le terrain même de la religion, il admettait les tenants de la nouvelle voie contre les Qadrïa et même contre les Tidianïa vieux jeu des Souaker. Cette attitude, qui durait depuis 1911, finit par émouvoir les autorités mauritaniennes, d'autant plus que Mohammed Mahmoud se réfugiait à Nioro dès que la situation s'aggravait, et échappait ainsi à toute enquête locale. On attribuait dès lors à Chérif Hamallah la cause de ces dissensions intérieures, surtout politiques, qui déchiraient les Ahel Sidi Mahmoud.

On crut s'éclairer sur la situation en s'aidant des lumières d'un missionnaire de la zaouïa tidianïa de Fez, Ahmed ben Çaïh l'Abdoullaoui, neveu et gendre du Khalifa de cette zaouïa. Celui-ci se rendit donc à petites journées à Nioro, exploitant indignement les populations sur son passage. Après un séjour de six semaines à Kayes, où il recueillit, couvert par la baraka officielle, une centaine de mille francs, il fallut le rappeler aux devoirs de sa mission. Il arrivait enfin à Nioro, liait naturellement partie avec ses frères Tidianïa et en fait d'enquête se contentait de vivre à leurs frais et de s'esjouir probablement avec eux de notre naïveté. Revenu au chef-lieu, il se rendait compte avec importance que la situation était excellente.

La situation était en effet excellente. Il n'y avait en réalité aucune agitation, ni politique, ni religieuse. Les incidents qui s'étaient produits provenaient uniquement du taleh précité Mohammed Mahmoud et surtout des intrigues de Fa ould Cheikh Al-Mahdi, frère du chef des Tinouajiou-Ahel Baba, nomadisant avec les Yebirat des Ahel Sidi Mahmoud de Kayes. Il se glissait entre les diverses familles qui lui avaient donné l'hospitalité, et les excitait les unes contre les autres. Il soufflait les dissensions religieuses exposées plus haut, et arrivait ainsi à faire croire à quelque état de trouble, auquel on mit fin en le faisant rentrer dans sa tribu et en le mettant sous une surveillance spéciale.

Chérif Hamallah était complètement resté en dehors de ces intrigues, et aucune suspicion ne doit peser sur lui à cet égard. Les groupements maures soumis à son obédience sont peut-être ceux qui sont les plus dociles à nos ordres.

Chérif Hamallah a deux enfants : Chérif Ahmed, né en 1915, et Cheikh Sidi Ahmed, né en 1917.

VI. — Fadel Moula.

Fadel Moula est un Arabe de la Mecque, descendant, dit-il, de la famille Abbasside. Né vers 1857, il serait fils de ce Cheikh Ahmed Al-Ḫali qui fut le maître et l'initiateur fameux d'Al-Hadj Omar. Il prétend être le cousin d'un Arabe, qui a percé à la cour d'Abdul-Hamid, à Constantinople. Parti d'Arabie en voyage de commerce vers 1896, il visita sucessivement Suez, Constantinople, Malte, Tanger, Fez, le Tafilelt, le Touat, Tombouctou et Bandiagara, où il resta deux ans auprès d'Aguibou, qui lui fit un excellent accueil en souvenir de celui qu'Ahmed Al-Ḫali avait fait à Al-Hadj Omar. Il continua par la vallée du Niger et Banamba, et arriva enfin en 1902 à Nioro, qui lui parut la terre de prédilection, puisqu'il s'y est établi définitivement. Il en est peu sorti. En janvier 1912 seulement, il quittait Nioro pour aller voir des amis à Kayes. Il en profitait pour faire une tournée à travers les localités du Sénégal et de la Gambie et ne rentrait qu'en avril 1914, rapportant 1.500 kilos de sucre et quelques chameaux de mil, qu'il mit en vente.

Fadel Moula a plusieurs femmes : deux captives que lui donna Aguibou, une femme de Nioro, une femme de Médine. Il a une douzaine d'enfants qui travaillent aux champs pour lui. Les plus grands : Moulay Abd Allah, né en 1901 ; Moulay Ali, et Moulay Abd El-Qader, nés en 1909 ; Moulay Ahmed, né en 1910, ont été ou vont à l'école française. Entre temps, il fait du commerce et pratique la vente des amulettes.

Intelligent, ouvert, parfaitement correct, il s'est définitivement nationalisé soudanais et se prétend fixé ici par sa famille et ses intérêts. Son influence, qui paraît avoir été jadis assez importante, s'est tassée avec le temps. Sa baraka

n'a plus rien de neuf et au surplus il ne fait pas de prosélytisme.

Arrivé tidiani d'Orient, il s'est fait jadis confirmer cet
ouird par le marabout en vogue : Cheikh Sidi Mohammed.
C'est le seul effort d'adaptation qu'il ait fait. Il ne parle que
l'arabe et refuse d'apprendre les langues indigènes.

CHAPITRE III

LES TOUCOULEURS

Les Toucouleurs ont perdu leur autorité avec la suprématie politique. Réduits à leur seule valeur personnelle,
ils ne constituent plus qu'un noyau actif, travailleur et religieux, il est vrai, de 18.000 individus dans une grosse masse
de Soninké, de Bambara et de Diawara. Ils sont à peu près
tous situés au sud de Nioro, où Al-Hadj Omar les avait
groupés pour tenir la route de Kayes. Leurs villes principales sont Nioro-Médina (ou Médina-Allahéri, du nom du
captif d'Al-Hadj Omar qui la fonda); Gadiaba et Sambagoré. Ils constituent ethniquement trois groupes : Foutanké,
Boundouké, et indépendants.

Administrativement on les a groupés en deux cantons :
Foutanké-Boundouké (15.919 âmes), et indépendants
(2.065 âmes), mais avec un chef unique.

Ce chef est actuellement et par droit d'hérédité Ibrahima
Malik, de la famille princière des Sissibé, du Boundou.

Le père, Malik Samba, fut un des fidèles d'Al-Hadj Omar.
Il le suivit dans ses pérégrinations au Sahel et, sur son ordre,
s'y fixa. Par la suite, alors qu'il habitait Diala, il se brouilla
avec Ahmadou Chékou, qui fit marcher un détachement
contre lui. Vaincu et fait prisonnier à Goupou (Bafoulabé),

Malik fut interné à Gadiaba-Diallo et tous ses biens furent confisqués.

Archinard le délivra et le mit à la tête des Boundouké très hésitants et déjà en fuite. Malik fut si heureux dans sa tâche d'apaisement que, peu de temps après, il fut mis officiellement à la tête des Toucouleurs Foutanké et Boundouké et des Peul Rangabé. Vers 1896, toutefois, le commandement des Peul lui fut enlevé. Il est mort en octobre 1904.

Son fils aîné, Ahmadou Malik, lui succéda, élu à l'unanimité par les notables. Depuis longtemps déjà, il remplissait les fonctions de chef de canton. Il rendit des services signalés et on le considéra comme un des rares chefs en qui on put avoir une confiance absolue.

A sa mort, en 1909, il fut remplacé par son frère Souleyman. Estimé de l'administration et de ses sujets, il est mort trop jeune pour avoir pu donner sa mesure (1915).

Le troisième fils de Malik. Ibrahima Malik, lui a succédé à cette date. Né vers 1876, intelligent. dévoué, il est très aimé des Toucouleurs. On ne peut lui reprocher qu'un certain manque d'énergie. Il a été le premier à donner son jeune frère comme tirailleur en 1915. Il est, comme toute sa famille. tidiani. de l'obédience omari.

Les autres personnages notoires toucouleurs sont :

a) *Ila Si*, chef du village de Birou et vaillant guerrier. Il a pris part à toutes les expéditions de Mountaqa contre le Séro. le Diafounou, le Kaarta. Il se rallia plus tard à Ahmadou Chékou. Il fit sa soumission après la prise de Nioro et a adopté de ce jour une attitude réservée, mais très tranquille. Il est l'aîné des Sissibé et. à ce titre, jouit d'une grande considération. C'est un homme intelligent, rusé et qui a beaucoup vu et beaucoup retenu.

b) *Mamadou Thiam*, né à Goloré (Podor) vers 1862, fils d'Abdoulaye. Il est arrivé du Fouta vers 1882. Après avoir exercé pendant trente ans le métier de dioula à travers le Sahel et dans la vallée occidentale du Niger, il se rendit à la Mecque en 1911 et s'y fit confirmer le titre de Moqaddem des Tidianïa, qu'il avait déjà reçu en 1906 du Chérif Sidi Mohammed ben Abd Allah. Il n'en a guère acquis plus d'autorité religieuse : il a en effet peu d'envergure. En septembre 1912, au cours d'une enquête, on trouva dans sa case un revolver et ses munitions, ainsi qu'un fusil perfectionné, introduits sans autorisation. Il fut condamné à une amende de 500 francs. Quelques marabouts se réunissent parfois chez lui pour faire de pieuses lectures. Il a épousé la fille du chef de Birou, gros village toucouleur, une petite nièce d'Al-Hadj Omar, et plusieurs femmes toucouleures de Ségou.

c) *Mamadou Fodé Diallo*, mi-torodo, mi-poullo, à Néma. Il est né à Tiouki dans le Farimaké (Issa-Bor) vers 1865. Il a fait ses premières études dans le Macina et les a continuées à Nara chez son oncle Abdoulaye Bakar Bari, puis chez les tolba maures Ahel Afa. Il vola alors de ses propres ailes et s'installa à Séguéla (Kayes) auprès d'Alfa Hamadi Diallo. Il resta vingt ans à Kolomina (1890-1909), et est venu enfin s'installer à Néma, où il a ouvert une école.

Il est le seul moqaddem qadri de la subdivision de Nioro et tient son titre de Modibbo Hamadou Diallo, de Goumbou.

Il exerce une influence très sensible chez les Toucouleurs et les Diawambé, encore que les premiers ne relèvent pas de son obédience. Il l'a mise à notre service, en 1915-1916, en facilitant les recrutements et en prêchant l'obéissance. Il a quatre femmes, toutes filles des notables des villages de Kayes-Nioro, ou il a séjourné.

d) *Maki Ba* et son frère Mamadou ould Baba ould Ouali Ba, de Diokha. Ils relèvent de l'obédience de Cheikh Sidi, et sont à la fois maîtres d'école et dioula. Dans le même village, Tierno Oumar Diallo, dont l'école est fréquentée par une quinzaine d'élèves.

e) Le groupement de *Farandallah-Toucouleurs*, un des

centres islamisés les plus importants, de ce peuple. Tous
les notables y sont marabouts et peu ou prou maîtres d'école.
Le plus notoire est Ahmadou Baba Ndiaye, né vers 1880 et
maître d'école.

f) *Ahmadou Mamadou Ndiaye* né vers 1856, imam et
maître d'école de Dianvelli. Il a fait ses premières études
dans le Fouta Toro et les a achevées à Timbo (Fouta-Diallon).

g) Le groupement de *Nioro-Médina*, dont les marabouts
notoires sont : Tafsir Bokar Diallo, poullo, disciple tidiani
d'Ahmadou Chékou, almamy local ; et Mamadou Mokhtar
Tal, né vers 1860, tidiani, disciple de Cheikh Mokhtar, de
Nioro.

h) *Issaga Tierno Kane*, maître le plus renommé de Gadiaga Kadiel. Il a une quinzaine d'élèves à son école.

i) *Kindessé Ba*, dit Tierno Moussa, chef de Gadiaba
Diaba. et assesseur près le tribunal de cercle. Il est venu
jeune dans le pays avec les bandes toucouleures. C'est un
homme sympathique et dévoué qui a fait engager un de ses
fils au recrutement de 1916.

j) *Mahmadou Mahmoudou Li*, né vers 1880, le marabout
en vedette de Nioro-Tougouni. Il a école de 15 à 20 élèves.
Il relève de Chérif Mokhtar.

k) Et enfin et surtout *Mourtada Tal*, un des rares fils
survivants d'Al-Hadj Omar. Mourtada est né à Dinguiraye
vers 1850. Sa mère, Diénaba, étant une femme haoussa,
qui est morte récemment à Koniakary, où elle habitait.
Son frère aîné, Ahmadou Chékou, le fit venir à Nioro, où
il passa sa jeunesse et exerça, vers 1888, le commandement
du Kéniarémé. Il s'enfuit vers l'est après la prise de Nioro
et habita Bandiagara de 1891 à 1910, auprès de ses frères,
Ahmadou d'abord, Aguibou ensuite, et toujours confiné
dans la mosquée. Il avait reçu en 1893, au lendemain de la
prise de Bandiagara, le titre de moqaddem de la main d'Ahmadou Chékou. De 1900 à 1906, il vécut à Dienné. Il revint

dans le cercle de Nioro en 1906, et s'installa à Gourel-
Bouyaré, village de Peul Toronké, à 18 kilomètres à l'ouest
de Nioro, près de Sambagoré. Il en est sorti à plusieurs
reprises, soit pour faire le pèlerinage à la Mecque en 1911,
soit pour aller faire le commerce de bœufs au Sénégal jusqu'à Dakar.

Il a trois femmes, filles toutes trois de notables toucouleurs et peul du cercle. Il en a de nombreux enfants.

Il a toujours fait preuve d'une attitude parfaitement correcte et même dévouée. Il a considérablement facilité les
recrutements de 1915-1916 auprès des Toucouleurs et des
Foulbé Toronké. Il jouit en effet auprès des uns et des
autres d'une considérable influence, due à ses vertus pri-
vées, à sa naissance et à son titre de moqaddem, dérivé par
Ahmadou Chékou de la tradition directe d'Al-Hadj Omar. Il
jouit également d'une certaine considération auprès des
Soninké locaux. Quand il voyage à l'intérieur, il est reçu
avec de grands honneurs par les groupements toucouleurs
ou tidianïa ouolof et mandingues. C'est au demeurant un
vieillard fort sympathique.

CHAPITRE IV

LES PEUL

Le cercle de Nioro, et notamment le Kingui, renferment de nombreux campements peul (18.000 âmes environ). Ils sont constitués en trois groupements, suivant leurs origines ethniques : Kaartanké, Rangabé, Toronké. Chacun de ces groupements jouit de son autonomie administrative. Il faut joindre à ces Peul plusieurs groupements Diawambé.

I. — PEUL KAARTANKÉ.

Comme leur nom l'indique, les Peul Kaartanké de Nioro proviennent des Foulbé du Kaarta. Les quatre grandes tribus de la race : Diallo, Ba, Soh et Bari sont représentées parmi eux.

Ils émigrèrent du Kaarta vers le milieu du dix-neuvième siècle, sous la conduite de Oulibo, qui habitait avec les Massassi, dont il avait épousé une femme, et vinrent offrir leurs services à Al-Hadj Omar à Tango. Plusieurs d'entre eux suivirent le conquérant à Ségou, dont Ouliba. A sa mort, Baba son fils devint le chef de la famille et compta parmi les guerriers renommés d'Ahmadou Chékou ; il porta de nombreuses traces de cette réputation de vaillance.

Lorsque Ahmadou revint à Nioro pour assiéger son frère Mountaga, Baba Oulibo le suivit et il se fixa dès lors à Nioro, où il était le chef de ses bergers. Il exerçait également l'administratinn du Kéniarémé et du Guidimaka. Lorsque Archinard entreprit la campagne de Nioro, Baba, devinant l'issue de la lutte, abandonna Ahmadou et vint se présenter au colonel, qui lui conserva sa situation de chef des Peul Kaartanké et de chef berger du cercle. Il l'occupa jusqu'à mai 1896, date où il fut convaincu de complicité dans une tentative d'incendie du poste. En raison de son grand âge, il fut simplement révoqué. Depuis, il a toujours habité Nioro, n'ayant plus d'autre autorité que celle de chef de famille. C'est un homme fort intelligent, obséquieux à l'excès, et qui ne manque pas d'énergie malgré son grand âge.

De 1896 à fin 1917, les Foulbé Kaartanké vécurent dissociés en quatre villages. A cette date, leur reconstitution fut reconnue nécessaire, et ils ont été regroupés sous le commandement de Sambéré Li, chef du village de Madonga, choisi par tous les notables. Ce chef est un vaillant guerrier, qui a pris part jadis à toutes les expéditions d'Ahmadou Chékou et de Mountaga. Il est très estimé de tous.

Lui et ses gens relèvent à peu près tous du Tidianisme omari. Ils sont actuellement au nombre de 2.282 âmes.

Les personnalités religieuses de ce groupement sont : Hamadou Tierno Diallo, né vers 1878, disciple de Mamadou Oumar de Nioro et maître, avec ses 20 élèves, de l'école la plus florissante du Madonga ; Baba Tierno Dia, né vers 1880, maître d'école à Madonga ; Abdoulaye Diallo, né vers 1875, maître d'école à Dianwelli.

II. — PEUL RANGABÉ.

Les Rangabé (au sing. Dangadio) sont constitués en très grande partie par des membres de la tribu Diallo. On y trouve aussi quelques Ba; ils sont au nombre de 4.839. Ils sont également venus dans le Kingui, entre 1850 et 1860, pour se mettre à la disposition d'Al-Hadj Omar.

A leur chef Boubou Hamadou Diallo, a succédé, en fin 1917, son cousin Oumar Harouna Diallo, chef de Nioro-Tougouné peul. C'est à la fois un vaillant guerrier et un riche pasteur. Il a pris part jadis à toutes les expéditions des Toucouleurs contre le Kaarta, le Bélédougou, le Séro, le Diafounou, etc. Depuis l'ère de la paix, il ne s'est plus occupé que d'accroître ses troupeaux. Très connu et très estimé dans tous le Kingui, il est maintenant vieux et presque aveugle. Il est suppléé par son frère Kouyé Diallo et son cousin Oumar Ousman Diallo, plus jeunes et plus actifs.

Il est tidiani de l'obédience omari.

Kouyé Harouna Diallo, né vers 1878, partage son temps entre les fonctions de khalifa de son frère et la direction d'une école coranique prospère à Nioro-Tougoune.

Les personnalités rangabé notoires sont:

a) Hamadou Oumar Diallo, à Dianwelli, né vers 1872. Il a été fait moqaddem tidiani par Chérif Sidi Mohammed ben Abd Allah, en 1906. C'est un des bons maîtres d'école de Dianwelli. Il est très connu et estimé dans son groupement;

b) Brahima Aliou Diallo, figure d'aventurier extrêmement curieuse. Il est né vers 1882 et fut l'élève d'Ousman Diallo, marabout connu. A la prise de Nioro, il partit avec son maître au Fouta-Diallon, puis vint à Bandiagara. Par Dori, Niamey, Kano, le Dar Sila et l'Égypte il arriva à la Mecque où il séjourna une dizaine d'années et où son maître

mourut. Il y reçut le titre de moqaddem d'un Mecquois,
dit Almamy Malik. Il revenait en 1912 par le centre afri-
cain, avec trois chameaux et un stock de livres arabes,
quand il se trouva pris dans les combats entre Doud
Mourah et les troupes françaises, et perdit tous ses bagages.
Réduit à des expédients pour vivre, il se vit infliger, à son
passage à Saye, trois mois de prison, et à son passage à
Djibo, 15 jours de la même peine pour pratique de charlatanisme. Ramené à Nioro, il promet de se tenir tranquille, mais disparaît un beau jour sans laisser de traces.
On le verra réapparaître sans nul doute après de nouvelles aventures.

III. — PEUL TORONKÉ.

Les Peul Toronké, au nombre de 325, sont les fils de
ces nombreux aventuriers des diverses tribus peul du
Fouta Toro, mais surtout du Toro et du Lap, qui se sont
attachés à la fortune d'Al-Hadj Omar vers 1850 et l'ont
suivi dans le Sahel. Ils appartiennent surtout à la tribu
Soh, mais il y a aussi quelques Dialoubé et Ba.

Il y a parmi eux un certain nombre de personnalités notoires : *Madani Ndiaye*, né vers 1880 à Farabougou (Nioro),
ancien chef. C'est le fils de Hamadou Mokhtar, qui fut le
chef de Kaarta sous Ahmadou Chékou, et d'une femme
bambara de la famille Massassi. Hamadou fut tué à la
guerre, ainsi que tous les frères de Madani. Celui-ci resta
chef d'une famille très diminuée. Parti jeune du pays, il
vécut toujours avec les Français, notamment auprès du
gouverneur Ponty, à qui, par sa connaissance de nombreuses
langues, il servit d'interprète. Nommé chef des Peul Toronké le 21 octobre 1908, il ne rendit que peu de services :
son activité ne put suppléer aux qualités qui lui man-
quaient, et notamment à l'honnêteté administrative et à une

réputation sans tache. Il fut remplacé, en 1914, par Alfa Idrissa,

Alfa Idrissa Diallo, de Gavinani, est né à Dianou, près de Dagana, vers 1858. Il s'est installé à Sambagoré à l'ouest de Nioro, vers 1880, puis à Gaviani en 1891. L'autorité toucouleure, puis l'autorité française l'utilisèrent comme grand cadi des Toronké. Il était un des marabouts les plus considérés du pays et exerçait les fonctions de moqaddem tidiani, par consécration du Chérif Sidi Mohammed de Nioro. A ce titre, il servait, depuis de nombreuses années, d'intermédiaire entre le commandant de cercle et les Peul Toronké, auprès de qui il jouit d'une grande influence. Il fut nommé leur chef en 1914, mais âgé, malade, il n'avait pas l'autorité nécessaire pour diriger cette population nomade, toujours errante à la suite de ses troupeaux de bœufs. Ancien cadi, c'était un homme de droit, non un homme d'action. Très considéré, il était peu obéi. Il se fit suppléer par Ali Ba, et on finit par le lui donner comme remplaçant. Alfa Idrissa est nanti de quatre femmes peul, une de Nioro, trois de Gavinani, et de nombreux enfants

Ali Ba, du clan wadabé, était chef du village de Demba Demba, quand il fut nommé chef des Peul Toronké, en fin 1917, après avoir servi trois ans de Khalifa à son prédécesseur. Originaire de Podor, il est venu ici au temps d'Ahmadou Chékou. Il a pris part à plusieurs expéditions contre le Kaarta et le Diafounou. Actif, intelligent, énergique, il est aimé de ses gens qu'il sait atteindre, malgré leur dispersion, et nous est tout dévoué. Il en a donné des preuves lors des recrutements et désarmement, et d'une façon constante, avec le recouvrement de l'impôt. Il est tidiani de l'obédience omarienne,

Bou Bakar Bamba Soh, dit Demba Daye, est né à Dodel (Podor) vers 1852. Il est venu ici vers 1878, sous le commandement de Mountaqa. Établi d'abord à Sembagoré, il en émigra lors du repeuplement de ce village par les Bam-

bara. Il vint alors à Gavinani. Il a épousé plusieurs femmes
peul du pays. Il a fait le pèlerinage de le Mecque de février 1910 à septembre 1911. Il ne paraît pas enchanté de
son voyage et déclare que, s'il avait su exactement ce que
c'était, il ne l'aurait pas entrepris. En Poullo avaricieux, il
trouve que les gens de la Mecque sont des exploiteurs.
Intelligent et actif, il paraît dévoué. Il est plus cultivateur
et riche pasteur que marabout, malgré son titre d'Hadj.

Al-Hadj Hamadou Ba de Gavinani, né à Kaédi-Pavé
(Fouta-Toro) vers 1848. Il a rejoint Ahmadou Chékou vers
1870, et s'est fixé dans le Sahel occidental ; il est installé
à Gavinani et tient une petite école coranique. Il a fait le
pèlerinage de la Mecque en 1911, mais ne jouit pas pour
cela d'une grande influence.

IV. — LES DIAWAMBÉ.

L'élément diawando, aux origines et à la situation ethniques encore mal définies, et, semble-t-il, sorte de caste
poullo, est représenté, dans le Sahel occidental, par près de
5.000 individus. Les neuf dixièmes (4.096) sont concentrés
dans le Kingui, où on leur a donné l'autonomie cantonale :
c'est le Kingui diawando. Les autres, qui atteignent le
le chiffre de 400 environ, forment le petit groupement de
Sangha-diawando, également autonome.

Ces deux groupements, surtout le premier, sont de beaucoup les plus importants groupements diawambé de tout
le Soudan. Ils ont au surplus une vie propre et une commune histoire. Les traditions de la création de Nioro dif-
fèrent sur bien des points ; elles s'accordent toutes à attribuer cette fondation aux Diawambé.

L'Islam de ces Diawambé est des plus tièdes, encore
qu'ils s'en réclament avec vigueur. Les plus notoires marabouts sont : *a)* Issa Guidado La, né vers 1860, qui fut

longtemps le cadi des Diawambé et qui est aujourd'hui suppléé par Mamadou Fodié Diallo. Il est resté leur grand marabout et jouit d'une très grande considération dans le Kingui ; *b)* Bou Bakar Hammadi La, petit maître d'école à Nioro-Médina, disciple tidiani du poullo Alfa Amiri, qui comptait parmi les suivants d'Al-Haaj Omar.

Tout le clan diawando des Guimbayoro se pose en clan maraboutique.

CHAPITRE V

LES SONINKÉS

I. — Généralités.

Les Soninké, qu'on appelle aussi dans le Sahel occidental Sarakollé, à l'imitation des Ouolof, et Marka à l'imitation des Bambara, constituent avec leurs 40.000 âmes, l'élément ethnique le plus important du cercle. Ils forment la moitié de la population du Bakhounou-Sud, soit 1.405 âmes ; la totalité du Diafounou indépendant, soit 1.436 âmes ; les 9/10 du Diafounou-canton, soit 4.3o3 âmes ; la totalité du Diangounté-Sarakollé, soit 5.936 âmes ; les 8/10 du Guidioumé, soit 5.717 âmes ; la totalité de Kénia-rémé, soit 9.243 ; et la plus grande partie de la population des villages indépendants, soit 8.5o9 âmes. On en trouve encore quelques-uns dans le Kingui-Diawara, le Sangha-Khassonké et le Gomintarabougou.

Les Soninké de l'est (Guidioumé, Diafounou et Kénia-rémé) sont tous les descendants des très anciens habitants du pays. Ceux de l'ouest proviennent du Koussata, région qui se trouve entre le Kaarta et le Gomitarabougou et qu'on appelle aujourd'hui le Diangounté Bambara Koussata. La principale localité était Diongoye, village aujourd'hui disparu, qui était situé entre Gantiguila et Kouloudiengué.

Il y avait à Diongoye des Bambara du Diangounté et des
Soninké, ceux principalement du clan Samoura, que l'on
rencontre maintenant dans le Bakhounou-Sud et le Diangounté Bambara, et du clan Diarisso, qui occupe les villages de Touna, Kamouné-Diembéré, Koungo Dumpa,
Moro-Moro, un nouveau Diongoye et plusieurs villages du
cercle de Nara.

La plupart de ces Soninké sont musulmans, mais le
sont différemment. Les anciens habitants du pays ne sont
que de tièdes disciples du Prophète. Le contact des Bambara a été fàcheux pour leur orthodoxie. Avant l'arrivée
des Toucouleurs, il est avéré que ces Soninké de première
couche étaient — sauf de rares familles — fétichistes. Ils
se réclamaient, et au surplus se réclament toujours, de
leur droit coutumier, qui se rapproche singulièrement de
celui des Bambara. Parmi eux on compte aujourd'hui
encore un grand nombre d'individus ne pratiquant pas
la prière, ignorant tout de l'Islam, et qui doivent être classés
incontestablement comme fétichistes. En revanche, les
Soninké de deuxième couche, ceux qui sont arrivés ici à
la suite d'Al-Hadj Omar avec les Toucouleurs et les Foulbé,
sont d'une grande pureté religieuse. Très attachés à leur
foi, ils font souvent appel dans le règlement de leur litige
au droit islamique des auteurs. L'influence réformatrice
du grand Torodo se fait toujours sentir.

Les principaux clans maraboutiques soninké sont : Kaba,
Silla, Séméga, Maguiraga, Dibassi, Boiguillé ou Forana,
Kébé, Cissé Nimaga, Bayaga, Ouagé, Sissoko, Komma,
Fissourou, Maréga, Touré Fassa, Sogori, Tiréra, Baradyi
Sibi, Diembéra, Daramé, Boumé Tambalou, Gassama,
Doukouré.

II. — Subdivision de Nioro.

Les personnalités marquantes de la société soninké de la subdivision de Nioro sont :

a) *Kardigué Diarisso*, né vers 1845, guerrier et cultivateur, chef du village du Kamouné-Diembéré. Les Diarisso étaient alliés au Massassi contre les Toucouleurs. Après la victoire de ces derniers, ils se soumirent, et Kardigué prit part à toutes les expéditions d'Ahmadou Chékou et de Mountaqa dans le pays, contre le Diafounou, le Kaarta, le Bélédougou, etc. Bien que la coutume diarisso exige que le chef général du clan soit toujours l'homme le plus âgé et que le titre, d'après cette coutume, revienne à Dounkoro Diarisso, chef du village de Séva, c'est en fait Kardigué, qui en exerce les fonctions, étant le plus notable, le plus âgé après Dounkoro, et le plus écouté aussi. Il manque toutefois d'énergie et son intelligence paraît intermittente. Il est suppléé par Diawaï Diarisso, son cousin, jeune, actif, plein de bonne volonté, et assesseur (coutumes bambara-soninké) au tribunal de subdivision. Tous ces personnages sont à peine teintés d'Islam.

b) *Bakari Doukara*, né vers 1860 à Guimba, près de de Nioro. Il n'a jamais quitté sa province du Kéniarémé, et habite Lakhanguémou, où il possède un gros troupeau de bœufs, plusieurs lougans et quatre femmes. Il se rattache au Tidianisme des Tendigoré de Bakel, et a reçu le titre de moqaddem de cette voie de Fodié Amara Tendigoré de Kougoni. C'est un homme sympathique, qui a présenté lui-même son fils, lors d'un des derniers recrutements.

c) *Antioumana Bradyi*, né vers 1857. Il habite Kérané et n'est jamais sorti du Kéniarémé, où son influence s'étend sur tous les Soninké. Il relève du même ouird et possède les mêmes titres que le marabout précédent. Il est de plus bon lettré, est considéré comme tamsir, et exerce les fonctions d'imam de Kérané.

d) *Bouyagui Taraoré*, né vers 1835, chef de Kérané et, en sa qualité de plus ancien de la famille, chef de la pro·vince du Kéniaméré. Il ne rend plus aucun service et est suppléé par son fils Alakham, qui est complètement inintelligent. Bon guerrier, Bouyagui a jadis pris part à toutes les expéditions d'Al-Hadj Omar et de ses fils. Il est certainement un des derniers survivants du siège de Médine, qui illustra Peul Holle. Depuis sa soumission à Archinard, il s'est consacré aux cultures. Les personnalités les plus intéressantes de son entourage sont Assa Mouké Taraoré, actif et plein de bonne volonté, et Guibrirou Daramé, né vers 1870, moqaddem tidiani, élève et disciple de Fodé Aboudou Daramé, de Kayes.

e) *Mamadou Modi Tounkara*, de Yéréré, né vers 1867. Parti de Yéréré en 1893, il se rendit par voie de terre à la Mecque, où il arriva en 1898. Il séjourna en Arabie et Syrie jusqu'en 1910, date à laquelle il se mit en route sur Yéréré. Il arrivait à Nioro le 30 juin 1913. Ses longs voyages et aventures lui ont fait une petite auréole. Mais peu riche et marié à des femmes de l'extérieur, notamment deux filles de marabouts de Dar es-Salam (Ouadaï), il ne jouit que de peu d'influence. Il avait été affilié jadis au Qaderisme par Chékou Mamadou Doukouré, de Bokoro (Guidimaka). Il a reçu le titre de moqaddem de cette voie de Cheïkh Al-Hossein, de Bagdad. Il possède une instruction beaucoup plus développée que ses congénères et a rapporté de son pèlerinage trois charges d'ânes de volumes, soit une cinquantaine d'ouvrages arabes.

f) *Gaye Kamara*, né vers 1835, chef du village de Diéoura et considéré, étant le plus âgé de la famille, comme chef de Kaarta. Il appartient à un groupement mi-soninké, mi-kagoro, établi depuis plusieurs siècles dans le pays. Gaye a pris part à toutes les expéditions des Toucouleurs

contre le Diafounou, le Séro, le Bélédougou. Il est aujourd'hui trop âgé pour pouvoir être utilisé ; il est suppléé
tant bien que mal par ses fils dont les meilleurs sont : Oua-
radiougou, malheureusement infirme, et Madi Koubli,
bien jeune encore. Il a pour intermédiaire habituel avec
le cercle son fils Gawa, prétentieux et intelligent.

Le Kaarta partagé entre les Soninké et les Kagoro, quelquefois unis, le plus souvent séparés, est peuplé d'un ensemble de villages extrèmement particularistes. On y trouve
encore des Massassi, anciens conquérants ; des Bambara
Koussata, venus de l'est, et même quelques captifs et haratines maures sédentarisés. Il est impossible d'y trouver un
homme susceptible de prendre en main le commandement
du canton. C'est pourquoi la création d'une résidence
locale s'impose, qui comprendrait dans sa juridiction le
Kaarta et le Sangha. Le Kaarta historique n'est pas compris d'ailleurs dans le cercle de Nioro : celui-ci ne comprend
que le Diangounté ; l'autre partie, le Bagué, ressortit à
Kita.

g) *Goumbenna Mamadi*, né vers 1860, chef du village
important de Mationga, peuplé de soninké Koulibali. Il a
été initié au qaderisme par Abba ould Ahmoïti, des Ida Ou
Blal-Aba ould Sidi.

h) Le centre de *Youry*, foyer islamique très important
et à l'esprit quelque peu frondeur où l'on trouve 27 marabouts, dont 10 maîtres d'école, 3 tamsir et 1 moqaddem.
La personnalité, de beaucoup la plus importante, est l'almamy et directeur des séances ouadhifa, Moussa Kamara,
né vers 1842. Il est connu et vénéré de tous les Soninké
non seulement de Youry, mais du Kingui, du Kaarta, du
Kéniaméré, du Diafounou et du Guidioumé. A citer à côté
de lui Abdoulaye Samassa, né vers 1875, et Mamadou Kamara, né vers 1872. Grands cultivateurs, les gens de Youry
sont aussi des commerçants émérites qu'on trouve sur les
chemins de la Côte d'Ivoire, de la Gambie et du Sénégal.

III. — Subdivision de Yélimané.

La subdivision de Yélimané comprend les provinces du
Diafounou et du Guidioumé, entièrement peuplées, à quelques exceptions toucouleurs près, de Soninké. Ces populations furent, jusqu'au dix-neuvième siècle, soumises à la
domination bambara, et ce contact des fétichistes les ren-
força dans leurs traditions animistes. Al-Hadj Omar les
islamisa rapidement, assez facilement dans le Diafounou
par l'intermédiaire de la famille des Doukouré, avec infi-
niment plus de peine dans le Guidioumé où, sous la direction de leurs chefs héréditaires, Soninké et Bambara réunis
mirent plus d'une fois en déroute les sofa du conquérant
et ne furent exterminés que lorsque celui-ci eut jugé nécessaire de marcher entre eux en personne et de faire intervenir « son chapelet plus fort que tous les fusils ».

Al-Hadj Omar fit raser toutes les têtes, et les cadenettes
du passé furent consumées dans un immense bûcher. On
donna aux néophytes un bonnet rond, dit « Tidiani » et
les talibé leur montrèrent la méthode du « Salam ». Ils
firent bien autre chose, car quelques années plus tard, les
populations exaspérées se soulevèrent et les massacrèrent
tous. La répression, conduite par Al-Hadj Omar lui-même,
fut cruelle. Après quoi, il plaça à la tête du Guidioumé, à
Niogomira, son talibé Modi Mamadou, à la tête du Diafounou, à Tambakara, son talibé Guibiri Boubou, et in-
corpora les deux provinces au commandement général de
Mostafa, à Nioro.

Les Soninké ne se montrèrent infidèles à la domination
toucouleure qu'une seule fois : lors de la révolte de Mamadou Lamine, vers 1885. Ils prirent comme chef le fils
de l'agitateur et lui construisirent un tata à Goury. Mais
Ahmadou Chékou détruisit le tata, chassa l'usurpateur et
remit tout dans l'ordre.

L'islamisation du pays s'est faite par la violence, mais il y avait jadis ici, comme chez leurs frères soninké de Nioro, de Kayes et du Gorgol, des familles héréditairement maraboutiques. Les grands clans du pays Niakhaté, Diétaba, Koïta, Doukouré, etc., avaient leurs marabouts attitrés, comme ils avaient leurs griots, leurs forgerons et leurs captifs. Ces marabouts constituaient une caste inférieure et peu considérée. Il n'était pas défendu, toutefois, de leur donner les filles en mariage. Ces unions étaient dites « Allah Kouyé » *id est* « mariages par Allah ». Le marabout intervenait conjointement avec le sorcier, dans les grandes circonstances de la vie : naissance, mariage, maladies, décès, etc. Leur art se faisait d'ailleurs des emprunts réciproques. Les marabouts furent ainsi pendant plusieurs siècles les pierres d'attente de la future islamisation, qu'un concours heureux de circonstances devait faire amener à se produire.

Les principales familles maraboutiques du Diafounou sont les Gassama, les Daramé Sama, les Koudiémaka, ceux-ci réputés, les Kébé Oualira, qui sont venus à la suite des Doukouré conquérants, et les Ouakharé Sakho, dont l'installation dans le pays est quelque peu postérieure. L'islamisation de cette fraction des Sakho remonte à fort longtemps. Ouakaré Sakho était un vaillant guerrier. Quand les Doukouré se battirent dans la région de Goumbou, il se joignit à ceux qui partaient à la conquête du Diafounou. Là, il épousa une Koudiémaka, puis se mit en route vers le Ouagadou, laissant sa femme enceinte. Celle-ci mit au monde un garçon qui, élevé chez les Koudiémaka, devint musulman comme ses oncles maternels et fut l'ancêtre des marabouts Sakho. Les Soninké du Diafounou prétendent venir de l'est, du Diaka (Macina). C'est même de là que viendrait leur nom « Dia-Founé ».

Dans le Guidioumé, les premiers marabouts qui firent leur apparition étaient des Kébé du Diafounou. Puis vinrent

les Débatété du Kériarémé, les Gari, du Ouagadou, et les
Cissé, de Goumbou. Par la suite, sous la domination Bambara, arrivèrent les Koïta, dont beaucoup retournèrent au
fétichisme. Le moqaddem de Tambakané, Ismaïl Koïta,
qu'on verra plus loin, est un des rares membres de la famille resté héréditairement marabout.

Les principales personnalités du Diafounou sont :

a) *Goré Doukouré*, chef (almamy) du canton et chef du
village de Goury. Né vers 1840, il était, dit-il lui-même,
fétichiste avant l'arrivée d'Al-Hadj Omar. Converti par le
conquérant, il prit part à ses diverses colonnes et à celles
de son fils contre les Maures, puis contre les Bambara de
Ségou. Il y resta quatre ans. A la mort de son père Samba,
vers 1896, il lui succéda dans ses fonctions. Personnage
politique, surtout célèbre par ses démêlés avec son rival
de Tambakara, Goré Doukouré est rien moins qu'un pôle
d'Islam.

b) *Mohammadou Daramé*, né vers 1860. Fils de Modi
Daramé, grand marabout de Goury et intermédiaire officiel
entre Al-Hadj Omar et le chef de Goury, alors chef-lieu du
Diafounou. Il a fait ses études avec Fodié Soukouna Daramé de Goury et les a achevées à Bakel avec Fodié Ousman Daramé. Compromis aux yeux d'Ahmadou Chékou
par sa participation à la révolte de Mamadou Lamin (1885)
il est contraint de quitter le pays. Il voyagea beaucoup au
Sénégal, au Soudan, en Gambie anglaise. Il tint école à
Saint-Louis, cultiva l'arachide à Rufisque, fit du commerce
dans le Sine Saloum. Il revint vers 1894 à Goury, et s'y
installa définitivement : il y a ouvert une école florissante.

Moqaddem tidiani par consécration de Mamadou Kébé
de Saint-Louis, ouvert, instruit et sympathique, Mohammadou jouit d'une réelle influence sur le clan guerrier des
Doukouré, auquel il est allié, ainsi d'ailleurs qu'aux Koudiémaka et aux Maréga. Il est le grand homme de ces deux
familles maraboutiques, et par elles exerce son obédience

sur les trois importants villages de Goury, Diongaga et Yaguiné. Il en est, de l'aveu de tous, le Karamoko le plus instruit.

c) *Fadigui Doukouré*, chef (almamy) du Diafounou indépendant, et chef du village de Tambakara. Ces titres sont héréditaires dans sa famille, en rivalité perpétuelle, comme il a été dit, avec les Doukouré de Goury. Né vers 1860, Fadigui a participé aux colonnes des Toucouleurs contre les Bambara du pays. Il était à Karkaro, quand le fama Mamadi Koulibali fit sa soumission. Agé et impotent, il est suppléé par son fils Mamadi Doukouré. Ni l'un ni l'autre ne comptent au point de vue islamique.

d) *Fodé Binta Diakité*, fils d'Amadi Mariam, est né à Yoguiné vers 1860. C'est un cultivateur d'arachides et un marabout de peu d'importance qui n'est pas sans instruction, mais dont l'autorité consiste à menacer tout le monde des foudres d'Allah. Il se dit qadri.

e) *Abd Er-Rahman Taraoré*, né vers 1850, moqaddem des Tidiania à Diongaga. Sa famille est originaire du Ouagadou. Il fit ses études sur place et les termina chez les Tendigoré de Bakel. Il paraît avoir pris part à l'insurrection de Mamadou Lamin, dont en tout cas il a reçu le titre de moqaddem. Lors de la répression, il se réfugia dans le Guidimaka de Kayes, ou il se livra, à Diaguili, à la culture et au commerce. Avec l'apaisement, vers 1906, il est revenu s'établir à Diongaga, et y a ouvert une école florissante d'une vingtaine d'élèves. Riche, considéré et allié aux familles soninké des Kébé, des Sibi et des Diabara, et peul des Diallo, c'est un personnage d'importance. Il n'a qu'une sympathie relative pour les Maures, qui lui ont tué son père et deux de ses frères. Son passé troublé l'a quelque peu assagi et malgré les pertes qu'il a subies du fait de la suppression de la captivité, il affichait jusqu'à 1916 un grand loyalisme. On a pu voir ce que valaient ses protestations par les propos qu'il tint au début de mai 1916, devant un nombreux auditoire : « Les anciens chefs du pays ont disparu. Les Foutanké aussi. La domination des Français passera comme les autres. Bientôt on verra le pays, commandé par d'autres. Il y a une race de Maures, semblables aux Arabes (les Turco-Boches sans doute) qui est en guerre avec les Français et qui ne tardera pas à venir. Le Mahdi est dans l'est ; son jour est proche ». Quelques jours après, il faisait les mêmes déclarations dans la cour de la mosquée de Diongaga et demandait « si on avait des fusils pour l'heure prochaine ». Il signalait enfin comme causes du recrutement la faiblesse des Français et leur désir d'éloigner du pays les forces vives.

f) *Ismaïl Koïta*, né vers 1870, fils de Bou Bakar de Goury, et moqaddem des Qadrïa, à Sambakané. Il a fait ses études auprès de son père et les a complétées avec Brahima Sakho, une des lumières de son temps, à Goury. Allié aux Sakho, riche de bœufs et de chevaux, maître d'une école d'une vingtaine d'élèves, Ismaïl est un personnage considéré. Atteint de la lèpre, il n'a guère les moyens de faire beaucoup de prosélytisme ; mais on le prend souvent comme arbitre dans les différends locaux. Il n'est pas d'ailleurs sans instruction.

Les principales personnalités du Guidioumé sont :

g) *Bokari Niakhaté*, chef par hérédité du canton de Guidioumé et du village de Grand-Yélimané. C'est un homme actif, dévoué et des plus précieux. Rien d'un personnage islamique. Son père Gagni, qu'il a remplacé, vieux héros des luttes d'Al-Hadj Omar, est hors d'âge.

h) *Tiékoro Sogouna*, chef par hérédité du village de Dionkoulané, né vers 1850. Il fut l'allié d'Ahmadou Chékou et par la suite alla vivre une dizaine d'années à Makhana. Intelligent, énergique, homme d'autorité, Tiékoro est un serviteur de premier ordre.

d) *Talibé Sakho*, de Dionkoulané. Né vers 1860, il est le fils de Fodé Modi Maro de Goury qui paraît avoir été le

plus grand marabout de la subdivision pendant la deuxième
moitié du dix-neuvième siècle. Al-Hadj Omar, qui utilisait
toutes les compétences et toutes les influences, l'avait
nommé cadi du Diafounou. Modi Maro s'était d'ailleurs
bravement battu contre ses troupes et avait opposé la plus
vive résistance à Ahmadou Chékou. Après sa soumission,
il fit montre du plus entier loyalisme. Ce fut aussi son attitude à notre égard après 1890. Il est mort vers 1901, très
âgé, et considéré comme un saint. Il se rattachait par la
doctrine et l'ouird à son père Fodé Amara Digo. Son fils
Talibé est le président du tribunal de Yélimané. Il a d'excellentes et nombreuses relations. Il n'est pas sans être
jalousé par ses confrères, qui lui font un grief d'être en très
bons termes avec les Chrétiens. Il a une fort bonne instruction. Il relève de l'obédience tidianïa de son père.

j) *Daouda Gari*, né vers 1870 est moqaddem tidiari à
Tango. Il a étudié avec le fameux Ouali Modi Maro Sakho,
et est allé faire un pèlerinage chez Fodié Kadiali, de Baka-
dadia, dans le Fouta-Diallon (1). Il était déjà un professeur
réputé à l'âge de 20 ans, et passe maintenant pour le meilleur maître du pays. Il est de plus en passe de devenir
« Ouali ». En attendant, moqaddem tidiani par consécration de Diembéré Dianka, du Youry, il distribue abondamment son ouird autour de lui. Réservé et même méfiant, il
inspire peu la sympathie. Daouda Gari est l'exemple le plus
démonstratif de l'islamisation des Noirs. Son grand-père se
convertit avec Al-Hadj Omar, mais pour la forme évidemment. Le fils va à l'école maraboutique; il fait la prière et
observe les obligations légales : c'est déjà un bon musulman mélanien. Le petit-fils Daouda est un saint homme,
un grand Karamoko, moqaddem et ouali.

k) *Mamadi Doukara*, moqaddem tidiani à Tanga, est né
vers 1862. Il a fait ses études à Nioro et à Kayes et a reçu

---

(1) Études sur l'Islam en Guinée : Fouta-Diallon, par PAUL MARTY.

son titre de Sidi ould Sidi, Chérif maure de Tichit, installé à Nioro. Maître d'école à Tanga, depuis 1888, il a une excellente réputation de lettré et d'instituteur. Son ouird est recherché. Son prestige est pourtant quelque peu éclipsé par l'éclat de son voisin Daouda Gari. Il a néanmoins une influence incontestable sur ses confrères.

CHAPITRE VI

LES KHASSONKÉ

Les Khassonké du Sahel sont tous concentrés dans une portion de la province de Sangha. Elle a été érigée en canton autonome sous le nom de Sangha-Khassonké. Ils sont au nombre de 3.285.

Leur Islam ne diffère en rien de celui de leurs frères de race de la région de Kayes, décrit ailleurs. C'est dire qu'il est tout à fait superficiel.

Ils ont pour chef Sokhna Amadi Diallo, chef du village de Lakamané, et considéré comme le chef du canton. Il appartient à l'une des familles notables des Khassonké de la région, les Fabaura-Biraya, et se trouve apparenté aux Dembaya du Khasso. De temps immémorial sa famille fournit le chef du Sangha. C'est le plus âgé qui porte le titre ; et c'est par application de cette coutume générale dans tout le Sahel, que Sokhna est considéré comme le chef général. Vieux et presque aveugle, il est entouré de parents besogneux et de « niamankala », mendiants qui exploitent son autorité. De plus, la libération des captifs l'a appauvri. Il n'a guère d'autorité et ne rend que peu de services. Il est toutefois dévoué, et en a donné la preuve en facilitant les recrutements et en donnant son fils.

La personnalité la plus remarquable de son entourage

est son neveu Fadaba Diallo, chef de Diassiguibougou.
Actif et intelligent, il entretient de bonnes relations avec
les autorités françaises. Il est jalousé par les membres de sa
famille.

Le Sangha-Khassonké comprend en outre un millier de
Soninké, élément plus islamisé, venu du Ouagadou voisin,
et enfin des infiltrations de Bambara et de Diawambé, dont
on trouve des quartiers dans les villages khassonké.

Trois centres musulmans méritent une petite mention :
Fara, Tassara et Foulanguédou où on affecte une certaine
piété. Quelques personnages méritent une mention. A Foulanguédou : Yakouba Diallo, né vers 1886, élève des maîtres
de Gadiaba-Kadiel, maître d'école, et tidiani omari. A Tassara, village peuplé mi-partie de Soninké venus de Bafou-
labe, mi-partie de Khassonké : Fadié Amara Fofana, né
vers 1860, maître d'une école de 20 élèves. Il jouit, si l'on
en croit le nombre de femmes qui lui ont été affectées, d'un
prestige considérable auprès des gens du Sangha et du Kaarta.

CHAPITRE VII

LES DIAWARA

Les Diawara du Sahel occidental, vivant au milieu des Soninké, sont à peu près complètement soninkisés. Ils nient toutefois être d'origine soninké ; et les Soninké leur dénient aussi cette qualité. Pourtant la langue, les mœurs, les coutumes juridiques et sociales, tout est identique, et les Bambara les ont pris pour des Soninké et les ont tenus pour tels sous leur domination. Il est vrai qu'en pays malinké, où ils sont très nombreux (Bafoulabé, Kita) ils sont parfaitement malinkisés. Cette adaptation de leur part ne doit donc pas faire préjuger de leurs origines.

Les Diawara, deuxième dynastie du royaume de Diara, ont eu, du treizième au dix-huitième siècle, une brillante histoire. On en trouvera le récit dans l'ouvrage de Delafosse (1). A partir de 1750, ils perdent peu à peu leur indépendance et tombent sous la domination bambara-massassi, subissant entre temps les déprédations des Maures Oulad Mbarek.

Aujourd'hui les Diawara sont à peu près tous concentrés dans le Kingui: 18.454, soit plus des 9/10. On en trouve quelques-uns dans le Bakhounou-Sud (669), et quelques autres dans les villages indépendants (587).

(1) *Haut-Sénégal-Niger*, t. II.

Dans le Kingui, ils constituent, sous le nom de Kingui-Diawara, un canton indépendant, où l'on ne trouve, à côté d'eux, que quelques centaines de Soninké.

Le *Kingui* fut le centre de l'empire Diawara dont Diara était la capitale. Le souverain du Ouagadou y avait son représentant. Par la suite, Diabigué devint la capitale. C'est aujourd'hui la province la plus diversifiée de tout le Soudan ; c'est une vraie mosaïque de races ; il comporte, à côté du canton diawara, de beaucoup le plus populeux, trois cantons peul d'origines diverses et des cantons ouolof, bambara, toucouleur et diawando. Nioro en est aujourd'hui la ville principale.

Les Ouolof, venus avec Al-Hadj Omar et définitivement fixés ici, sont au nombre de 1.054. Ils habitent de petits villages distincts, mais se toucouleurisent comme à Dinguiraye. Ils ont déjà perdu leur langue et leur coutume pour prendre celles des Toucouleurs. Ce sont des fervents musulmans, tous tidianïa omarïa. Grands cultivateurs, ils éliminent la plupart du temps la culture du tabac, défendu par le Tidianisme local. Leur centre principal est Mounïa.

Les Diawara se partagent en deux groupes : Harémakanka et Bandiougou Ka.

Les Harémakanka comprennent quatre grandes familles :

A. — Les *Oualika*, dont le chef est Dama Diawara. Dama, né vers 1880, fils de Magnamé Diawara, ex-chef de Diandoumé, est frère de l'ancien chef des Diawara. Ce fut un grand guerrier au service des Toucouleurs. Lorsque Archinard occupa Nioro, Dama vint lui offrir ses services, lâchant la fortune d'Ahmadou, qui, pour le récompenser de ses services, l'avait nommé chef de Tourourou, à la place de Dama Kondé. Archinard, séduit par le grand air de Dama, lui laissa son commandement et lui donnait bientôt celui de tous les Diawara de Kingui. Mais Dama profita de cette situation pour pressurer ses administrés, et les plaintes furent telles, qu'en 1893 il fut révoqué et conserva seulement son titre de chef de Tourourou. C'était encore trop, car il continua ses opérations frauduleuses avec les Maures et fut finalement révoqué par Trentinian. Adroit, intelligent, jouissant d'une grande autorité chez les Diawara, connaissant admirablement le Sahel et ses habitants, Dama peut rendre de grands services, mais on ne saurait avoir trop de prudence dans son utilisation. Pendant vingt ans, il n'a cessé de donner du souci aux autorités à cause de ses dettes et des expédients de toute nature qu'il invente pour faire sa matérielle ; il se distingue spécialement par ses escroqueries et abus de confiance vis-à-vis des Noirs, et par des relations douteuses vis-à-vis des Maures. Malgré tout, il obtient tout ce qu'il veut des Diawara et, quoiqu'il ne soit pas le plus âgé des Oualika, il est considéré par eux, contrairement à la coutume, comme le chef de la famille. Il a rendu de bons services lors des recrutements.

B. — Les *Damanka* ont pour chef Dibi Diawara, de Diara, né vers 1830. Bon guerrier, il a pris part à toutes les guerres du Diawara contre les Massassi d'abord, et contre les Foutanké ensuite. Après la soumission des Diawara, il participa à toutes les expéditions d'Al-Hadj Omar et d'Ahmadou Chékou contre le Bélédougou, le Bakhounou, le Kaarta, le Diafounou, etc. Notable le plus âgé de la province, il est, conformément à la coutume, considéré comme le chef du canton. Mais âgé d'une centaine d'années, il n'est plus qu'un débris humain. Son fils Mamadou Dibi n'a aucune autorité et est même l'objet de l'animosité générale.

C. — Les *Aïssaka* ont pour chef Diadoumbé Diawara, chef du village de Diabigue. Très vieux aussi, il est suppléé par Binta Sidi Diawara, actif, énergique et très estimé des Aïssaka. Il a rendu de bons services. Au premier jour du recrutement, il présentait son fils et son neveu comme engagés volontaires pour la durée de la guerre. C'est un bon agent.

Les Boundiougouka comprennent quatre grandes familles :

D. — Les *Niakhali Mouraka*, qui ont pour chef Manana Diawara, chef de Nomo. Très âgé et infirme, il ne rend aucun service. Il est suppléé par son frère Kabou, qui, bien que plus jeune, ne vaut guère mieux.

E. — Les *Sambaka*, dont le chef est Samba Diawara, chef de Yéréré, personnage insignifiant. Les véritables têtes de cette famille sont : Gawa Diawara, de Yéréré, peu sympathique, et Moussoukoura Madiouma Diawara, chef du village de Gourméra, assesseur au tribunal de subdivision, notable fidèle et dévoué.

F. et G. — Les *Mokotika* et *Faré N'Galika*, dont le chef est Dibi Diawara, chef d'Assamangatéré. Président du tribunal diawara coutumier de la subdivision de Nioro, il a beaucoup d'influence sur les siens et nous rend de précieux services.

Chez ces personnages politiques, l'Islam n'est qu'un mince vernis et à peine une simple étiquette, puisqu'ils se dispensent à peu près tous de la prière, et qu'au surplus ils sont si fidèlement attachés à leurs coutumes, qu'il a fallu leur donner un tribunal spécial pour juger leurs litiges d'après leur statut. Mungo-Park avait déjà remarqué la chose en 1796, chez son hôte et guide, personnage distingué de Fioura : « C'était un de ces Nègres, qui aux pratiques du mahométisme joignent toutes leurs anciennes superstitions et même l'usage des liqueurs fortes. On les nomme « Johars » et ils forment dans ce royaume une nombreuse et puissante tribu. » Il n'y a guère, en dehors des notables précités, que quelques petites et peu importantes personnalités maraboutiques à signaler :

A *Yéréré*, Fodé Yatabara, aujourd'hui disparu et qui a été le maître de son fils Mamadou et des 4 ou 5 petits maîtres d'école locaux.

A *Diabigué*, Fodé Saloum Badiara, qui vient de mourir en odeur de sainteté. Son fils Mamadou est à Tourougoubé. C'est le marabout des Diawara et l'almamy de Diabigué. Le village important de Diabigué a une population mixte de Diawara et de Soninké, qui ont chacun leur mosquée. Le village, fondé par les Soninké de Niamina, dut être abandonné par eux à la suite de luttes avec les Diawara, que conduisait déjà, à la fin du dix-huitième siècle, un marabout du nom de Fodé Saloum Badiara. Ils s'en retournèrent chez eux, mais, avec la paix, des Soninké de divers points du Kaarta revinrent à Diabigué. Les uns et les autres durent évacuer la ville à la suite des conquêtes bambara. Al-Hadj Omar y mit des Toucouleurs. Archinard repeupla la ville avec ses anciens éléments. Aujourd'hui les gens de Diabigué proclament que le plus grand marabout du Sahel est Mamadi Aïssa de Nioro. Leurs notables n'ont aucun ouird. Un seul, Sillou Kandia Diaw, se déclare tidiani par consécration d'Ahmadou Ahmidou, petit-fils d'Al-Hadj Omar.

A *Tourourou*, Deidi Badiara, né vers 1872, disciple qadri de Fodé Samba Ndiaye de Kayes et almamy du village. C'est le maître de l'école la plus importante avec ses quinze élèves. Plusieurs autres petits marabouts dépendent des marabouts du Guidimaka de Kayes.

A *Diandioumé*, Diédi Badiara, né vers 1860, tidiani, almamy du village, et maître d'une petite école de 6 à 8 élèves.

A *Diara*, Kisma Ouagué, qui vient de mourir à un âge avancé, en odeur de sainteté, et qui a laissé deux ou trois disciples, maîtres d'école.

A *Hamdallaye*, Fodé Sépa Baba Fissourou, né à Ballé vers 1881. Il a erré dans les diverses provinces pour faire ses études. Il a passé quatre mois à Boutilimit, où Cheikh Sidïa l'a nommé moqaddem qadri. Il vécut 2 ans à Koudatiou, sept ans à Dandioumé et ne quitta ce village que parce qu'on construisait une mosquée contre son assentiment. Il est actuellement à Hamdallaye et dirige une petite zaouïa où sa famille et ses talibés forment une cinquantaine de personnes.

Une partie des clans diawara: Doukouré et Sakho, à Gouba, se posent en familles héréditairement maraboutiques.

CHAPITRE VIII

LES BAMBARA

Les Bambara du Sahel occidental approchent du chiffre de 10.000. Sur ce nombre, 7.854, appartenant aux diverses branches de la race bambara, sont répartis dans le Bakhounou-Sud (188), le Diangounté-Massassi (563) ; le Diangounté Bambara Koussata (779), le Diangounté indépendant (125) ; le Guidioumé (390) ; le Kingui-Bambara (773) ; le Gomintarabougou au complet (746) ; le Digna en grande majorité (1.156) ; et enfin 'es villages indépendants (3.134). Les autres (1.501) appartiennent au clan Massassi et sont tous réunis dans le Diangounté-Massassi.

C'est dans ce dernier groupement qu'on peut trouver quelques infiltrations d'Islam. Les autres, malgré les mesures plus qu'énergiques prises par les chefs toucouleurs, et qui ont été relatées au début, sont revenus d'emblée à leurs pratiques coutumières, au jour de notre occupation.

On s'en tiendra donc aux Massassi. Ils sont originaires d'un village aujourd'hui disparu, situé dans les environs de Dampfa. Le premier chef bambara qui vint dans le Diangounté fut Séba Massa Koulibali. Ils entamèrent, dès la première heure et jusqu'à nos jours, une guerre à mort avec les Soninké, les Khassonké et enfin avec les Toucouleurs. Le chef des Massassi, sous la domination torodo,

Mori Ba Koulibali. A cette date, son futur successeur Gossi
était établi dans le Kingui où les luttes de Mountaqa et
d'Ahmadou Chékou l'avaient contraint d'émigrer. Après la
prise de Nioro, Ahmadou installa Gossi à Diabigué, où le
trouva Archinard. Celui-ci lui donna le commandement
des trois villages de Diabigué, Guidibiné et Goulambé.
La situation resta telle jusqu'au moment où s'ouvrit, à
Farabougou, la succession de Mori Ba. Gossi lui succéda
en qualité d'aîné de la famille.

Intelligent, énergique, il fut le chef d'une violente réaction bambara et coutumière contre les derniers conquérants
Torodbé-Soninké. Ne pouvant souffrir la présence des
Soninké à Farabougou, il leur fit toutes sortes de misères
et voulut même aller fonder de nouveaux villages dans le
Kingui. Une partie des Massassi seulement le suivi dans
cette voie, les autres avec la famille de Bodian lui tint tête.

Les difficultés s'apaisèrent avec sa mort (vers 1910). Il
eut pour successeur Tinkoro Koulibali, chef de Diabigué.
Très respecté, très écouté de par son âge et les lois de l'hérédité, Tinkoro, au moins centenaire, n'est plus capable
de rendre des services. Il est suppléé par Noumou Koulibali.

Noumou, chef de Sambagoré, a été le chef des partisans massassi qui, chassés du Kaarta par les Foutanké,
soumis aux Français et installés dans le Gadiaga, marchè-
rent toujours à nos côtés. Dès l'aventure de Mamadou
Lamin, il prend part aux expéditions de répression (1887).

Il est avec Archinard à Koniakari, en 1890, et à Nioro
en 1891. Frère de Bodian, l'ex-fama de Ségou, il jouit d'une
grosse influence, et on l'utilise comme chef réel des Massassi, et comme président de la section bambara du Tribunal de Nioro. Il a donné de nouvelles preuves de son
loyalisme pendant les derniers recrutements, en faisant
engager son neveu Mamadou Koulibali, fils de Bodian.
Cet exemple entraîna tous les Massassi et lui valut une

médaille d'honneur. Peu intelligent, mais entièrement dévoué et très sympathique, Noumou, quoique bien vieux déjà, nous rend de précieux services.

Aucune personnalité religieuse ne mérite de mention en pays massassi. On n'y trouve guère que deux ou trois maraboutaillons, sans influence, tels à Farabougou, Moussa Taraoré, né vers 1868, petit maître d'école tidiani ; à Diabigué, Saloum Kamara, né vers 1870, petit maître aussi.

CHAPITRE IX

MOSQUÉES, SANCTUAIRES ET LIEUX DE PRIÈRES

Le Sahel occidental est constellé de sanctuaires musulmans. Il y a peut-être plus d'un millier de lieux de prière. Chaque village ou quartier de village islamisé en possède un ou plusieurs. Ils consistent en un carré de terre, entouré tantôt d'une haie vive, tantôt d'une palissade ; tantôt d'un mur, dont la hauteur varie de o m. 6o à 2 mètres. Ils n'ont en somme rien de particulier.

Les mosquées proprement dites sont au nombre d'une centaine. Elles sont bâties sur le modèle général, mais agrandi, des habitations du pays et consistent donc soit en spacieuses cases de chaume, soit en bâtisses de banco, sup·portant une toiture de chaume. Tous les villages de quelque importance ont leur mosquée.

Il y a enfin neuf mosquées-cathédrales ou missidi-diouma, à savoir : Nioro, Youry (indépendant), Farandallah, Kolomina et Nioro-Médina (canton toucouleur foutanké) ; Gourel-Bouyaré et Gavinani (canton Beul toronké) ; Diamioumé (Kingui Diawara) ; et Tango (Guidioumé). Elles sont fréquentées, le vendredi, à l'heure du dohor par les fidèles des villages environnants. Deux de ces diouma : Nioro et Kolomina, s'attribuent la maternité d'Al-Hadj Omar.

Un seul de ces édifices mérite de retenir l'attention : c'est la mosquée de Nioro. Sur le désir exprimé par Al-Hadj Omar, elle fut construite, en 1864, par Mostafa Keïta, sofa du conquérant et chef de Nioro ; l'édification dura un an ; les gens du pays et les guerriers y participèrent. Al-Hadj Omar avait choisi l'emplacement et avait fait ses dévotions sur le terrain indiqué, qui fut d'abord délimité par un clayonnage ; ensuite, étant à Hamallaye, il adressa à Mostafa un message dans lequel il indiquait le plan de la mosquée. Elle a été plusieurs fois restaurée depuis. La dernière de ces restaurations date du début de 1916. Les notables Foutanké (Toucouleurs et Peul) avaient été réunis à Nioro, pour le recrutement. Ils donnèrent des gages de leur bonne volonté en fournissant leurs fils et neveux et en rédigeant des adresses arabes pour entraîner les populations musulmanes. Pour reconnaître ce bon esprit, l'Administration leur reconstruisit la mosquée, qui menaçait ruine.

Cette mosquée, comme celle de Dinguiraye (Guinée) et de Sansanding, jouissent du fait de leurs origines d'une très grande considération locale. Parmi les personnages importants, qui y ont fait leurs prières, il convient de citer : Almamy Keïta, Mountaqa Tal et Ahmadou Chékou, qui se succédèrent dans le commandement de la région de Nioro.

Situé en face du bureau actuel des postes et télégraphes et de l'école française, au nord et en bordure de la route, elle est bâtie en pierres sèches et pisé. On y accède, sur la face ouest, par une cour de 540 mètres carrés environ, clôturée par un mur en pisé de 1 m. 20 de hauteur.

Elle affecte la forme d'un carré ayant sensiblement 30 mètres de côté ; l'édifice est recouvert d'une toiture à terrasse sans aucune ornementation, appuyée sur 132 pilliers de 1 mètre carré à la base, formant 12 couloirs ; il prend jour par trois portes percées dans la face ouest.

Dans la face est, et vers son milieu, se trouve la niche-

panneau dominant ce etit terre-plein de o m. 5o de hauteur auquel on acc de r deux marches : l'almamy s'y
rend en pénétrant c n a mosquée par la face est et en
mettant à profit un uverture de 1 mètre carré environ,
pratiquée dans le pa ieau.

Les ablutions se font dans un petit terrain clôturé, situé
entre la face nord et le mur en pisé qui entoure la mosquée ; on utilise l'eau des « canari » qui sont dans la diouma
et que les vieilles femmes, ou un fidèle, dans un accès de
pieux zèle, ont remplis. La plupart du temps les notables
s'ablutionnent avec leur petite théière individuelle, empruntée aux Maures, et dont ils ne se séparent guère.

Il n'y a dans l'édifice, ni nattes, ni tapis ; chacun apporte
sa peau de mouton ou de chèvre. Pas d'ornementation, de
sculptures, ni d'inscriptions. Pas de minaret non plus.
Quelques parkinsonia et doubalel ombragent la nudité
extérieure.

Rien n'est prévu pour l'éclairage ; à côté de la niche-
panneau se trouve simplement une pierre faisant saillie
hors du mur, et pouvant supporter une bougie.

La garde de la mosquée est assurée gratuitement par un
indigène, qui remplit en même temps les fonctions de
muezzin.

La mosquée de Youry fut édifiée en 1893 ; celle de Farandallah en 1910, celle de Kolomina trente-trois ans avant
la prise de Nioro, c'est-à-dire en 1857, par Alfa Oumarou
Tierno Baïla, qui commandait la région pendant qu'Al-
Hadj Omar s'était rendu au Fouta et au Boundou pour
chercher des gens ; celle de Diandioumé fut édifiée en 1911
par Dioidi Badiaga, marabout local ; celle de Nioro Médina
fut construite en 1909 par Ahmadou Malik, chef du canton
toucouleur Foutanké ; celle de Gorel Bouyaré, qui ne date
que de 1913, est due à Mountaqa Tal fils d'Al-Hadj Omar.
Enfin celle de Tango fut édifiée vers 1866, par Mostafa
Keïta. En outre, Fangou et Dioukoulané, dans le Guidioumé,

Yaguiné, dans le Diafounou, possède chacun deux spacieuses mosquées en banco, œuvre des fidèles du lieu.

Tous ces édifices sont construits sur le modèle de celui de Nioro ; ils n'ont rien de particulier.

La mosquée de Nioro est fréquentée par 250 à 300 fidèles, le vendredi, au moment de la prière du « dohor », et par une trentaine les jours ordinaires.

Les autres « diouma » voient une affluence moins grande, le vendredi, mais les fidèles y sont plus nombreux les autres jours. Cela tient à ce que les habitants de Nioro font leurs prières chez eux ou sur la place publique, et fréquentent peu la mosquée ; en revanche, le vendredi, les gens venus à Nioro pour affaires vont faire leurs dévotions à la « diouma ». Dans les autres villages du cercle, au contraire, la plupart des hommes se rendent à la mosquée à l'heure des différentes prières.

Les termes employés dans les diverses langues indigènes pour désigner la mosquée ou ses parties essentielles sont les suivants :

	En bambara	*En soninké*	*En peul*
Mosquée du vendredi. .	Diouma	Diouma	Diouma.
Petite mosquée. . . .	Missiri	Missidi	Diama.
Niche-panneau. . . .		Mohirabi	
Lieu pour les ablutions.	Niégué	Diogué	Tarordé.
Cour précédant la mosquée		Kallemé.	

Dans certaines régions (Diawara, **Kaarta**, **Kéniarémé**) les chefs de village, qui ont embrassé la religion musulmane, nomment seuls l'almamy.

Dans d'autres (**Youry**), lorsque tous les habitants participent à l'édification de la mosquée, ils prennent également part à la nomination de l'imam.

Enfin, lorsqu'un fervent et riche musulman fait construire une mosquée par ses serviteurs et les membres de sa famille, il en est l'almamy et ses fils le seront après lui.

La mosquée et la fonction de la prière sont, en quelque sorte, la propriété de la famille. Cette façon de désigner l'imam a parfois entraîné des dissensions. Il paraît intéressant de citer le cas qui s'est présenté à Nioro, il y a sept ans. Le chef de village actuel, Moussa Kaba Diakité, prétendait que la mosquée de Nioro avait été léguée à sa famille par le colonel Archinard ; aussi, à la mort de son père, Kisma Kaba Diakité, cadi, chef de village, et almamy, briga-t-il la fonction d'imam qu'il estimait héréditaire. Mais les autres musulmans prétendirent que le colonel avait donné la mosquée à tous les fidèles, et les notables de la ville nommèrent Fodié Bou Mahdi Maguiraga, qui ne conserva pas longtemps ses fonctions, et eut pour successeur l'almamy actuel, Mamadi Aïssa Diakité.

L'appel à la prière se fait par la voix classique du muezzin appelé « sali-maha ». L'usage de tambours et de « cors de chasse faits d'une grosse dent d'éléphant » que signale Mungo-Park à Guimou, chef-lieu du Kaarta des Massassi, en 1796, est tombé en désuétude. « Le son de cet instrument est mélodieux, dit-il, et je n'en connais point qui ressemble autant à la voie humaine. Toutes les mosquées furent remplies, le gros de l'armée de Daisy (Dossé, chef de Massassi) se trouve alors à Kemmo, et les mahométans en forment près de la moitié. »

La prière solennelle du vendredi est ordinairement précédée ou suivie d'une conférence de piété, où sous la présidence de l'almamy, les Karamoko et notables du cru lisent les auteurs sacrés, ou dissertent sur la théologie et la mystique.

Les prières portent en Soninké les noms suivants :

Prière de l'aurore.	Fadiri sali (avant le jour). Saboga sali (à l'aurore).
Midi	Salifana sali.
Mi-soirée.	Lahassara sali.
Crépuscule.	Foutouro sali.
Soir	Saroufo sali.

Dans les villages mixtes, chaque élément ethnique a généralement sa mosquée, partant son almamy. Ainsi à Diabigué, il y a la mosquée Diawara et la mosquée Soninké. Les fidèles fréquentent exclusivement leur mosquée propre et ne feraient qu'avec toutes sortes de difficultés la prière derrière l'almamy de l'édifice voisin.

Il n'y a pas ici de ces lieux de pèlerinage : arbres et bois sacrés, tas de pierres, épaulements de terrain, endroits quelconques, qui sont si communs dans l'Afrique Mineure, et même déjà répandus dans les environs de Oualata et de Tombouctou.

Le point le plus fréquenté de la région est certainement le cimetière de Nioro. où sous les larges dalles d'ardoise ou les épaisses enceintes de blocs de grès, les maîtres et parents de la génération actuelle dorment leur dernier sommeil. Il y a même deux petits mausolées. Les épineux bénéficient de la sainteté du lieu et s'ornent de lambeaux de vêtements, de rognures d'ongles et de cheveux. Ce cimetière est l'objet d'une grande vénération, et souvent des talibés viennent y prier au crépuscule.

Jadis les grands marabouts étaient ensevelis dans leur carré ou dans un de leurs lougans voisins. Aujourd'hui, ils sont inhumés au cimetière indigène. Parmi ces tombeaux, particulièrement vénérés, il faut citer ceux de Nioro même, de Diara et de Bougoudré.

A Nioro même, il y en a deux : l'un situé derrière les bâtiments des tirailleurs sénégalais, et à cent mètres environ, fait d'un terrain rectangulaire, entouré d'un mur en pierre sèche d'un mètre de hauteur, orné d'un palmier à sa face nord, abrite les restes de Fodié Oumar Kaba Diakité, grand-père de Mamadou Aïssa et de Moussa, chef de la ville.

On a vu plus haut sa biographie. Il eut, sur la fin de sa vie, des démêlés avec les Foutanké du village, dont il était le chef, et plus particulièrement avec le nommé Amadou Baba Li, qui voulait prendre sa place. Il porta le différend devant Moustafa Keïta, sofa d'Al-Hadj Omar, Amadou Baba Li avait continué sa route vers Ségou où se trouvait Ahmadou Chékou. A Nioro, Fodié Oumar tomba malade et mourut avant d'avoir pu reprendre le chemin de Mounia. Peu après, Fodié Bouyagui Diakité, son fils, était à Nioro et remplissait les fonctions de cadi auprès de Mostafa. Il fit inhumer son père dans sa concession qui se trouvait à l'emplacement actuel du tombeau, et la tombe fut, en quelque sorte, enfermée dans une construction ayant l'aspect d'une case. Au moment de la prise de Nioro, la concession fut détruite ; Kisma Kaba Diakité, le second de ses fils, alors cadi, almamy et chef de village, sollicita de l'autorité française la faveur de pouvoir édifier un mur autour du tombeau : et sa demande fut accueillie favorablement.

Dans le même emplacement se trouvent les restes de trois autres marabouts : 1º Demba Kaba Diakité, son fils ; 2º Kisma Kaba Diakité, son autre fils, ancien almamy, cadi et chef de village de Nioro, dont nous avons donné plus haut les notices; 3º Fodié Bakari Cissé, Soninké, marabout très instruit, disciple de Fodié Oumar et qui a formé beaucoup de maîtres de la génération actuelle.

Ce groupe de tombeaux est l'objet de grande vénération.

Le deuxième tombeau se trouve à l'est du village, sur la route de Nioro à Gadiaba-Kadiel et abrite les restes du Chérif Cheikh Sidi Mohammed, mort en 1909. Il est entouré d'un mur en pierre et chaux, qui a été édifié par Ibounou Diop, Ouolof, traitant à Nioro pour le compte d'Issac Guèye, de Kayes, qui était son disciple.

A Diara, dans le Kingui-Diawara, un tombeau entouré d'un mur à hauteur d'homme renferme les restes du Ouali Fodié Amara Gassama, Soninké, mort depuis deux siècles. (Parmi ses élèves, il y a eu cinq générations de marabouts.) Il avait ouvert, dans la capitale du Diara une école très fréquentée, et était réputé pour sa haute culture intellectuelle ; son renom s'étendait très loin ; de nombreux points de l'est et de l'ouest, on venait le voir et lui demander des conseils. A Tichit, il étudia le Précis de Khalil et c'est lui qui l'aurait, le premier, apporté dans le Cercle de Nioro.

A Bougoudré, se trouve le tombeau du Ouali Ali Ould Cheikh Al-Mahdi, mort en 1910, frère de Sidi Abdallah, chef actuel de la tribu des Maures Tinouajiou. Il fit ses études dans le Sahel, sous la direction de son oncle Sidi Abdallah ould Sidi Mohammed. Il vécut dans le calme et l'austérité. Son tombeau, très modeste, est simplement entouré de quelques assises de pierre sèche.

Dans la subdivision de Yélimané, trois tombeaux sont particulièrement vénérés : à Dioukoulané, celui du ouali Fodié Modi Maro ; à Goury, ceux de Fodié Bakari et de Modi Maro Sahko, bisaïeul du premier. On leur porte de menus cadeaux dans les circonstances graves.

La vénération dont ces tombeaux sont l'objet est — au moins à Nioro même — un curieux moyen d'islamisation. On a vu des tirailleurs féVichistes, particulièrement des Mossi, suivre la foule pieuse et venir déposer leur offrande sur la tombe de Fodié Oumar, puis y revenir seuls. Ce n'est pas encore la conversion, mais c'en est la première étape.

Il n'y a rien de spécial à dire sur les fêtes islamiques. Elles se célèbrent partout ici avec beaucoup d'éclat, et comme le dit Mongo-Park qui célébra, en juin 1796, à Diara, la « Bouna Salée » ou grande fête du mouton, « ce jour-là la faim est bannie de la ville ». C'est en effet, comme ailleurs, par l'exhibition de leurs vêtements somptueux et par des festins abondants que les noirs du Sahel célèbrent leurs anniversaires, islamiques ou non.

CHAPITRE X

Les derniers recensements accusent dans l'élément noir du cercle de Nioro 200 écoles coraniques officielles, dont 175 environ pour la résidence de Nioro et 30 pour la résidence de Yélimané. Le nombre des élèves est de 700 environ, dont 500 pour Nioro et 200 pour Yélimané. La moyenne des élèves est de 3 à 4, les écoles les plus peuplées ayant de 10 à 12 élèves et les moins peuplées 1 à 2.

Les élèves (Karaléman) sont à peu près tous originaires du Cercle. Ceux qui viennent de l'extérieur constituent l'infime minorité. Toutes les races locales y sont assez abondamment représentées, à l'exception des Bambara Massassi, des Diawara, des Kagoro, et chez les Soninké, des clans Diarisso, Niakhaté, Taraoré, Samoura, Konté, Sissoko, Konaté, et particulièrement des Sakho, Magassouba, Kamara, Tounkara, Doukouré, qui n'envoient que très peu leurs enfants à l'école. Les Niakhaté assurent qu'ils ne peuvent envoyer leurs enfants à l'école, car si l'un d'eux devenait marabout, il mourrait très jeune. Cette vieille famille guerrière paraît franchement rebelle à l'Islam. Quelques-uns font pourtant la prière, mais ils reconnaissent que c'est sans dévotion et uniquement par peur de l'enfer.

Les centres les plus réputés pour leurs écoles coraniques

sont : Nioro, avec 10 à 12 écoles, 75 à 80 élèves. Les maîtres les plus écoutés sont Mamadi Aïssa Diakité et Dieïdi Sylla, déjà vus. Nioro-Tougouné avec 4 ou 5 écoles et une trentaine d'élèves. Nioro-Médina avec les mêmes proportions. Gadiaba-Kadiel avec les mêmes proportions. Kérané et Kersignani avec 5 écoles et 25 élèves. Gouba avec 4 écoles et 15 élèves. Youry et Yaguiné avec 8 écoles et 40 à 45 élèves. Dioukoulané avec 6 écoles et 35 élèves. Goury avec 4 écoles et 25 élèves.

Jadis l'élève qui avait fini ses études donnait un captif à son maître. Il lui en donne aujourd'hui l'équivalent, soit 150 à 200 francs. Le karaléman, qui interrompt ses études, fait présent à son maître en prenant congé de lui, d'un cheval, d'un âne, d'une vache, de quelques pièces de guinée.

L'enseignement supérieur islamique est assez répandu dans le Sahel occidental. On compte, en pays noir, huit petites zaouïa où sont distribués aux talibés et « arafara » les rudiments de la théologie, du droit, et de la grammaire arabe.

A Nioro : Mamadi Aïssa et Dieïdi Sylla ;

A Farandallah : Oumar Mariam ;

A Diabigué : Fodié Kounié et Modi Maro ;

A Saniaga . Fodié Sogori et Modi Maro ;

A Diandioumé : Sipa Baba et Dieïdi Badiaga :

A Youry : Mamadou Bouné ;

A Gouba : Madiagata Sako.

Il convient de citer, pour mémoire, les noms de trois marabouts décédés et dont les leçons furent très suivies : Makkar Sow de Nioro, mort en 1909 ; Kisma Wagué, de Diara, mort en 1911 ; et enfin Ladji Fofana de Youry, mort en 1904. Quant à la célèbre zaouïa de Dionkoulané, que dirigea Modi Maro Sokho, de 1880 à 1900 et qui compta jusqu'à 150 élèves, elle n'a été que partiellement relevée par son fils Talibé Sakho.

Touba, dans le Fouta-Diallon, a joui, jusqu'à 1910, au point de vue de l'enseignement supérieur, d'un grand prestige parmi certaines populations du Sahel occidental. Plusieurs jeunes gens y sont allés compléter leurs études. Mais depuis l'arrestation de Karamoko Sankoun (1911), qui entraîna la ruine intellectuelle et économique de ce centre diakhanké, cette tradition a été rompue. C'est la zaouïa de Mamadi Aïssa de Nioro qui en a surtout bénéficié. Il est probable qu'elle va se renouer, au moins partiellement, avec le retour de Karamoko Sankoun à Touba (1917).

La fréquentation scolaire semble avoir quelque peu diminué depuis l'occupation française; elle a suivi, au moins chez les Bambara et Kagoro, et partiellement chez les Soninké, le mouvement de régression de l'Islam signalé plus haut.

C'est parmi ces marabouts que se recrute en grande partie le personnel musulman de la justice.

Au Tribunal de Cercle on voit siéger des noms connus, comme Kindessé Ba, chef du village de Gadiaga-Kadiel et Moussa Kaba Diakité, chef de Nioro.

Le tribunal de subdivision de Nioro comporte plusieurs chambres ethniques : celles des Toucouleurs-Peul-Ouolof, des Soninké, et des Diawara, qui sont musulmanes, sont présidées par Dieïdi Silla, cadi, qui reçoit 60 francs par mois. La chambre bambara est fétichiste.

Le tribunal de subdivision de Yélimané a également sa chambre musulmane et sa chambre fétichiste.

Les marabouts locaux jouent souvent un rôle de conciliateurs et d'arbitrage, et arrêtent ainsi au premier degré un grand nombre de litiges.

Les tribunaux ethniques musulmans se réclament des bons auteurs : Ibn Abou Zeid le Kairouani, Khalil, Ibn Acim, et du rite malékite. En réalité, ils appliquent la plupart du temps les dispositions du droit coutumier.

L'organisation judiciaire des Toucouleurs était empruntée

aux dispositions générales du droit musulman, avec certaines adaptations aux nécessités locales. Elle a été étudiée
par l'administrateur de Loppinot, dans un mémoire paru au
supplément du *J. O.* du Haut-Sénégal et Niger (Année 1909).

Le Cercle de Nioro renferme une dizaine d'individus
ayant fait le pèlerinage aux Lieux saints. Les plus intéressants ont été vus plus haut.

CHAPITRE XI

SURVIVANCES DU PASSÉ

Il serait hors de propos de vouloir rechercher, minutieuse-
ment, chez ces peuples noirs islamisés du Sahel occidental
les vestiges, souvent peu apparents, quelquefois patents, du
passé coutumier et fétichiste. C'est là une étude spéciale et
qui nécessiterait un gros volume. Il suffira, pour se rendre
compte de la physionomie spirituelle de ces populations, de
relater quelques-unes de leurs pratiques du passé, soit islamisées, soit restées, en dépit de l'Islam, nettement fétichistes.

Le sentiment de la solidarité de village était très vif
dans certaines sociétés. Il se traduisait par une certaine
indivision dans la propriété, soit immobilière, soit mobi-
lière, et par une union offensive et défensive contre les
dangers de l'extérieur et contre les nécessités du moment.
En se convertissant, ces villages, ont islamisé leurs traditions. C'est ainsi, par exemple, qu'avant comme depuis notre
arrivée, les habitants de Kamouré Dembéré doivent verser
la zakat en nature entre les mains des chefs de quartier.
Une partie des animaux est vendue et sert à assurer collec-
tivement le paiement de l'impôt. L'autre partie constitue
le troupeau collectif du village, et l'on y puise pour les
besoins imprévus et le service de la charité publique.

La zakat, elle-même, n'est que très irrégulièrement versée, au moins dans sa forme islamique, dans la plupart des groupements. Il n'y a guère que certains clans, Peul To-ronké, et commerçants soninké de Nioro qui s'acquitte-raient de ce devoir religieux, les premiers en donnant le quarantième de leur cheptel, les autres en faisant abandon aux pauvres d'une somme de 2,50 o/o à partir de 200 francs sur les bénéfices de leurs transactions commerciales.

Ailleurs, l'amulette arabe s'est substituée comme le veut partout la coutume, aux gris-gris du fétichisme. C'est ainsi que dans plusieurs villages du Kingui, on trouve, au milieu de la concession du chef, une grosse pierre recouvrant un papier arabe. C'est le talisman du village. Quand le chef meurt, il faut porter ce talisman en grande pompe chez son successeur.

Ici comme ailleurs, la curiosité publique et le besoin de nouvelles sensationnelles se satisfont par la circulation des révélations du Prophète. Mais on n'oublie pas qu'ici on est en plein pays tidiani et qu'Al-Hadj Omar, pontife et régé-nérateur de la Voie, est toujours le grand homme. Ce n'est donc plus comme partout ailleurs Sidi Abd El-Qader El-Djilani, qui est l'interlocuteur favorisé du Prophète. C'est Ahmed, gardien du tombeau du Prophète lui-même, à Médine. Ahmed est au point de vue des diverses obédiences un neutre, et au surplus porte le nom du Tidiani. Ces fac-tums, destinés à revivifier la vie religieuse et à provoquer une recrudescence d'aumônes comprenent classiquement trois parties : *a*) description des châtiments qui attendent. dès ce monde, les musulmans tièdes ou non pratiquants; *b*) les causes qui ont provoqué ces châtiments : *c*) les re-mèdes qui pourront les prévenir : jeûnes, prières, aumônes, observance stricte des obligations légales. etc.

On trouve encore un singulier mélange d'Islam et d'ani-mism: dans les interdictions légales. Par exemple le porc et la caille sont interdits ensemble et voici pourquoi : « Un

IV.

jour Mahomet était monté sur un porc ; une caille sortit brusquement d'une touffe d'herbe et s'envola. Le porc effrayé se met à sauter et renverse Mahomet Celui-ci lança alors une série de malédictions. Certains disant que c'est le porc qu'il a maudit, d'autres disant que c'est la caille, les deux ont été interdits. Cependant actuellement on a tendance à tuer et à manger la caille. L'âne ne sera pas non plus mangé, car il est parent du cochon. »

On trouve encore de nombreuse traces de fétichisme dans les croyances eschatologiques des indigènes. On s'en rendra compte par l'exposé ci-après, fait par un karamoko soninké de valeur, du jugement dernier et de la vie future.

« Un jour viendra où nous mourrons tous : il n'y aura plus un être vivant sur la terre. Puis, nous nous réveillerons au son de la trompette d'Israïl, ce sera le jour appelé « Sama Sigué ». Nous partirons tous vers l'est, vers la Mecque, en un endroit qui se nomme « Sama ». Nous serons tous sur une grande place. Durant notre vie, deux anges ont toujours marché à nos côtés, l'un à droite, l'autre à gauche. Ils savent tout ce que nous avons fait. Le jour du jugement, chacun tiendra à la main deux papiers. Sur l'un seront inscrites nos bonnes actions. Sur l'autre, les mauvaises. Allah et Mohammed seront présents mais invisible. Les anges sépareront alors les bons des mauvais. Autour de nous, les diables seront là, prêts à emmener les mauvaises gens. Nombreux seront ceux destinés à l'Enfer ; aussi, Mohammed interviendra pour les moins coupables et ceux-ci pardonnés iront au Paradis. Le jour du jugement ne paraîtront pas les enfants âgés de moins de dix ans ; ils vont directement au Paradis. Ils viendront nous apporter de l'eau, car nous aurons très soif. Ceux qui irons au Paradis auront une vie délicieuse. Chacun possédera une belle case à argamace avec un lit en or et une chaise en or ; nous aurons de beaux habits et des femmes comme nous n'en vîmes jamais « Haridiana khoro Yakharou ». Tous reviendront jeunes et ne craindront ni la vieillesse ni la maladie. Le moindre désir est tout de suite satisfait. L'eau y est blanche comme le lait et plus douce que le miel. Sur terre, le seul bien du Paradis que nous connaissions est l'eau. Celle qu'on y trouve est loin d'égaler celle de « Haridiana ». Dans l'Enfer, « Diahanaba » il n'y a que du feu, des serpents de feu, des scorpions de feu. Le feu que nous connaissons sur la terre est celui de l'Enfer, lavé sept fois. L'Enfer est une grande maison sans toit. Quand on arrivera pour y rentrer, les grands fétichistes se révolteront. Les diables leur mettront des chaînes au cou, mais ils ne pourront pas les entraîner, car ils sont très forts. Allah changera le feu en lait et les fétichistes trompés rentreront. Le feu reprendra aussitôt. Ce sera affreux, on y est brûlé de tous côtés ; on y respire de très mauvaises odeurs.

« Pour ceux qui n'ont pas commis trop de fautes existe un deuxième lieu d'expiation, plus doux que l'Enfer, appelé « fossé Massé ». On y trouve ce que l'on veut, comme dans le Paradis, mais c'est de qualité bien inférieure. Les lits seront en fer, le couscous sera moins bon et les femmes moins belles. Parfois, Mohammed ira trouver Allah pour qu'il permette à quelques habitants du « fossé Massé » l'accès du Paradis. Ils iront alors au Paradis. Mais ils sentent mauvais, ils ont des traces de brûlures et nul ne veut les voir. Aussi, lassés, ils demandent à retourner au Purgatoire. Mohammed interviendra encore, et enfin ils seront comme tous les heureux du Paradis. »

La vie tout entière de l'individu est soumise à un ensemble de rites, où il est parfois malaisé de distinguer l'action de l'Islam de l'influence du fétichisme coutumier. Au moment de la naissance, on appelle ouvertement le marabout pour ses amulettes, mais secrètement le médecin de sorcier par ses charmes et incantations. Au surplus, c'est autant contre les djinns islamiques que contre le

« Foutourou miligué », oiseau maléficient, qui « par les grandes plumes supplémentaires qu'il porte de chaque côté, paraît avoir quatre ailes ».

L'excision des filles est pratiquée quelques jours après la naissance, lors de la collation du nom ; mais en cas de décès successifs d'enfants, ces opérations ne sont pratiquées qu'à l'âge de dix ans. Chez les Soubou, l'excision n'est pratiquée que peu de temps avant le mariage.

La collation du nom s'accompagne, en présence du marabout qui fait la geste islamique, de multiples rites coutumiers et animistes.

La circoncision est pratiquée entre 13 et 17 ans.

La fréquence des adultères, du pardon du mari et de la reprise de la vie conjugale relève de la coutume noire. Les cérémonies du décès et des funérailles sont au contraire, à peu de chose près, empruntées à l'Islam.

Le rôle de l'oncle, et spécialement de l'oncle maternel, s'est conservé très important ; et il faut y voir sans doute une survivance antique de sociétés, qui furent jadis matriarcales. Aux jours de grandes fêtes, islamiques ou non, les enfants doivent de toute nécessité aller saluer leurs oncles. C'est encore à l'oncle qu'il appartient de conclure avec le père du fiancé le contrat de mariage, de faire venir le marabout qui prononcera le « Foutou Katié » ou prière rituelle, de faire exécuter les feux de salve qui annonceront au public la célébration officielle du mariage.

Le passé se fait également sentir dans les pratiques du mariage. Certains clans pratiquent l'exogamie, tels les Niakhaté, les Koïta, les Kanté. Les clans maraboutiques épousent bien les filles des clans guerriers, mais n'admettent pas la réciprocité, même quand chez les guerriers ont fait le salam. Cette pratique est évidemment issue de l'Islam et remonte à plusieurs siècles.

Les pères de famille déplorent la suppression des châtiments corporels. Les jeunes gens se révoltent et fuient la

case paternelle. Les jeunes femmes s'échappent indiscipli-
nées de la case conjugale. Jadis, sous une domination
mieux adaptée que la nôtre aux usages locaux, le père de
famille pouvait, corde ou bâton en main, faire tout rentrer
dans l'ordre.

Le « tana » compte parmi les pratiques les plus vivaces
du passé. La plupart des islamisés du cercle conservent
leur antique tana, encore que les plus éclairés de leurs
marabouts s'évertuent à leur faire comprendre que ces
croyances et pratiques sont contraires à l'esprit de la loi
coranique. Il est plus prudent en somme de ménager les
deux puissances : celle du passé et celle du présent.

Le tana des Kagoro (clans Fofana, Détéba, Kamissokho,
Kamara, Magassa, Dansoko) est la gueule-tapée (Khané) en
reconnaissance d'un service rendu par cet animal à l'ancêtre des Kagoro, Makhan Kamara. Voici comment :

Tous les Kagoro descendent d'un Esprit de l'eau nommé
Fada Doumbé et de Makhan Kamara, qui tous deux épou-
sèrent la même femme. Elle eut trente enfants : quinze
garçons et quinze filles. Ils se partagèrent leurs enfants,
Makhan devait prendre ceux qui étaient noirs et Fada
Doumbé ceux au teint plus clair. La veille du partage,
pendant la nuit, Fada Doumbé teignit tous les enfants en
rouge. Makhan ne se laissa pas prendre à ce subterfuge,
fit laver les enfants et prit ceux qui lui revenaient, d'après
la convention conclue la veille. Il se sépara de Fada Doumbé
qui partit on ne sait où, mais ne retourna pas avec les
Esprits de l'eau.

Quant à Makhan Kamara, il partit en colonne. Il ne
trouvait pas d'eau et allait mourir de soif. Il se mit avec
ses gens à l'ombre d'un grand arbre. Brusquement des
gouttelettes d'eau tombèrent d'en haut. Ils levèrent la tête
et aperçurent une gueule-tapée, qui, de sa queue, faisait
tomber l'eau massée dans le tronc de l'arbre. On grimpe

dans l'arbre et la troupe se désaltère. La gueule-tapée s'enfuit. C'est à partir de ce jour qu'elle devint le « tana » des
Kagoro.

Les Diawambé ont le même tana.

Les Diawara ont pour tana la chèvre tachée de blanc,
rouge et noir, et le merle métallique.

Quelques Peul ont la perdrix, etc.

Les Diawara musulmans s'interdisent toute relation avec
la famille des Sakho, dont les membres ne peuvent entrer
chez les premiers qu'à la suite du décès du chef de case,
qu'ils sont chargés de laver. Les Diawara prêtent même
serment de la façon suivante : « Qu'un Sakho entre dans
ma case, si je ne dis pas la vérité. »

On trouve enfin des traces certaines de totémisme chez
les Bambara Massassi. En effet, ils se croient un lien de
parenté avec les « Koulé » du Cercle de Ségou. Les Koulé
sont des artisans en bois, qui fabriquent des pirogues, des
arçons de selle, des calebasses, etc. Il y a très longtemps,
les Massassi habitaient avec les Koulé au village de Kou-
nando (Ségou). Un Massassi et un Koulé se rendirent, un
jour dans la brousse, le premier pour chercher du bois, le
second du miel. Celui-ci mangea tant de miel qu'il fut
indisposé et dut en rejeter une partie. Le Massassi, en ren-
trant, trouva le miel, se mit en devoir de le manger, et dès
son retour au village raconta sa bonne aubaine. Le Koulé
lui dit alors : « Tu as mangé ce que mon estomac n'avait pu
digérer. »

Cette aventure a entraîné certaines conséquences : d'abord
des rites négatifs ; en effet depuis cette époque les Massassi
n'ont plus de rapport avec eux, ni relations d'affaires, ni
unions ; ensuite des rites positifs : un Massassi prêtant
serment pourra adopter la formule suivante : « Si je ne dis
pas la vérité, que je mange la nourriture des Koulés. » Enfin,
une réglementation matrimoniale : l'exogamie, un Massassi ne peut se marier qu'avec une femme appartenant à

une autre race. Ces croyances ne paraissent pas donner lieu à des cérémonies idolâtriques.

La consultation du sort, la divination, l'astrologie, l'utilisation des forces latentes, chères aux primitifs, et même aux civilisés, s'entremêlent de pratiques fétichistes et de recettes islamiques. Toutes les pratiques maraboutiques sont en honneur, et on les cueille dans les ouvrages classiques arabes sur la magie qu'on serait tenté de dire orthodoxe. A côté de ces procédés, en quelque sorte religieux, on a gardé les antiques croyances. Comme au temps de Mungo-Park, qui avait cédé trop aimablement ses cheveux à un vieux Poullo et s'aperçut qu'on lui avait déjà dégarni tout un côté de la tête, les cheveux de blancs sont des instruments prestigieux de bénédiction et d'accaparement de force.

C'est encore Mungo-Park qui raconte l'aventure suivante, simple consultation du sort de son guide diawara sur le voyage qu'ils entreprenaient : « Quand nous fûmes arrivés à l'endroit le plus sombre et le plus solitaire du premier bois, le Johar nous fit signe d'arrêter, en prenant un bambou creux qu'il portait suspendu à son cou, comme une amulette, il siffla trois fois de toutes ses forces. J'avoue que la peur me saisit. Je crus que c'était un signal pour avertir ses camarades de venir sur nous. Mais il me rassura en me disant qu'il n'avait d'autre intention que de savoir quel serait le succès de notre voyage. Alors, il descend de cheval, pose sa lance en travers du chemin, marmotte quelques prières, siffle encore trois fois, puis ayant prêté l'oreille quelque temps, comme pour recevoir une réponse, il me dit que nous pouvions continuer, sans crainte d'aucun danger. »

Comme presque partout en pays noir, c'est à certaines familles spécialisées qu'il appartient d'appeler les pluies et, à cette intention, de pratiquer les rites voulus, qu'elles sont seules d'ailleurs à connaître. Chez les Soninké, ce sont les Sokhona et Tounkara, qui ont ce privilège ou cette charge.

Les sacrifices propitiatoires sont monnaie courante ici. Dans plusieurs villages du Diafounou et du Guidioumé, notamment à Dioukoulané, pourtant foyer d'Islam, les gens d'une famille ou d'un clan se réunissent périodiquement en un grand festin où chacun a apporté trois poignées de mil. On a mélangé le tout et fait un « tau » collectif et anonyme. Un poulet y est ajouté. Quant tout le monde a mangé, on enterre en grande pompe les os du poulet au milieu du carré. Puis on fait des ablutions avec l'eau de la calebasse utilisée pour le repas.

Dans beaucoup de villages, il est d'usage de sacrifier chaque année un bœuf blanc pour attirer les bénédictions célestes sur les récoltes.

Les pratiques bambara du Jassiri, ou arbre sacré ; du boli ou queue de vache fétiche : du soussou ou sacrifices propitiatoires aux morts, continuent à coexister en certains villages, conjointement aux pratiques musulmanes. Chose plus grave, elles se sont étendues à plusieurs groupements diawara et soninké de première couche. Il y a là un empiétement manifeste du fétichisme sur l'Islam.

L'antique et constante coutume qui fait des plus anciennes familles du pays les véritables propriétaires du sol, par suite de leur accord avec les génies locaux, se retrouve ici comme presque partout ailleurs en pays noir. Dans le Guidioumé par exemple, la terre appartient aux quatre clans Diani, Diagouraga, Bagaga et Soukhouna, qui les premiers occupèrent le pays. Les nouveaux arrivants ne purent cultiver qu'après en avoir reçu l'autorisation des maîtres du sol et sans charge d'ailleurs. L'usage s'est partout établi et conservé qu'au moment des semences, chaque cultivateur donne une petite calebasse de mil

« Tipan kholi » aux représentants des quatre familles précitées. On sait que rien n'oblige à faire ce don, mais on croit que par suite des relations intimes de ces familles avec les génies du lieu, il est bon de ne pas se les aliéner. En cas de vacance, la terre revient à l'un des quatre clans, propriétaires éminents.

Il en est de même dans le Diafounou, où ce droit de propriété est exercé par les Doukouré ; mais ici, ils se sont imposés par la force et se sont incorporé les premiers occupants.

Les associations sociales ou socialo-religieuses (il n'y en a pas de religieuses proprement dites) constituent ici une institution des plus intéressantes ; il n'en existe guère qu'au village de Nioro ou tout au moins c'est là seulement qu'elles ont pu être remarquées. Elles ont pour but de grouper les jeunes gens ou les jeunes filles qui ont été circoncis ou excisées le même jour, ceux qui exercent une profession analogue ou bien encore ceux qui sont sensiblement du même âge.

Ces associations comprennent un président, un vice-président, un juge, un trésorier, et un héraut, qui peut remplir également les fonctions de juge. Elles possèdent une caisse alimentée par une cotisation mensuelle, dont les produits sont destinés à secourir ceux qui sont dans le besoin, à fêter des événements heureux ; mariages, naissances ; enfin et surtout à organiser un grand festin, les jours de fête, clôture de Ramadan et Tabaski.

Enfin ces associations ont pour but de resserrer les liens d'amitié, qui unissent les membres, et d'éviter ainsi les querelles qui peuvent toujours se produire, par exemple si l'un des membres poursuit de ses assiduités la femme d'un de ses camarades. Le président provoque une réunion et adresse d'amers reproches au délinquant, qui le plus souvent renonce aussitôt à ses intentions.

A Nioro, il existe plusieurs de ces associations, connues sous le nom de « mollémou » ou « Foddé » chez les Peul.

Les réunions ne sont pas fixes et ont lieu sur la convocation du président, transmise par le héraut.

ANNEXES

GÉNÉALOGIE CHÉRIFIENNE DE MOULAY DRIS DE BAMBARA.

Moulay Dris ould Moulay Al-Mahdi ould Moulay Brahim ould Moulay Omar ould Moulay Mohammed ould Moulay Mostafa ould Moulay Mohammed Lamin ould Moulay Abd Er-Rahman ould Moulay Abd El-Aziz ould Moulay Khalifa ould Moulay Ali ould Moulay Yahia, Moulay Ràchid ould Moulay Hassân ould Moulay Hossin ould Moulay Bou Baker ould Moulay Moumin ould Moulay Mohammed ould Moulay Abd El-Qaoui ould Moulay Abd Er-Rahman Al-Fiyadh ould Moulay Ismaïl ould Moulay Dris enterré à La Mecque, ould Moulay Mohammed Al-Hojja ould Moulay Hossin, le pur, ould Moulay Ali Al-Akri ould Moulay Mohammed Al-Djouad ould Moulay Ali Ar-Rida ould Moussa, le patient, ould Djaafer le véridique, ould Mohammed, le très savant, ould Ali Zin al-'Abidin ould Hossin, fils d'Ali ibn Abi Taleb et de Fâtima, fille du Prophète.

GÉNÉALOGIE DES CHEFS PEUL OUWARBÉ DE NAMPALA.

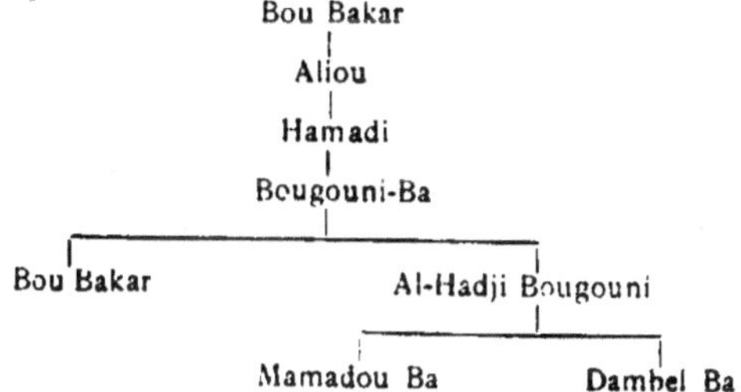

GÉNÉALOGIE DES CHEFS PEUL OULARBÉ D'AKOR.

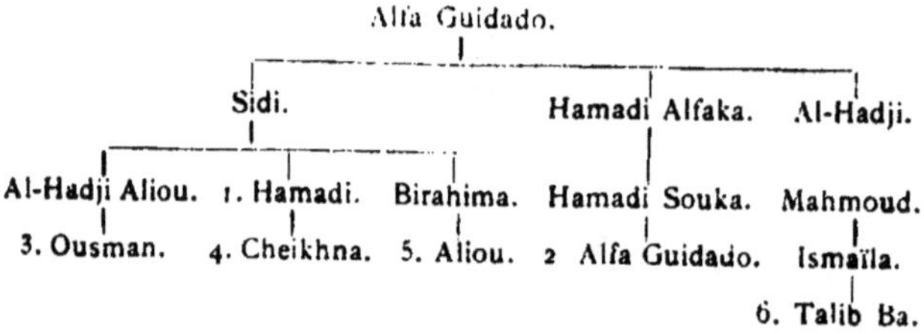

ANNEXE IV

1. Maham.

2. Bounambé.

3. Sambouné.

4. Moussa.

5. Mamadou.

6. Yalali.

7. Mamadi.

8. Galad
(Guéladio).

9. Sambourou
(dix-huitième siècle).

10. Mamadou Bolaro,
dit Bouïa († vers 1800).

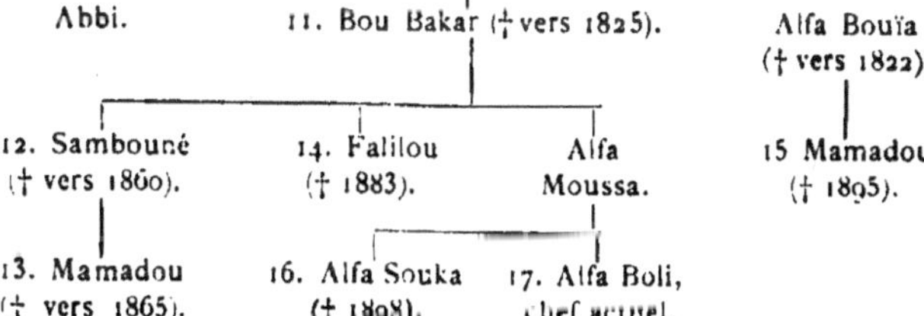

Abbi.

11. Bou Bakar († vers 1825).

Alfa Bouïa
(† vers 1822).

12. Sambouné
(† vers 1800).

14. Falilou
(† 1883).

Alfa
Moussa.

15 Mamadou
(† 1895).

13. Mamadou
(† vers 1865).

16. Alfa Souka
(† 1898).

17. Alfa Boli,
chef actuel.

ANNEXE V

Les Ahel Boubou, famille princière des Oualarbé.

Samba Hamadi, tué par les Maures près de Goumbou.

Bouïa vers 1800 :

Abbi

Sambourou Abbi :
- Diéllé Sambourou, mort sans enfant.
- Sidiqi :
  - Hamadi | Sidiqi Hamadi né vers 1889.
  - Hamadou | Sidiqi Hamadou né vers 1886.
  - Aliou | Sidiqi Aliou né vers 1890.

Alfaqa Abbi, mort vers 1862, laissant un garçon, mort jeune, et des filles mariées à des notables oualarbé. Il est jumeau avec le suivant :

Bachir Abbi † 1890 :
- Ahmé :
  - Ouka — né vers 1878.
  - Alfaqa — 1885.
  - Boaro — 1887.
- Aliou :
  - Boaro — 1888.
  - Bachir — 1890.

Bou Bakar Abbi, allié des Maures, périt dans une rencontre avec les bandes de Tidiani, fama du Macina, vers 1888.

Bou Bakar Bouïa vers 1825

Sambouné — † vers 1860.
Hamadou — Ouka Boli, à Bandiagara.
Ouka — Abbi † 1900, à Oussébougou.

Alfa Moussa :
- Alfa Souka † 1898.
- Sékou Alfa Boli, chef actuel.

Falilou, tué par Ahmadou en 1883 :
- Mamadi Falilou, à Damba.
- Fatimata, mariée à Ahmadou, chef des Guirganké de Damba.

Alfa Bouïa-Mamadou Alfa Bouïa † vers 1822 :
- Hamadou Diéllé, à Oussébougou.
- Alfa —
- Sambouné —
- Sambourou —

Mamadou Bouïa, tué à Siliou par les Maures.

Seïdi Bouïa :
- Mamadou, sans enfant.
- Ouka 1856 — Alfa Ouka, à Oussébougou.

Birahima, sans enfant.
Hamadi, suicidé, sans enfant.

ANNEXE VI

GÉNÉALOGIE ET FAC-SIMILÉ DE L'ÉCRITURE DE CHÉRIF HAMALLAH, DE NIORO

Hamallah ben Mohammed ben Siyedna Omar ben Hamallah ben Chérif Ahmed ben Chérif Mohammed ben Sidi Chérif ben Amin Allah ben Mohammed Chérif ben Ahmad al-Abbas ben Sif al-Fadil ben Sif al-Qada ben Sif Allah ben Hamallah ben Hadiyat Allah ben Yahia ben Abd Er-Rahman ben Brahim ben Dris ben Abd El-Moumen ben Abd Allah ben Mohammed ben Ahmed ben Ali ben Mohammed ben Qassim ben Hamoud ben Mimoun ben Ali ben Abd Allah ben Omar ben Dris II ben Dris Ier ben Abd Allah al-Kâmil ben Hassen II ben Hassen I ben Ali, gendre du Prophète.

بسم الله الرحمن الرحيم اللهم صل على محمد وسلم

حمد الله بن محمد بن سيد بن نعمان بن حمد الله بن اشريف
احمد بن الشريف بن محمد بن سيد الشريف بن امير
الله بن محمد الشريف بن احمد العباس بن
سيد الفضيل بن سيد الفضاء بن سيف الله
بن حمد الله بن هدية الله بن يحيى بن عبد الرحمن
بن ابراهيم بن ادريس بن عبد الموصا بن عبد الله
بن محمد بن احمد بن علي بن محمد بن القاسم بن حمود
بن ميمون بن علي بن عبد الله بن عمر بن ابي بكر بن
بن ادريس بن نعمة الله الكامل بن الحسن بن الحسن
بن علي بن ابي طالب بن عبد المطلب انتهى

ANNEXE VII

BIBLIOGRAPHIE.

Archives du Gouvernement général — du Gouvernement du Haut-Sénégal et Niger et des Cercles de Nioro, Bamako, Ségou et Goumbou-Nara.

Moniteur officiel du Sénégal.

DELAFOSSE. — *Haut-Sénégal-Niger.*

LENZ. — *Timbouktou.*

MUNGO-PARK. — *Voyages dans l'intérieur de l'Afrique.*

Renseignements fournis par MM. les administrateurs DESCEMET, CARBOU, LEGRAND, MORNET, BEYRIES, DU CHATEAU, NÉMOS, GUÉRIN, LASSELVES, BERNARD, DE LOPPINOT, BLANC et SOLOMIAC ; par MADEMBA, fama de Sansanding, et par son fils BEN DAOUD.

TABLE DES MATIÈRES

ANNEXES

TABLE DES ILLUSTRATIONS

4847. — Tours, Imprimerie E. Arrault et Cie.